VIE

DU VÉNÉRABLE

FRANÇOIS JACCARD

APOTRE DE LA COCHINCHINE

MARTYRISÉ LE 21 SEPTEMBRE 1838

PAR

M. L'ABBÉ LOUIS CROCHET

Je n'ai jamais entendu dire qu'aucun ait souffert
aussi longtemps que M. Jaccard.

Mgr TABERD.

LIBRAIRIE VICTOR LECOFFRE

PARIS
90, RUE BONAPARTE

LYON
RUE BELLECOUR, 2

VIE

DU VÉNÉRABLE

FRANÇOIS JACCARD

APOTRE DE LA COCHINCHINE

PARIS. — IMPRIMERIE É. MARTINET, RUE MIGNON, 2.

FRANÇOIS JACCARD

MARTYRISÉ LE 21 SEPTEMBRE 1838

VIE

DU VÉNÉRABLE

FRANÇOIS JACCARD

APOTRE DE LA COCHINCHINE

MARTYRISÉ LE 21 SEPTEMBRE 1838

PAR

M. L'abbé LOUIS CROCHET

Je n'ai jamais entendu dire qu'aucun ait souffert
aussi longtemps que M. Jaccard.

MGR TABERD.

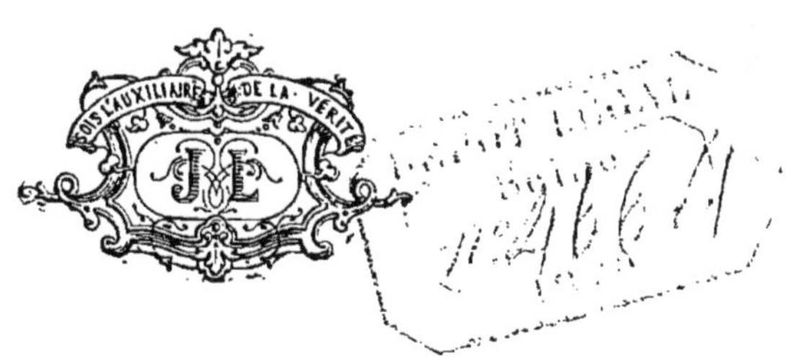

LIBRAIRIE VICTOR LECOFFRE

PARIS
90, RUE BONAPARTE

LYON
RUE BELLECOUR, 2

1879

PRÉFACE

Le nom du vénérable Jaccard eut un grand retentissement dans le monde catholique, il y a quarante ans. Cette célébrité lui fut légitimement acquise, par l'importance des services qu'il a rendus à la cause de Dieu et par les cruautés inouies qu'exerça contre lui Migne-Mang, roi de Cochinchine.

Donnant à l'admiration publique la consécration de ses jugements infaillibles, l'Église l'inscrivit, peu de mois après sa mort, au nombre de ses plus héroïques serviteurs, et déposa sur son front la première des auréoles que sa main maternelle décerne à la sainteté sur la terre[1]. La génération actuelle, malheureusement, n'a peut-être pas conservé avec assez de respect ce précieux héritage. Et pourtant, les leçons qu'il contient, méditées et comprises, nous consoleraient des périls du temps présent et des menaces d'un avenir plus sombre encore.

Aussi dirai-je, à ce propos, que les *lettres de la Propagation de la foi* sont trop peu connues. Malgré leurs inévitables lacunes, ces annales des nouvelles conquêtes du christianisme ranimeraient notre confiance, en nous montrant les moyens de salut que Jésus-Christ met au service des peuples prêts à glisser dans l'abîme; elles renferment particulièrement sur le vaillant apôtre qui nous occupe ici des pages pleines d'un intérêt saisissant. Mais plus les traits saillants de sa belle vie, couronnée par une fin plus belle encore, réveillent et excitent la sympathie, plus on est désireux de suivre ce généreux athlète dans les différentes stations

1. Un décret de Grégoire XVI déclara M. Jaccard digne du titre de *Vénérable*.

de son horrible martyre, qui n'a pas duré moins de dix ans.

Dieu voulut le conduire à la perfection par ces voies douloureuses, afin de donner à son âme *ce je ne sais quoi d'achevé* que mérite la souffrance volontairement acceptée ; car, avant d'être au ciel, resplendissants de la beauté divine, les élus doivent sur la terre, semblables à Jésus-Christ, ceindre la couronne d'épines et cheminer sous le poids de la croix.

Il ne s'agit donc pas seulement ici de rendre hommage au zèle infatigable d'un *grand missionnaire*, en racontant ses courses évangéliques à travers des pays infidèles ; nous avons à considérer dans le vénérable Jaccard des vertus bien plus coûteuses à la nature, surtout sa patience dans les épreuves dont il a supporté les coups, comme un rocher sur lequel viennent se briser les vagues irritées de la mer.

Une aussi constante fermeté est rare, parce qu'il y a peu d'âmes assez maîtresses d'elles-mêmes pour imposer silence à leurs douleurs, et trouver dans les humiliations et les injustices la sérénité et la paix qu'on puise dans des succès incontestés. Ce fortifiant spectacle du héros chrétien, toujours debout et supérieur à l'adversité, nous apparaît avec toute sa beauté dans le vénérable Jaccard, lentement immolé à l'ombre des cachots infects de son cruel persécuteur. Mais si une telle force de caractère le place déjà très-haut parmi les âmes éminentes qui honorent l'humanité, on peut dire qu'il atteint l'apogée de la grandeur, quand, incliné sous la main toute-puissante de Dieu, il baise amoureusement ses fers et se réjouit de souffrir à cause de son inviolable attachement à Jésus-Christ.

Il importait à l'honneur de l'Église qu'un mérite si pur échappât à l'oubli qui menaçait de l'envelopper. Puis, en nos temps malheureux, où le froid égoïsme et l'aveugle incrédulité s'ingénient, par d'audacieux mensonges, à cacher le mal qu'ils causent à la société, en le mettant au compte de la religion, il est bon

1. En employant les mots *martyre*, *sainteté*, etc., nous déclarons, conformément au décret d'Urbain VIII, ne pas leur donner le sens rigoureux du langage ecclésiastique.

de montrer à quelle magnanimité de courage et à quelle noblesse de sentiments s'élève l'âme d'un chrétien.

C'est pourquoi les prêtres des Missions étrangères à Paris, ceux particulièrement qui sont allés redresser la croix tombée des mains défaillantes du vénérable Jaccard, désiraient que son nom acquît en France quelque chose de la popularité dont il jouit en Cochinchine.

Dans ce but, ils songèrent à la publication de sa biographie [1]. Cette tâche laborieuse incombait naturellement à ceux de ses confrères qui, ayant été honorés de la même vocation, étaient plus à même de comprendre son héroïsme; mais il n'a pas convenu à leur modestie de proclamer une de leurs plus belles gloires de famille. D'ailleurs, appliqués à réparer les ruines multipliées autour d'eux par le fléau de la persécution, ils ne pouvaient guère se livrer à d'autres soins.

Par un enchaînement de circonstances providentielles, inutiles, je pense, à rapporter ici, je fus donc invité, avec une pressante et amicale sollicitation, à me charger de l'exécution de ce pieux dessein. Malgré la crainte de manquer des loisirs nécessaires, je dus céder et me mettre à l'œuvre. Aujourd'hui, je m'estime heureux d'avoir été choisi pour retracer une vie marquée, à chacune de ses pages, de l'empreinte visible du doigt de Dieu, et de pouvoir en faire un hommage rendu non moins à la bonté du divin Maître, qu'à l'incomparable fidélité de son généreux serviteur.

Or la vue de ce juste, qu'ils ne purent ni vaincre ni réduire au silence, irritant de plus en plus la haine du démon et les farouches colères de Migne-Mang, suscita contre lui toutes les mesures odieuses que la violence, unie à la ruse, est capable d'inventer. Aussi le vénérable Jaccard n'est-il pas arrivé au triomphe, comme tant d'autres martyrs, en cueillant la palme de la victoire dans un rapide combat, que Dieu abrége pour l'accommoder à leur faiblesse; non, le vaillant soldat du Christ ne re-

1. Une courte biographie du vénérable Jaccard avait déjà été publiée, à Annecy, en 1843, par M. Sallavuard.

çut la couronne que lorsque le génie du mal, ayant épuisé tous les traits de sa vengeance, fut contraint d'avouer son humiliante défaite. Mais quelle agonie, avant de parvenir au sommet de ce nouveau Calvaire!

Je ne sais, franchement, si la conduite d'un prédicateur de l'Évangile peut fournir, avec plus d'éclat, la vivante manifestation de la vérité de ses enseignements.

Mais il serait superflu de nous arrêter à des réflexions qui naissent spontanément de cette histoire, comme jaillissent les sources dans les profondes vallées des Alpes. J'en ai formulé quelques-unes, pour satisfaire ma religieuse admiration, semblable au voyageur qui creuse, pour étancher sa soif, une fontaine à laquelle d'autres passants boiront après lui. Laissant donc aux lecteurs la joie de recueillir les sentiments que leur suggérera l'Esprit de Dieu, je me suis appliqué uniquement à rendre mon récit aussi complet que possible, en consultant tour à tour les confidences des amis de notre vénéré martyr, les lettres qui nous restent de lui, et les témoignages de ses frères dans l'apostolat.

Aurai-je par ce travail entièrement atteint mon but? La grâce de Dieu, qui, dès ici-bas, environne de sa lumière les œuvres et la personne même de ses saints, apparaîtra-t-elle à mon lecteur, avec toute la clarté dont sont marquées les voies suivies par le vénérable Jaccard, depuis le moment où il s'arrache à la tendresse de sa mère, jusqu'à l'heure où il consomme son sacrifice entre les mains des bourreaux de Migne-Mang? Je l'espère pour la gloire de l'Église et l'édification des âmes.

On reconnaîtra du moins que les siècles n'ont pas diminué la vigueur de la sève apostolique. On verra que la mission divine d'instruire, de régénérer et de sauver les hommes enfante toujours, dans les rangs du clergé catholique, le même dévouement et la même sublimité de vertus qui signalèrent le passage des premiers disciples de Jésus-Christ.

Au presbytère de Sandillon, le 21 septembre 1878.

A. J. M. J.

APPROBATIONS

Orléans, le 1er mai 1879.

Monsieur le Curé,

Je bénis la Providence qui vous a inspiré la pensée d'écrire la vie du vénérable serviteur de Dieu, François Jaccard, apôtre et martyr de la Cochinchine, car vous avez ajouté une belle page à l'histoire des Missions de l'Église catholique, et vous avez fait un excellent livre auquel je souhaite tout le succès que vous pouvez légitimement espérer.

Il est bon, à l'heure présente, d'éveiller le souvenir de ces âmes généreuses, fidèles à l'appel du Seigneur, répondant héroïquement à leur vocation, ne reculant devant aucun sacrifice pour accomplir la mission que le ciel leur a confiée, et acceptant avec joie les supplices du plus cruel martyre.

Un tel spectacle est utile pour raviver la foi dans les âmes. C'est une prédication à laquelle on ne saurait résister. Aussi suis-je convaincu que tous ceux qui liront votre ouvrage en recueilleront les plus heureux fruits.

D'ailleurs, vous avez su répandre un vif intérêt sur la vie de votre vénérable héros. On suit avec attendrissement cet apôtre dans les diverses phases de son existence. Chaque page de votre livre respire le parfum de la plus tendre piété; et vous faites passer dans le cœur du lecteur les impressions que vous éprouviez vous-même en traçant le portrait du noble et courageux martyr.

Je suis donc heureux de vous accorder l'approbation que vous m'avez demandée, et je vous prie, Monsieur le Curé, d'agréer, avec mes félicitations pour votre beau travail, l'assurance de mon plus affectueux dévouement en N. S.

† PIERRE, Év. d'Orléans.

EXTRAITS D'AUTRES LETTRES PARTICULIÈRES

ADRESSÉES A L'AUTEUR AU MOIS D'AVRIL 1879

Monsieur le Curé,

Je m'empresse de vous accuser réception de votre belle *Vie du V. Jaccard* et de vous en remercier. J'ai toujours eu une sympathie et un amour sincères pour ce grand martyr : depuis que je suis prêtre, son portrait orne ma chambre ; je le vois tous les jours... Votre excellent travail m'a inspiré le plus vif intérêt. La clarté et l'onction se font remarquer à toutes les pages ; il y a des mouvements, de la chaleur et de la vie. C'est ainsi qu'il faut écrire l'histoire d'un saint..... Merci de votre attention..... Mes prêtres et mes séminaristes respireront avec bonheur le parfum de piété que votre livre exhale ; et dans ces jours de combat et d'épreuve, il est bon que nous ayons sous les yeux un modèle de plus à suivre, et bientôt, je l'espère, à invoquer.....

Recevez, monsieur le curé, avec mes sentiments affectueux, l'assurance de mon parfait dévouement.

† P. A., Archevêque de Chambéry.

Monsieur le Curé,

Vous m'avez fait l'honneur de m'adresser votre *Vie du vénérable François Jaccard*. Je vous dois, à titre de Franc-Comtois, des remercîments particuliers, ayant eu toute ma vie une dévotion véritable envers mes vénérables compatriotes, Gagelin et Marchand, qui ont été les émules de votre héros.....

Ces grands souvenirs se ravivent sous votre plume en temps opportun..... Soyez béni, Monsieur, de votre pieux dessein.....

Après quarante ans passés sur la tombe du vénérable Jaccard, il était plus que temps de recueillir et de mettre au jour, dans toute leur étendue, les actes de son martyre. Prêtre de l'Orléanais, c'est un enfant de la Savoie que vous célébrez. Je n'en suis point surpris. Il y a entre le diocèse d'Annecy et celui d'Orléans des rapports intimes qui ont fait la commune gloire des deux grandes Églises. Vous devez à la Savoie un Évêque qui fut, à bien des titres, l'honneur de son siècle et de l'humanité tout entière. La Savoie vous devra un livre qui aidera à placer dans notre siècle un grand martyr à côté d'un grand évêque.

Veuillez agréer, monsieur le curé, avec l'expression de ma reconnaissance, celle de mon plus sincère dévouement.

† LOUIS, Év. de Nîmes.

VIE DU VÉNÉRABLE
FRANÇOIS JACCARD

CHAPITRE PREMIER

CÉVILLON

Piété de ses parents. — Leur dévouement pendant le règne de la Terreur. — Leurs prières. — Naissance de François. — Ils désirent que leur fils soit prêtre. — Première éducation de François. — Sa piété, son obéissance, son énergie de caractère et la délicatesse de sa conscience.— François est confié à ses premiers maîtres.

Vers la fin du dernier siècle, au sein d'une riante vallée du Faucigny, province de la Savoie, dans le petit village de Cévillon, sur le territoire de la paroisse d'Onnion, vivaient deux époux craignant Dieu : c'était Marin-Joseph Jaccard [1] et Marie Monge. Partageant leur temps entre le travail des champs et les salutaires pratiques de la religion, ces fervents catholiques menaient une vie laborieuse et très-modeste ; mais elle était embellie, d'un côté, par tous les charmes de l'amitié, de l'ordre et de la paix, de l'autre, par les dons intérieurs de la grâce, toujours libéralement accordée aux âmes affectueusement soumises à la volonté divine.

Plus voisins de la pauvreté que de la richesse, ils savaient néanmoins, grâce à la simplicité de leurs goûts et aux ressources d'une juste économie, trouver moyen de donner aux indigents, reçus sous leur toit comme les images vivantes des abaissements du Christ. Aussi leur charité était-elle bien connue dans les environs, et malgré la mo-

1. Je n'écris pas *Jacquart*, selon l'orthographe des registres d'Onnion, mais *Jaccard*, comme signait le vénérable missionnaire dont j'entreprends de raconter la vie.

dicité de leur avoir, les malheureux ne se faisaient pas scrupule d'aller frapper à leur porte, assurés d'y rencontrer un bon accueil.

Nul site n'est plus paisible et plus gracieux que celui où ils coulent leurs jours tranquilles. Leur maison, dominée à l'est par les côtes boisées du Coléron, s'élève au milieu d'une verte prairie, en un point où les flancs de la montagne dessinent, en se creusant, un berceau couvert d'une voûte épaisse de poiriers et de cerisiers. A droite et à gauche se déroule une longue vallée, au fond de laquelle descend un ruisseau, parfois impétueux, appelé le Ritz. En remontant sur la rive droite, un peu en amont de Cévillon, sur une nappe ondulée de verdure, se dresse coquettement le village de Mégevette[1]; en descendant, après une heure de marche, derrière un gros rocher qui sert de contrefort à la montagne opposée, à un endroit où la vallée change de direction, et sur la même rive, on rencontre Onnion, échelonnant ses maisons le long de la route, parallèlement au ruisseau. A l'horizon, en face du Coléron, se déploie, au nord, la chaîne de Plaines-Joux, coupée de distance en distance par des nœuds de rochers qui forment autant de vallées perpendiculaires à la vallée principale et le long desquelles s'élèvent çà et là des bouquets d'arbres groupés autour des chalets. Au sud-ouest, le Môle étend dans le lointain son large rideau de bois et de gazon, et au sud-est, enfin, le mont Blanc porte jusqu'aux nues le sommet majestueux de ses éternels glaciers.

S'il est vrai que le spectacle dont l'homme jouit habituellement exerce sur lui de profondes influences, il est impossible qu'une âme chrétienne ne reçoive pas une vive et ineffaçable empreinte à l'aspect des divines magnificences accumulées ici sous son regard.

Aussi Marin Jaccard et son épouse ont-ils l'un et l'autre des sentiments d'une élévation et d'une beauté bien supérieures à leur état. L'œuvre de leur instruction fut de courte durée probablement; mais on a bien vite appris ce qu'il est meilleur de savoir, quand on a Dieu pour maître et qu'on est docile à ses leçons.

Du reste, à côté des lumières qui jaillissaient, pour l'instruction de nos pieux villageois, des œuvres naturelles de la sagesse et de la bonté de Dieu, sa justice donnait, à l'époque dont nous parlons, de terribles enseignements.

En effet, voici qu'en punition de ses infidélités et de ses crimes, la France est livrée à la merci d'une troupe de tyrans et d'impies frénétiques. La Providence permettait les malheurs dont l'Église fut alors accablée, d'un côté pour châtier les coupables, de l'autre pour que les

1. Mégevette était le pays natal de Marie Monge.

fautes de la nation fussent expiées par la patience et la souffrance des justes, et enfin pour montrer à quelle profondeur de bassesse, d'injustice et de cruauté descendent les hommes révoltés contre Jésus-Christ et sa religion.

Or les tristes événements auxquels nous faisons ici allusion eurent un écho particulier dans l'humble habitation des époux Jaccard. Pour nous en convaincre, nous n'avons qu'à pénétrer dans leur foyer durant quelques-unes des mauvaises journées de l'hiver; nous serons en face de tout ce qu'une injuste adversité, acceptée pour l'amour de Dieu, imprime de grandeur à ses victimes, et nous verrons en même temps ce que la foi sait inspirer de dévouement, de cordialité et de respectueuses attentions à des cœurs chrétiens.

La demeure de nos pieux patriarches est la dernière du village, ouvrant du côté de la montagne, presque au bord du chemin qui mène à la forêt voisine. Sa position et la bonne renommée de ceux qui l'habitent en avaient fait un refuge assuré, pour les prêtres fidèles qui fuyaient, pendant le règne de la Terreur, devant la hache sanglante des bourreaux.

Traqués comme des bêtes fauves, repoussés des habitations comme des malfaiteurs auxquels il est interdit de donner asile, ces infortunés pasteurs, arrachés par quelques apostats à l'affection de leur troupeau, s'en allaient errants, toujours en défiance, et ne trouvant d'abri contre les intempéries et la faim que dans la profondeur des forêts ou bien auprès des familles disposées à affronter pour eux les menaces de mort. La maison de Marin Jaccard était une de celles où ils étaient sans cesse accueillis par la foi et la charité. A toute heure du jour ou de la nuit, la porte leur était ouverte et la table servie. Que de fois au milieu des ténèbres, à travers les épais tourbillons de la neige ou, sous les coups violents de la bise glaciale qui ébranle les chalets, les pauvres fugitifs sont accourus à cette humble chaumière, demandant un peu de pain et une place devant le feu pour réchauffer leur membres engourdis!

En échange des soins et du frugal repas qu'ils recevaient, les pauvres prêtres de Jésus-Christ offraient leurs prières fécondées par de cruelles souffrances, distribuaient le pain de la parole de Dieu, prodiguaient les sages conseils et fortifiaient les cœurs par les leçons d'une vie toute de sacrifice. Parmi les habitués de la maison Jaccard, en ces douloureuses circonstances, était l'abbé Dépérraz, mort en 1831, curé de Saint-Jeoire, et qui resta jusqu'à sa dernière heure l'ami reconnaissant de ses hôtes dévoués.

Cependant, la paix était rendue à l'Église depuis plusieurs années, par une série d'événements où éclatait la miséricorde de Dieu ; mais le ciel, insensible aux vœux et aux œuvres si méritoires des époux Jaccard, leur refusait encore le seul bonheur qu'ils avaient ambitionné sur terre, en allant aux pieds des autels demander la bénédiction nuptiale. Pourtant, jamais le cœur d'une épouse n'avait été plus digne de goûter les joies de la tendresse maternelle. Marie Monge était si vertueuse, que, jeune fille encore, elle avait chassé avec un tison enflammé un riche prétendant dont la conduite paraissait équivoque, et elle avait accordé sa main à Marin Jaccard, parce qu'il était honnête, pieux et estimé[1]. Malgré les qualités qui leur conféraient presque, à l'un et à l'autre, le droit de compter sur les paternelles faveurs de Dieu, ils attendaient vainement un fils, depuis au moins vingt ans de mariage ; ils avaient même renoncé à l'espoir d'obtenir cette consolation tant de fois inutilement demandée.

Mais Dieu avait fixé son heure de manière à rendre son intervention plus sensible, comme si le décret refusé jusqu'ici à leurs incessantes sollicitations, devait être presque enlevé de force par la puissante intercession des services rendus à Jésus-Christ dans la personne de ses ministres. De fait, si la charité de Tobie mérita d'être publiée par un ange devant la cour céleste, à combien plus forte raison les généreuses largesses des époux Jaccard avaient-elles des titres aux effusions de la miséricorde divine! Du reste, il est à remarquer, à cette occasion, que si les persécuteurs ont péri misérablement, par un juste retour, bon nombre des familles qui ont eu le périlleux courage de donner asile aux prêtres traités en ennemis par la révolution, en ont été récompensées par la vocation de quelques-uns de leurs membres à l'état ecclésiastique.

Et nous trouvons avec bonheur un exemple de cette conduite providentielle de Dieu sous le toit de Marin Jaccard.

Le 6 septembre de l'année 1799, Marie Monge, alors âgée de quarante-sept ans, donna heureusement naissance à un fils qui fut baptisé sous le nom de François[2].

Comme on le pense bien, l'arrivée de cet enfant de bénédiction répandit la plus douce joie et la plus vive gratitude dans la paisible enceinte qui abritait son berceau.

Marin Jaccard et son épouse, persuadés qu'ils devaient cet enfant à une faveur spéciale de la bonté de Dieu, le lui offrirent de tout cœur, le priant de l'entourer de sa vigilante tendresse et de le prendre, si

1. Récit de M. Jaccard à M. de la Motte.
2. L'acte de baptême, conservé à Onnion, est signé : Deperraz, recteur

tel était son bon plaisir, pour le service de ses autels. Souvent, depuis, Marie Monge renouvela cette humble offrande, qu'elle avait d'ailleurs symbolisée par la désignation du patron auquel elle voulut confier la protection de l'unique objet de son amour maternel.

Car autant elle souhaitait que la grâce de Dieu dirigeât toutes les voies du fils qu'elle en a reçu, autant elle attache de signification au nom de François, qu'elle lui a choisi en l'honneur de saint François de Sales, le glorieux protecteur de la Savoie, et de saint François de Paule, né pareillement à une époque où sa mère approchait des années de la vieillesse.

De son côté, le rêve de Marin Jaccard était de voir un jour son fils monter à l'autel, parce qu'il était persuadé que Dieu, en se le consacrant, mettrait le comble aux témoignages de sa miséricorde. Toutefois, à ne considérer les choses que selon les vues humaines, le père et la mère de François devaient plutôt craindre de solliciter pour lui la vocation sacerdotale. N'avaient-ils pas vu les croix renversées, les églises violées et dépouillées, tous les signes religieux détruits, les prêtres bannis ou menés à la guillotine? Est-ce que leur foyer n'était pas encore tout humide des larmes de désolation répandues devant eux, sur les maux de l'Église, par les proscrits de l'impiété? N'avaient-ils pas été les témoins affligés des misères lamentables dont étaient accablés ces pauvres curés de village, coupables uniquement d'aimer Dieu et de haïr les débauches de la révolution? Comment donc un père et une mère ont-ils la pensée de souhaiter, pour leur fils unique, l'entrée dans la milice sacrée, en de telles circonstances? Ah! c'est qu'ils avaient entrevu la gloire et la beauté de l'auréole dont le Christ couronne dès ici-bas les martyrs de son Évangile. L'héroïsme des victimes qu'ils ont eues sous les yeux les ravit d'admiration; ils voudraient, si de tels combats se renouvelaient, avoir un fils prêtre, afin de le compter au nombre de ceux qui préfèrent souffrir et verser leur sang plutôt que de trahir leur devoir et renoncer leur Dieu.

Ne soyons pas surpris de rencontrer tant de grandeur d'âme sous la modeste chaumière de ces deux villageois; ils sont, par leur foi, de la race des illustres chrétiens des premiers siècles. Étrangers aux funestes illusions de la vie, ils respirent uniquement pour le ciel, et les croix de ce monde, au prix desquelles on achète le bonheur des saints, leur apparaissent comme les seules richesses enviables.

Afin de mieux graver dans le cœur de François les sentiments et les désirs qui les animent, son père et sa mère n'omirent aucune des précautions que peut suggérer une religion solide et éclairée. Persuadés que la crainte de Dieu et l'innocence du cœur sont les qualités qui attirent le plus efficacement les regards de la miséricorde céleste, ils prient et ils veillent, pour la conservation de la grâce dans son âme, bien plus encore que pour la conservation de ses jours. Et pour être plus sûrement exaucés, ils travaillent tous deux à se rendre dignes de la mission qu'ils ont acceptée, en recevant le précieux dépôt remis à leur tendre sollicitude. Sans doute la sainteté des parents ne passe pas à l'enfant comme un héritage inaliénable; mais toujours est-il que, selon l'ordre ordinaire de sa providence, Dieu confie invariablement le berceau de ses élus privilégiés à l'amour d'une mère profondément vertueuse. A côté des sources de la vie naturelle, sa main prévoyante dépose dans le cœur maternel une étincelle destinée à allumer dans le cœur de l'enfant une flamme généreuse, d'où jailliront à leur temps les nobles ardeurs et les fécondes inspirations. Cette heureuse mère peut être ignorante des choses de la terre, une pauvre paysanne, mais n'importe : qu'elle aime Dieu comme l'aimait Marie Monge, elle trouvera dans le feu sacré qui l'anime le courage et l'intelligence de tous ses grands devoirs. Aussi ne faudra-t-il pas chercher ailleurs qu'à cette source les beaux résultats que donnera bientôt l'éducation de François. En effet, elle paraît être l'œuvre de Dieu, bien plus que celle de son père et de sa mère, à moins qu'on ose dire qu'elle a été une conquête opérée par leurs prières. Car Marie Monge dépasse en importunité l'indiscrète demande de cette femme juive qui n'aspirait à rien de moins que de voir ses deux fils l'un à la droite, l'autre à la gauche de Jésus-Christ. Elle veut absolument que le divin Maître ouvre les portes du sanctuaire à son enfant, qu'elle aime d'autant plus qu'elle espère plus fermement le voir revêtu de la dignité sacerdotale. Les aumônes qu'elle prélève sur les économies de la maison n'ont pas d'autre but; et en donnant un morceau de pain à l'indigent qui tend la main à la porte, au nom de *l'amour de Dieu*, elle l'offre en espérant que François sera chargé un jour de distribuer aux pauvres de la terre le pain mystique de l'Eucharistie et de la parole sacrée.

Heureuse mère! Comme Dieu devait se complaire à écouter des vœux si conformes aux desseins de sa miséricorde!

Les pieux parents de François ne tardèrent pas à être consolés et encouragés par les bonnes dispositions qu'il fit de bonne heure paraître. Sa piété devenait la reproduction de la leur. Il aimait à prier et à entendre parler de Dieu, et son bonheur était d'accompagner sa mère à l'Église, où il disait les petites prières qu'on lui avait apprises. Quand il fut un peu plus avancé en âge, il étudia les mouvements du prêtre à l'autel, et les cérémonies saintes se gravaient si bien dans sa mémoire que, de retour à la maison, il essayait de les reproduire avec une gravité charmante à voir. Ces goûts religieux et ces aptitudes naissantes étaient naturellement regardés comme des signes heureux d'une vocation sacerdotale, et reçurent tous les encouragements possibles.

Désireuse, avant tout, de former la jeune conscience de François, sa mère lui parlait souvent de Dieu et de sa justice, de son regard pénétrant qui voit tout, de sa providence qui veille sur tous, de sa bonté qui nous aime avec une tendresse infinie, de la récompense qu'il promet aux bons et des châtiments réservés aux méchants. Cette tâche était d'autant plus facile à remplir que, voyant son père et sa mère marcher dans les voies d'une religion sincère, recueillis dans la prière, fidèles à tous leurs devoirs de chrétiens, vigilants à éviter le mal, patients et charitables, l'enfant se sentait porté à suivre leurs exemples, et craignait bien plus de ne pas leur ressembler que de leur désobéir. Je ne sais pas d'ailleurs s'il eut jamais la pensée de résister aux exhortations ou aux ordres qu'il recevait. Cependant, malgré la douceur naturelle de son caractère, il avait une nature vigoureusement trempée, et on pouvait craindre que la déviation de cette énergie de volonté, si malheureusement elle survenait, ne lui fût un jour très-funeste.

C'est pourquoi, par un instinct divin qui est le don particulier des mères selon le cœur de Dieu, Marie Monge s'appliquait, dans le but de former François à la lutte contre le mal, à le mettre à l'épreuve en lui commandant des choses qui lui imposaient un léger sacrifice. Que se passait-il en lui dans ces occasions? Je ne saurais le dire; mais, ce qui est certain, c'est que sa mère affirmait plus tard qu'il ne lui avait jamais désobéi.

L'humble mère ne se doutait pas qu'en apprenant la crainte de Dieu et le respect à ce petit enfant, elle l'avait formé aux plus nobles dévouements, et qu'en développant la vigueur de son âme par la fortifiante habitude de l'obéissance, elle l'avait rendu capable de s'élever aux sublimes hauteurs de l'héroïsme. Elle donnait ainsi raison aux paroles du Sage qui enseigne que *l'homme obéissant aura des victoires à célébrer* [1]. C'est ainsi que les torrents des montagnes, livrés à leur capricieuse impétuosité, dépensent inutilement leurs forces en menaces et en dévastations, tandis que, régularisés et contenus par de puissantes barrières, ils deviennent des sources fécondes de mouvements et de richesses.

Durant les années de son enfance, l'activité de François ne se manifesta guère que par l'entrain qu'il portait au jeu. Son ardeur, parfois,

1. Vir obediens loquetur victorias. Prov. XXI, 28.

était telle, qu'elle exerçait sur lui un irrésistible attrait. Il se livrait alors à ses récréations avec acharnement, bien que la fortune lui fût presque toujours contraire. Dieu certainement dirigeait ces insuccès; il voulait que celui qu'il avait créé dans un acte de miséricorde, se livrât à d'autres luttes et s'éprît pour d'autres triomphes. Néanmoins François persistait à jouer. A la fin, cependant, lassé de perdre sans cesse, il dit un jour à ses camarades, à la fin d'une partie malheureuse : *Je joue encore cette fois; mais si je perds, ce sera la dernière de ma vie.* Or, ayant essuyé une nouvelle défaite, il tint inébranlablement sa résolution, malgré les instances réitérées de ses jeunes amis.

Doué si tôt d'une pareille force d'âme, les premiers pas de François dans les vertus chrétiennes furent très-fermes et permirent d'espérer qu'il irait loin, sur les traces glorieuses de son admirable modèle. Sincèrement pieux et obéissant, il n'avait pas moins d'estime et d'affection pour l'angélique pureté de l'aimable saint dont il portait le nom, et il en fournit une preuve touchante dans la circonstance suivante : Un jour, il aperçut entre les mains d'un voisin, venu chez son père, une tabatière ornée de vignettes coloriées qui piquèrent sa curiosité. Notre priseur, s'en étant aperçu, abandonna gracieusement à l'enfant l'objet qui captivait son attention. Or celui-ci, ayant découvert un dessin qui blessait la pudeur, sentit la délicatesse de sa conscience se révolter. Aussitôt son parti est arrêté, et, sans réfléchir aux conséquences qui peuvent en résulter, il s'éloigne pour exécuter son projet plus sûrement. Quand il revint et qu'il rendit la fâcheuse tabatière, elle était dépouillée d'une partie de ses ornements. Malheureusement, les chastes scrupules de l'enfant ne sont pas agréés du visiteur, qui se fâche et déclare qu'il ne veut plus reprendre sa tabatière. Devant cet éclat inattendu, qu'appuyent les observations de ses parents, le pauvre petit François ne sait d'abord répondre que par des larmes; puis, ayant ensuite vainement présenté des excuses et des paroles de regret, il va tranquillement chercher une bourse où il tenait en réserve quelques pièces de monnaie, et offre respectueusement de payer le dommage qu'il a causé. Plus persuasives que toutes les explications, cette droiture et cette candeur gagnèrent le cœur de l'étranger, et alors, non-seulement il ne voulut point accepter d'argent, mais encore il embrassa François et le remercia de la bonne correction qu'il en avait reçue.

Cependant les années difficiles vont commencer. L'enfant, qui coule des jours si heureux au foyer paternel, est condamné aux premières épreuves de son âge; ses parents ont décidé de l'envoyer aux écoles d'un village voisin. Au jour fixé, le petit écolier, muni d'une *croix-de-par-Dieu*, est donc conduit par sa mère à l'instituteur de Mégevette.

Ce fut aussi le commencement des tribulations de ses parents. Les débuts de François furent tout-à-fait stériles, et son maître déclara qu'il ne pourrait rien lui apprendre. Ce grave jugement, donné comme irrévocable, causa beaucoup de tristesse à Cévillon. Cependant Dieu, qui veillait sur son jeune serviteur, soutint le courage de Marin Jaccard et de son épouse. Ceux-ci, avant de renoncer à l'accomplissement de leur vœu le plus cher, recoururent aux conseils de quelques personnes sages et amies, qui les engagèrent à choisir une autre école. Peu de temps après, François fut envoyé à Saint-Jeoire, gros bourg situé à deux heures de marche. Mais, hélas! cette nouvelle tentative échoua comme la précédente. Le malheureux enfant ne prenait aucun goût aux éléments de la lecture ; tout cela était pour lui lettres mortes. Son imagination et ses pensées se dirigeant vers un autre but, sa mémoire n'avait pas plus de fixité que la surface mobile d'une eau courante. Il n'apprenait rien, et n'avait aucun désir de s'instruire. Peu soucieux d'une autre carrière que celle de son père, il ne voyait pas l'utilité de tout ce qu'on voulait lui enseigner. Son ambition se bornait uniquement à vivre tranquille et à mourir où Dieu l'avait fait naître. Il prenait peut-être bien le chemin de la paix et du bonheur en ce monde, mais le ciel avait décrété qu'il en ferait l'acquisition par des moyens autrement plus coûteux à la nature.

Chose remarquable, l'incapacité apparente de François ne troublait point les espérances de ses parents. Marin Jaccard, en particulier, s'élevant au-dessus de toutes les déceptions, nourrissait en son cœur le secret pressentiment des destinées de son fils, et il conserva cette douce confiance jusqu'à son dernier soupir.

CHAPITRE II

MÉLAN

Entrée de François au petit-séminaire de Mélan. — Ses tribulations. — Sa fuite. — Sa résolution et sa rentrée à Mélan. — Ses succès. — Changement qui s'opère en lui. — Première idée des missions. — Sa piété. — Développement de sa vocation. — Sa bonne influence sur ses condisciples.

Par delà les bois et les sommets verdoyants de la montagne au pied de laquelle habitait la famille Jaccard, s'étend la pittoresque vallée du Giffre, où s'abrite Mélan, très-belle chartreuse de la fin du XIIIe siècle. Elle fut bâtie par Béatrix, fille de Pierre, comte de Savoie, surnommé le petit Charlemagne, et épouse de Guy, dauphin du Viennois. Cet antique monastère fut sécularisé, c'est-à-dire volé par la première révolution, mais heureusement racheté, en 1803, par un prêtre de grand mérite, l'abbé Ducrey [1], qui en fit une maison d'éducation.

1. Ce généreux confesseur de la foi naquit à Sallanches, à quelques lieues de Mélan, en 1766. Ordonné prêtre peu d'années avant le règne de la Terreur et signalé pour son zèle aux affreux despotes qui déshonoraient alors la France, il fut activement recherché par les pourvoyeurs de la guillotine; mais il échappait toujours à leurs poursuites. Cependant, il fut une fois arrêté et conduit au district le plus rapproché. Arrivé au poste, on l'introduisit dans la salle commune, pour constater son identité. Or, pendant que le commissaire écrit son nom. son âge, sa profession, sa résidence, etc., etc., le *citoyen* Ducrey se précipite vers la porte, qui est restée ouverte, la ferme après lui, donne un tour de clé et s'enfuit à travers champs. Tout cela s'exécute si promptement, que les gendarmes n'eurent pas le temps de s'y opposer et restèrent prisonniers, avec le commissaire, jusqu'à ce qu'un passant eût l'obligeance de les délivrer.

Dans une autre circonstance, il est atteint sur une route par deux gendarmes à cheval, escortant un prêtre enchaîné dans une mauvaise voiture. Au lieu de fuir, M. Ducrey feint au contraire d'être bien fatigué, et son émotion lui donnant un air malade, il demande aux gendarmes à monter à côté du *calotin*, qu'ils emmènent. Arrivé près de la ville, il prie ses guides de vouloir bien s'arrêter à une auberge, leur paie à boire, offre une collation au vénérable prisonnier, puis il prend congé de tout le monde avec une aimable et familière politesse. Vingt fois il déploya des ruses de ce genre, et presque toujours avec un entier succès. Toutefois, il fut repris dans la suite et soigneusement écroué à la prison de Chambéry; mais un beau matin on s'aperçut que le détenu s'était évadé, et ce fut bien pour la dernière fois.

Doué de la hardiesse et de l'intelligence accordées aux instruments providentiels qui sont employés aux grandes œuvres de l'Église, cet homme de Dieu garda la direction de la difficile entreprise à laquelle il avait consacré sa fortune, sans autre espoir que de former de bons chrétiens et de pieux aspirants au sacerdoce. Son institution datait de quelques années seulement, quand Marie Monge, ayant conçu le projet d'envoyer François en pension, selon le conseil qu'elle en avait reçu, fixa son choix sur le nouveau séminaire. Elle conduisit donc le jeune écolier à Mélan et le confia aux soins paternels de M. Ducrey.

Le vénérable supérieur accueillit l'humble mère avec tant de franchise et de bonté, lui adressa des paroles si encourageantes et si remplies de sagesse, qu'elle en fut toute consolée et fortifiée. Aussi, à l'heure pénible de la séparation, elle se retira tranquille et pleinement rassurée sur le compte de son fils. Mais celui-ci éprouva des sentiments bien différents. L'impression désagréable qu'avait déjà produite sur lui, dès son arrivée, ce labyrinthe de cours, de bâtiments, de cloîtres, de salles et d'interminables corridors, prit un caractère navrant quand il fut seul, livré aux regards malveillants d'une nuée de camarades tout prêts à commencer son martyre.

En ces temps de lugubre mémoire pour les *nouveaux*, tout pensionnaire, en entrant, devait payer tribut aux *anciens*, à moins qu'on ne lui fît grâce pour des motifs exceptionnels. Or le pauvre petit François paya pour deux. Son air emprunté et timide, ses allures un peu gauches et une réserve presque défiante vis-à-vis des autres, lui attirèrent rapidement de nombreuses persécutions. Il n'y eut pas jusqu'à son costume, de couleur verte, qui ne devînt l'objet de méchantes plaisanteries[1]. Ces souffrances inattendues l'accablèrent de chagrin, et pour les éviter il se retirait à l'écart, n'osant pas même se mêler aux ébats de ses camarades. Au lieu d'entrevoir des jours meilleurs, il ne vivait que dans le regret des heureux instants passés à Cévillon sous les regards de sa mère.

Sans les autoriser, les maîtres fermaient les yeux sur ces malignes

Quand la paix fut rendue à l'Église, M. Ducrey se mit à parcourir les villages du Faucigny, pour y exercer le saint ministère.

Ce saint prêtre dirigea le séminaire de Mélan jusqu'en 1833, époque où il le céda aux RR. PP. Jésuites. Il y mourut, le 1er mars de l'année suivante, laissant à toute la contrée une mémoire qui est encore en vénération. Dans l'espace des trente ans qu'il fut à la tête de cette maison d'éducation, il en sortit plus de 250 jeunes gens pour la prêtrise et beaucoup pour les missions étrangères.

1. Ce costume valut à François le sobriquet de *Comte vert*, par allusion au surnom donné à Amédée VI, de Savoie, pour s'être présenté dans un tournois avec une armure et une livrée de couleur verte.

taquineries, par la raison qu'elles combattent souvent les défauts d'un écolier plus efficacement que ne le feraient les remontrances du supérieur. Quoi qu'il en soit de ces procédés empiriques, abolis aujourd'hui, ils affligèrent profondément François, qui ne se consolait pas de n'être aimé de personne, malgré sa disposition à aimer tout le monde.

Dans ces circonstances, comme on le devine facilement, après des récréations pleines de larmes, les études et les classes n'étaient que rêveries douloureuses, inapplication et stérilité. Malmené en dehors, humilié au dedans, dédaigné de ses condisciples, mal jugé de ses maîtres, qui augurent défavorablement de sa capacité, Francois se livre au découragement, et prend tellement en dégoût la vie d'écolier, qu'il se décide à quitter furtivement la pension.

Déjà Marin Jaccard et Marie Monge avaient été avertis des insuccès de leur fils et dévoraient de leur côté les amertumes de cette cruelle déception.

Dans son inexpérience, malheureusement, notre jeune étudiant ne sait encore ni la puissance de la prière ni le secours qu'on trouve dans un bon conseil; en sorte qu'il ne cherche de force et de consolation ni auprès de Dieu, ni auprès du charitable supérieur de la maison. Il embrasse donc le seul parti qui s'ouvre devant lui : il abandonne ses livres, auxquels il ne peut rien comprendre, franchit secrètement l'enceinte de Mélan et retourne auprès de ses parents.

Si une infraction aussi audacieuse à la discipline avait été inspirée par la paresse ou quelque autre mauvaise passion, on ne pourrait s'empêcher de la condamner. Mais ici je ne vois que la résolution énergique d'un enfant malheureux et écrasé sous le poids d'un légitime chagrin.

On trouve du reste une aventure tout-à-fait semblable à celle-ci dans l'histoire de l'illustre Saint-Isidore de Séville, et qui explique, si elle ne justifie, la conduite de François.

Durant ses premières années d'études, Isidore connut aussi les tristesses de l'insuccès. Persuadé, après de pénibles et infructueux essais, qu'il ne triompherait jamais de la lenteur ou de l'infidélité de sa mémoire, il abandonna secrètement le maître dévoué dont il recevait les affectueuses leçons. Errant semblable à un vagabond, évitant les lieux habités et la rencontre des passants, il s'arrête enfin au bord d'un sentier désert, près d'une fontaine qui verse ses ondes paisibles sur un lit de pierre qu'elle a creusé en coulant sans bruit. Assis à l'ombre, le jeune fugitif trempait dans l'eau un chétif morceau de pain et le pressait ensuite contre ses lèvres desséchées; or, tout en se désaltérant, il considérait les fines parois de la pierre que le courant avait polies plus habilement que ne l'aurait fait le ciseau d'un sculpteur. Tout à coup, une réflexion s'empare de son esprit : Je n'ai pas la tête si dure que cette pierre, se dit-il; pourquoi, à force de patience, ne parviendrais-je pas à y faire pénétrer les eaux de la science ! Ce rayon de lumière venu du ciel avait illuminé le cœur de l'enfant; il se lève courageusement, retourne à ses livres et il y puise tout le savoir d'un grand docteur et toutes les vertus d'un grand serviteur de Dieu.

En lisant des traits de ce genre dans la vie des saints, on se prend à aimer Dieu davantage, à cause de la douceur et de la sagesse déployées de sa part pour faire tourner à bien des fautes qui devaient conduire à l'égarement.

Ici particulièrement, on dirait que la Providence a préparé elle-même les ennuis, la défaillance et la fuite de François, afin qu'il connût un jour ce qu'il devait au ciel, qui entoura son âme et sa vocation de tant de ménagement et de tant d'amour. Du reste, qui que nous soyons, ces revirements inopinés produits par la grâce de Dieu nous avertissent que les secours nécessaires à notre persévérance sont tout près de nous, et que notre découragement peut compromettre nos plus chers intérêts. Aussi l'Esprit-Saint nous invite-il à résister jusqu'au sang, plutôt que de commettre une lâcheté.

La faiblesse, d'ailleurs, les concessions faites à l'ennemi n'arrangent rien ; la faute du combat ne mène pas à la victoire. Aux peines, aux souffrances qui ont précédé la faute de son départ de Mélan, va succéder, pour François, l'affliction du retour, à la vue du chagrin que son arrivée cause à son père et à sa mère. Car celle-ci a senti se briser en son cœur les plus chères espérances de sa vie ; elle n'a plus à songer à l'avenir qu'elle ambitionnait pour son fils. Le coup était d'autant plus douloureux, qu'il dissipait en même temps la confiance qu'elle avait toujours accordée aux paroles et aux espérances de son époux. Ses pieuses illusions ont ainsi fait place à une triste réalité, qui se dresse devant elle aussi terrible que l'image de la mort.

Cependant l'orage qui a troublé un instant l'âme de Marie Monge fut heureusement de courte durée ; l'exemple de son époux, les clartés de la foi et la paix salutaire de la soumission à la volonté de Dieu reprennent chez elle son empire accoutumé ; son sacrifice est accompli sans réserve. Alors, s'adressant à François : « Puisque Dieu ne t'appelle pas à étudier, mon enfant, lui dit-elle avec une humble résignation, tu travailleras avec nous. Que la volonté de Dieu soit faite ! »

Effectivement, François se livre aux travaux des champs avec l'ardeur d'un ouvrier qui n'a jamais fait autre chose, et il semble n'éprouver aucun regret d'avoir renoncé à une carrière dont il ne connaît encore que les amertumes. Plusieurs mois s'écoulèrent ainsi, partagés entre les délassements du foyer et les fatigues de la culture. Son bon vouloir se prête à tout, et il goûte déjà une espèce de fierté de pouvoir, par l'utile emploi de son temps et le fidèle usage de ses forces naissantes, adoucir les charges imposées à ses bien-aimés parents. Nature simple et énergique, il trouve juste qu'à la place de ses livres abandonnés on lui donne une bêche, et qu'ayant renoncé à meubler sa mémoire, il s'emploie à la rude tâche de remplir les greniers de la maison.

Mais voici que Dieu juge à propos de mettre fin à l'épreuve imposée à ses bons serviteurs, de leur rendre la joie et leurs pieuses espérances.

Un jour, que François était occupé avec sa mère à moissonner du blé dans un champ qu'il me semble encore voir, non loin et au sud-ouest de la maison, au bord du chemin qui descend la vallée jusqu'au Ritz pour remonter ensuite le col de Mieussy, deux de ses anciens camarades vinrent à passer près de lui, en rentrant à Mélan. A leur vue, notre jeune moissonneur tressaille d'émotion, tandis qu'une pensée, pénétrante comme le rayon de soleil qui frappe les yeux d'un voyageur attardé par le sommeil, arrive à son cœur. Après une courte conversation, où sont rapidement évoqués les bons souvenirs du séminaire, les deux écoliers s'éloignent en faisant leurs adieux à François. Celui-ci les suit un instant des yeux le long du chemin creux où ils disparaissent, puis, se retournant vers sa mère, qui devine le trouble dont il est agité, il reste immobile, attendant presque un ordre qui le renvoyât à Mélan.

Malgré la vivacité de son désir, Marie Monge eut la sagesse de ne rien commander; seulement, voyant l'occasion si bonne, elle fit entendre toutes les paroles que la piété et la tendresse peuvent inspirer à une mère chrétienne. Persuadé et vaincu par la double force qui fait à son âme une douce violence, François attache sur sa mère un long et affectueux regard et lui dit avec une extraordinaire fermeté : « C'est » décidé, je reprends mes livres demain, et je ne les quitterai plus. »

Plus pressante et plus décisive que celle de sa mère, une voix s'était évidemment fait entendre à cet enfant : c'était la voix du divin Maître, qui l'appelait dès la première heure pour le préparer à être un bon ouvrier de son Évangile. Fidèle à cet aimable et secret appel, qui le surprend la faucille à la main, comme autrefois avaient été surpris les apôtres en raccommodant leurs filets, François se met aussitôt en devoir de préparer son départ; et le lendemain, accompagné de sa mère, il retourne à Mélan, où le vénérable supérieur l'accueille avec une nouvelle bienveillance, qui efface tout le passé. Marie Monge éprouva tant de bonheur à reconduire son fils au pensionnat, qu'elle n'aurait pas reculé d'un pas, quand on lui aurait assuré qu'elle le menait au martyre.

La rentrée de François ne fut pas assurément un jour de triomphe; il dut affronter les malins sourires et les plaisanteries de la troupe d'espiègles qui l'avait naguère si cruellement éprouvé; cependant, cette fois, il n'est plus au rang des malheureux nouveaux, *il a déjà fait campagne*, il est de plein droit libéré des persécutions. Le seul inconvénient, mais très-grave, dont il va souffrir, c'est le retard qu'ont éprouvé ses études. Durant son séjour à Cévillon, ses camarades ont fait des progrès, et lui revient tel qu'il était autrefois; heureux encore s'il n'a pas perdu beaucoup de terrain. Bon gré mal gré, le voilà donc condamné à une grande partie des épreuves sous le poids desquelles son courage avait succombé. En effet, les premières compositions ne lui valurent que des échecs humiliants, et, malgré ses pénibles efforts, il ne saurait guère nourrir l'espoir de racheter le temps perdu. Il est assez probable que l'idée de quitter une deuxième fois Mélan se présenta à son esprit; mais, grâce à Dieu, il la regarda comme le conseil du mauvais génie. Il avait pris l'engagement de ne plus quitter ses livres, il s'y attacha avec la vigueur d'un naufragé qui tient en ses mains la dernière planche de son navire : il mourra à la peine, s'il le faut. Une telle persévérance ne pouvait tarder longtemps à porter ses fruits.

La bonne volonté, quand elle jouit de la paix et qu'elle est accompagnée de la rectitude de l'esprit, marche vers des succès assurés; les maîtres de François s'en aperçurent promptement. Les facultés de son âme se recueillent et s'animent, une lumière inconnue jusque-là semble jaillir de ses livres et fixer son attention, le travail lui devient plus facile, son intelligence déploie ses forces, il avance avec une rapidité tout-à-fait inespérée. Un souffle de vie avait passé dans son cœur, et la voix de Dieu dissipait à jamais le sommeil où son jeune serviteur était enseveli jusque-là. Ses camarades, étonnés de son application et de sa réussite, le prennent en estime et en affection, et ses supérieurs commencent à revenir de la fâcheuse opinion qu'ils avaient conçue de lui. De son côté, surpris et consolé de se voir entouré de la sympathie générale, il se sent renaître.

La gaieté illumine son regard, la bienveillance déborde de son cœur, une affectueuse docilité assouplit peu à peu son caractère, tandis que la piété l'embellit, comme les fleurs émaillent les prairies au retour du printemps.

Cependant, plus les résultats que nous constatons en ce moment sont riches en promesses, plus il y a de quoi s'inquiéter de la fragilité des liens qui nous attachent à Dieu et de la facilité avec laquelle les âmes peuvent trahir leur vocation. Livré à la faiblesse de sa volonté et à la mobilité trompeuse de ses impressions, l'homme est toujours à la veille de s'égarer loin des sentiers que le ciel lui a tracés, s'il ne lutte constamment, en cherchant le bon plaisir de Dieu, avec le secours bienfaisant de sa grâce.

Cette première année s'acheva donc en d'excellentes conditions, bien que François n'eût pas encore atteint la hauteur à laquelle il s'élèvera plus tard. Son retour à la maison, au lendemain de la sortie générale, ne fut salué que par des larmes de joie. Je ne dirai rien de ce nouveau séjour qu'il fit près de son père et de sa mère, car le temps des vacances est si court dans la vie d'un écolier, qu'il ne vaut guère la peine qu'on en parle. Nous arrivons de suite à la fin de ces deux mois de délassement : l'heure de la rentrée a sonné, Marie Monge a complété le petit trousseau de son fils, et tous deux s'éloignent encore une fois des grands arbres et des prairies de Cévillon.

Quand les classes eurent recommencé, toute l'attention, toutes les forces de la mémoire et de l'intelligence de François se concentrèrent sur l'objet capital de ses études. En peu de mois, il se trouva parmi les meilleurs élèves de la maison, et aucun ne lui était supérieur dans la piété. Il conservait néanmoins une certaine aspérité de parole et de caractère, qui était l'exagération de son énergie de tempérament ; il avait, comme tous les hommes, les défauts de ses qualités. Mais l'âpreté de la nature se corrige facilement par les douceurs de la grâce, quand Dieu le juge à propos, pour récompenser les efforts tentés en vue de lui plaire. D'ailleurs la force, malgré tous ses abus, est l'instrument de la Providence, dût-elle, avant de s'en servir, la terrasser comme sur le chemin de Damas, puis la relever tempérée par l'humilité et la charité.

C'est ainsi que Dieu s'empare de l'âme obéissante de François, l'assouplit de plus en plus et la façonne en quelque sorte au gré de sa miséricorde ; puis il excite son ardeur, soutient, encourage sa bonne volonté, en sorte que notre jeune écolier est tout à la disposition de Celui qui parle à son cœur. Cependant le divin Maître ne veut pas commander avec autorité, il ne s'adressera même pas directement à son docile serviteur, comme autrefois à Samuel. Il indiquera seulement le but vers lequel il désire le voir marcher, il donnera un attrait à son activité et il attendra qu'elle choisisse en toute liberté la carrière ouverte à son dévouement. — Or voici comment la voix de Dieu se fit entendre à François.

On lisait, pendant les repas, au petit séminaire de Mélan, les *Lettres édifiantes*, écrites sur les plages inhospitalières de l'Orient par les généreux missionnaires qui y sont allés porter les bienfaits de l'Évangile aux peuples idolâtres. Ces récits, où sont exposés le malheur des nations païennes, les travaux, les dangers et parfois les tortures des confesseurs de la foi, enflammaient le cœur du jeune écolier, comme le bruit lointain d'une bataille provoque et entraîne un vaillant soldat. Pendant qu'il est ravi d'admiration à la vue de ces généreux prêtres qui sacrifient tout en ce monde pour obéir à la voix de Dieu, il pleure sur le sort réservé à tant de millions d'âmes qui seront à jamais privées du ciel, s'il ne se lève un apôtre prêt à leur montrer, au prix de son sang, le chemin du salut. La séduction que subit un cœur héroïque en présence d'un périlleux dévouement s'est emparée de François; il n'y a plus à ses yeux qu'une seule carrière digne d'un grand courage, c'est celle du missionnaire dans les pays infidèles.

En attendant qu'il lui soit permis d'exécuter le projet conçu secrètement en son âme, il va travailler à se rendre meilleur, dans la crainte que ses défauts n'élèvent sous ses pas une barrière infranchissable. Se souvenant qu'on lui a reproché de notables inégalités d'humeur, une tendance à la raideur de caractère, il s'étudie à revêtir les formes aimables de la douceur et de l'affabilité, et à se maintenir habituellement dans une paisible gaieté. De sa nature un peu rude, il ne lui reste bientôt, grâce à Dieu, que la franchise tour à tour respectueuse et amicale, selon les circonstances, et une indomptable ténacité dans l'application à ses devoirs. Pendant que cette heureuse transformation réjouissait le cœur de ses maîtres, elle excitait une véritable émulation parmi ses meilleurs condisciples, qui se prenaient à l'aimer et aspiraient maintenant à lui ressembler. Ils remarquaient surtout son attention à la prière, son air recueilli à la chapelle, ses communions plus nombreuses et plus ferventes. Les charmes de sa piété commençaient à attirer à lui ses camarades, comme le parfum d'une fleur nouvellement éclose attire l'abeille, au printemps.

Mais ce n'était pas seulement son cœur qui s'enrichissait de vertus, c'était aussi son intelligence qui grandissait, à mesure que les lumières de la grâce augmentaient en clarté dans son âme; il semblait que toutes les facultés intellectuelles et morales de François dussent porter le signe particulier des dons surnaturels de Dieu. Dans le principe, ses camarades ne lui laissaient que les derniers rangs dans les concours; aujourd'hui, il leur enlève ou leur dispute régulièrement les premières places. Du reste, son travail soutenu, sa docilité constante et son désir d'avancer et de contenter ses professeurs méritaient les succès qu'il obtient chaque jour.

Ces progrès inspirent à François un peu de hardiesse, et cédant d'ailleurs au besoin d'épancher son cœur, il se décide à communiquer à ses supérieurs le projet déjà confié à quelques amis choisis. A ceux-ci, il avait avoué en toute simplicité son désir du martyre; mais à ses maîtres, il parle seulement avec réserve de son intention de se vouer aux missions étrangères. Il eût été peut-être plus expansif, mais une sorte de confusion fermait son cœur, à peine entr'ouvert, quand il s'aperçut qu'il n'était accueilli que par un sourire légèrement ironique.

Le peu de sympathie accordé à son dessein ne blessa pourtant point l'amour-propre de François; il en conclut seulement qu'il devait mûrir davantage une résolution assez extraordinaire pour n'être pas prise au sérieux. En effet, une idée de ce genre, quelque généreuse qu'on la suppose, et il le comprit très-bien, peut être le rêve éblouissant d'un enthousiasme passager et disparaître avec les causes qui l'ont suggérée. Toutefois, si François eût été le jouet d'une illusion, telle que l'imagination peut en enfanter, l'épreuve du dédain et de la défiance de ses maîtres devait la dissiper à jamais. Mais il n'en fut pas ainsi; sa résolution prit au contraire de plus en plus racine dans son cœur, son but est irrévocablement fixé. A n'en pas douter, Dieu avait parlé et ses intentions se manifestaient au grand jour.

Cependant, la fin de l'année scolaire était arrivée, et François recueillit, à la distribution des prix, une ample moisson de lauriers. Très-sensible, comme tous les écoliers, à cette joie des premières couronnes, il était surtout heureux, disait-il, du bonheur qu'elles procureraient à son père et à sa mère. De fait, ses parents furent profondément réjouis par le retour et les palmes de leur fils, et Marie Monge lui témoigna sa vive satisfaction par toutes les industries de la tendresse maternelle. Mais de toutes les marques d'amour qu'elle peut donner à François, la plus habituelle et la plus précieuse sont les prières qu'elle offre constamment à Dieu pour lui.

En retour de ses maternelles bontés, après le repas, au milieu de la journée, ou le soir, près de l'âtre, pendant que son père se repose et que sa mère travaille encore, François fait à haute voix une lecture dans le recueil de la *Vie des Saints*, ou dans son livre favori de l'*Imitation de Jésus-Christ*. Ce fut, sans doute, dans un de ces moments de pieuse expansion, dont personne n'a pu nous transmettre le souvenir, parce que Dieu, probablement, en a été le seul témoin, que François apprit à ses heureux parents l'intention qu'il avait formée de se consacrer au laborieux apostolat des missions étrangères. Cette fois, il peut ouvrir son cœur et dévoiler, sans inquiétude, les trésors de grâce que la miséricorde céleste y a répandus; la seule crainte à concevoir serait de contrister sa pieuse mère, condamnée à lire dans cette détermination l'arrêt de leur prochaine et définitive séparation. Mais à la manière dont furent reçues ses ouvertures, la crainte de François se dissipa sans retour: la mère et le fils étaient dignes l'un de l'autre. Celui-ci pouvait se réjouir d'être si bien compris, et celle-là pouvait louer Dieu de la foi et des généreux sentiments qu'elle rencontrait en cet enfant béni. Elle était heureuse de penser que son fils, élevé au sacerdoce, serait encore appelé à l'insigne honneur de l'apostolat. Ce fut sous l'impression de ces sentiments et de ces espérances, que Marin Jaccard et son épouse renvoyèrent leur fils à Mélan pour commencer le cours de rhétorique. — Cette classe, très-importante, valut à François de nouveaux succès, et en soumettant ses graves projets à l'épreuve du temps et de la contradiction, elle en fit mieux ressortir la solidité et l'origine toute divine. D'ailleurs, l'élévation, et je dirai la distinction des qualités intimes de son âme, répandaient sur sa conduite et sur tout son être un reflet de piété et de vertu qui le sortait des voies communes et le signalait aux regards les moins attentifs. Les habitants de Cévillon eux-mêmes étaient frappés de la modestie de sa tenue, de l'édification de son langage et de sa religieuse aménité envers tout le monde. — Autrefois on le voyait égarer sa course à travers les grands bois de sapins, ou gravir les rampes escarpées du Coléron, suivi de quelques amis du village; aujourd'hui, ceux qui le rencontrent le long des sentiers qui partagent les héritages ou qui mènent à l'église, le trouvent absorbé dans de graves pensées ou tenant à la main un livre qu'il lit attentivement. Il est cependant une promenade qui a conservé pour lui son ancien attrait : souvent il descend la vallée, franchit le Ritz et s'élance parmi les rhododendrons des pentes gazonnées du mont Hermante, et visite pour la centième fois un large plateau auquel son ravissant aspect a valu le nom de Miribel. Mais ce n'est plus la beauté du paysage que recherche François, c'est l'ampleur de l'horizon, c'est le charme de la solitude qui rapproche du ciel. La vaste enceinte que décrivent les monts n'est plus assez étendue au gré de son âme, ses pensées vont plus loin, ses affections s'élèvent plus haut, il entend d'autres harmonies que celles de la terre : son cœur bat pour le ciel.

Aussi, une femme de son village, informée de ses projets, lui disant en ce temps-là : « *Mon François, il ne faut pas aller dans les pays étrangers; restez plutôt avec nous;* » il répondit en un pittoresque langage : « *Il restera toujours près de vous assez de prêtres pour entendre chanter les oiseaux dans vos bocages.* » Cependant cette inattention aux choses de ce monde n'est pas l'effet d'une indifférence que nous puissions reprocher à François; non, il avait une âme très-sensible, il était artiste comme on peut l'être au milieu des beautés de la création, il aimait profondément son père et sa mère, et il a été d'une irréprochable fidélité à tous ses amis. Seulement, au-dessus des affections de ce monde, la grâce de Dieu a fait naître en lui un autre amour plus fort et qui dépasse les amours d'ici-bas, comme le fruit savoureux d'une greffe choisie surpasse les fruits amers d'une tige sauvage. Sans perdre aucune de ses qualités naturelles, il s'élevait peu à peu au-dessus des régions où s'agitent les cœurs terrestres, et il les dominait comme l'aiglon, au sortir de son aire, plane dans les airs, étranger aux délices de la vallée et inaccessible aux piéges du chasseur.

Pour mesurer la distance qu'à déjà parcourue François, nous n'avons qu'à sonder la source où il puise l'aliment ordinaire de ses pensées. Or, il vit dans la société de Jésus-Christ, il savoure les pages délicieuses de l'*Imitation*. Son cœur en est tout embrasé. Mais ce livre, le plus beau qui soit sorti de la main des hommes, s'adressant à toutes les conditions de la vie, François y recueillait les paroles qui semblent particulièrement pour lui, semblable aux abeilles essémées dans une prairie et qui, tout en visitant chacune des fleurs écloses au soleil du matin, s'attachent néanmoins de préférence aux corolles embaumées d'un miel plus pur et plus exquis.

En ouvrant ce livre après notre pieux jeune homme, je ne puis résister au désir de citer les passages que je crois voir soulignés de sa main et qui contiennent l'expression plus fidèle de ses sentiments :

« C'est une trompeuse vanité, lisons-nous, que de s'occuper de la vie présente aux dépens de la vie future [1].

» Celui qui aime beaucoup accomplit de grandes choses [2].

» Que les apôtres et les martyrs ont souffert de grandes et nombreuses tribulations [3].

» Bienheureux celui qui s'applique à être tel en sa vie qu'il désire être trouvé à sa mort.

» Apprenez donc à mourir au monde, afin que vous commenciez à vivre en Jésus-Christ.

» Regardez-vous sur la terre comme un étranger [4].

1. Liv. I, c. I. — 2. Liv. I, c. XV. — 3. Liv. I, c. XVIII. — 4. Liv. I, c. XXIII.

» Essayez d'abord vos forces. Si vous ne pouvez souffrir en ce monde, comment supporterez-vous les supplices éternels [1]?

» Bienheureux qui comprend l'amour de Jésus [2]. »

Au sortir de cet entretien où le bon maître avait donné de si sages avis à François, et après lui avoir parlé des douceurs de son amitié, il le conduisait au pied de sa croix et lui disait, dans toute l'ivresse de son cœur, les gloires et les consolations du Calvaire :

« Pourquoi craindre de prendre la croix? C'est par elle qu'on va au royaume du ciel. Dans la croix est le salut, dans la croix est la vie, dans la croix est le triomphe. Dans la croix est l'infusion de la céleste suavité; dans la croix est la force du cœur; dans la croix est la joie de l'esprit; dans la croix est le résumé de la vertu; dans la croix est la perfection de la sainteté. »

» Prends donc ta croix, et tu parviendras à la vie éternelle, à la suite de Jésus [3]. »

Ces quelques lignes nous dessinent les traits principaux du cœur de François, Sa vie ne fait que commencer, et déjà il n'est plus de ce monde. Sa mère s'apercevait bien du détachement surhumain de son fils à l'égard des biens, des plaisirs et des honneurs de ce monde; mais elle n'en connaissait pas encore toute la profondeur. C'est pourquoi, traversant un jour avec lui de belles moissons, prêtes à tomber sous la faux: « Regarde, François, dit-elle, ces champs; ils sont magnifiques! Tu dois être content de voir que Dieu a si généreusement béni nos travaux. — Ma chère mère, mon royaume n'est pas de ce monde! Je n'attache aucun prix aux biens de la terre, je n'en prends pas le moindre souci; je ne m'occupe plus que du royaume de Jésus-Christ. » Puis, donnant libre cours aux pensées qui abondent en son cœur, il entretenait cette pieuse mère des projets qu'il lui a déjà confiés, et lui exposait avec allégresse l'éminence des services qu'il pourrait rendre aux nations païennes, si Dieu le lui permettait. Ces saintes espérances furent nombre de fois l'objet de conversations analogues. Dans ces moments de généreuses et naïves expansions, cédant à l'entraînement de son cœur, prêt à tous les sacrifices pour atteindre les hauteurs de la perfection, François s'écriait avec une aimable candeur : « Oh! je porte un nom bien connu dans le ciel... Combien de François n'y a-t-il pas ? J'espère en augmenter le nombre; j'espère que Dieu me fera la grâce de mourir comme saint François

1. Liv. I, XXIV. — 2. Liv. II, c. VII.
3. Liv. II, c. XII.

Xavier ou saint Francois d'Assise, missionnaire ou religieux... Je veux servir Jésus sans partage! »

Ce zèle de sa sanctification et l'amour de l'apostolat, comme la suite l'a montré, n'étaient pas une de ces vaines illusions dont se repaît quelquefois l'imagination; non, c'était un mouvement venu du ciel, c'était une passion dont le feu divin ne s'éteindra plus. Et comme prélude de ses travaux évangéliques, il s'emploie à la conversion de ses condisciples, en s'efforçant de gagner les uns à la vertu par ses conseils et ses exemples, et en essayant de faire partager aux autres ses goûts pour les missions étrangères. Dieu se plut à récompenser les efforts et la bonne volonté de François. Plusieurs de ses anciens condisciples, témoins et peut-être auteurs de ses souffrances d'autrefois, devenus ses amis, l'entourent maintenant d'affectueux égards et presque de leur admiration. La simplicité de ses manières, la paix de son visage, la sympathie de son regard, le cordial enjouement de sa conversation, la religion qui dirige toutes ses démarches, et par-dessus tout l'attrait divin que le Christ inspire pour ceux dont il veut se servir, charmaient et captivaient toute la communauté. Grâce à Dieu, François ne songeait pas à tirer vanité de cette amicale attention dont il était l'objet, il en profitait seulement pour exercer une sorte de sacerdoce, d'autant plus utile qu'il était mieux accepté.

Doué d'une très-belle voix et possédant quelque talent pour la musique, il employait heureusement ses aptitudes en encourageant ses camarades, les formant au chant et se faisant leur chef d'orchestre. Son jeune orphéon était devenu le premier ornement des grandes solennités de la maison. D'autres fois, les jours de congé, durant la belle saison, quand la promenade était dirigée sur les montagnes des environs, il convoquait ses dociles exécutants soit à la rive d'un bois, soit à l'ombre des grands arbres, ou bien encore au sommet de quelque mamelon, et entonnait des airs patriotiques et religieux, dont les accents descendaient dans la plaine comme un écho des harmonies du ciel.

« Nous avons eu occasion, disait un de ses contemporains [1], d'interroger plusieurs amis de François; tous rappellent avec délices ces souvenirs, d'où s'exhale encore pour eux un parfum de piété qui continue à embaumer leur âme, en faisant revivre les plus charmants instants de leur vie d'écoliers. »

Ainsi s'achevait, dans une atmosphère de paix et de grâce abondante, la première série des épreuves et des victoires de François.

1. M. Sallavuard.

Arrivé à la fin de sa philosophie. il dit adieu à ses amis et quitta le petit séminaire de Mélan[1], où il avait versé des larmes si amères, suivies bientôt de glorieuses consolations. Aujourd'hui, cet établissement se fait un honneur de conserver son souvenir comme un précieux héritage de famille.

1. Cette maison d'éducation, augmentée encore par les jésuites, a été confiée, en 1848, à la sage direction des missionnaires de Saint-François de Sales, qui ont habilement restauré la chapelle, et poursuivent avec succès la belle œuvre de M. Ducrey.

CHAPITRE III

CHAMBÉRY

Entrée de François au grand séminaire de Chambéry. — Ce que c'est qu'un grand séminaire. — Piété de François. — Son admission aux ordres mineurs. — Nouvel appel de Dieu. — Premier sermon. — Départ de Chambéry, de 1819 à 1821 (août).

En 1819, la Savoie, qui avait encore retenu l'ancienne organisation du Concordat français, ne formait qu'un seul diocèse, avec Chambéry pour ville principale. Il n'y avait non plus qu'un seul grand séminaire, pour élever les aspirants au sacerdoce de tout le duché, et il était naturellement placé dans l'endroit où résidait monseigneur l'évêque. C'est donc en cet établissement que François se rendit, au mois d'octobre de la même année, pour y prendre le joug austère de la discipline ecclésiastique, et faire le premier pas vers la carrière laborieuse du dévouement et de la sainteté. Je voudrais le suivre dans les détails d'une vie si agréable à Dieu et si édifiante pour les âmes chrétiennes, mais ils sont à peu près restés cachés sous le voile de son humble retraite. Je me bornerai donc à dire succinctement, pour quelques-uns de mes lecteurs, ce que c'est qu'un grand séminaire, en les invitant à suppléer par leurs pensées les renseignements qui me font défaut.

Mes réflexions seront utiles surtout à ceux qui ne voient dans un grand séminaire qu'une maison d'études spéciales, avec une préparation exclusivement scientifique aux fonctions du sacerdoce. Bon nombre de personnes, en effet, ne jugent les choses que par ce côté superficiel et considèrent la prêtrise comme un état ordinaire, entraînant tout au plus des devoirs rigoureux et difficiles, mais exemptant aussi des sollicitudes de la famille et du tourment des affaires. Ceux-là ne soupçonnent rien du travail intime, héroïque et surnaturel, accompli comme de moitié avec Dieu, et dans lequel un jeune homme emploie à se transformer petit à petit, par le combat contre ses défauts et ses passions, toute l'activité, toute l'énergie et tout l'empressement que les mondains mettent à contenter leurs goûts ou à satisfaire leurs cupidités.

Il suffit, du reste, de pénétrer dans l'un de ces sanctuaires de la science et de la piété pour concevoir une grande estime de l'œuvre à laquelle se livrent ceux qui sont venus y abriter leur jeunesse. Le visiteur le moins au courant de ce qui s'y passe ne tardera pas à reconnaître qu'il est en face d'une institution merveilleuse. On y respire une atmosphère de charité, de calme et d'angélique gaieté; on se croirait bien plutôt dans le vestibule du ciel que dans les voies pénibles du travail et de la mortification.

Les maîtres qui y président sont tous des vieillards, par l'âge ou par la sagesse; on trouve en eux tous des hommes d'une bonté parfaite, d'un savoir profond et d'une vertu consommée. Près d'eux, les philosophes renommés de Rome et d'Athènes auraient beaucoup à apprendre, et encore plus à faire pour s'élever à leur niveau. Amis dévoués et humbles des jeunes gens confiés à leur direction, ils prient, méditent et se délassent sous le regard de Dieu, en compagnie de leurs disciples. Et ils sont les plus fidèles observateurs des constitutions de leur école.

Leur exemple, tout autant que leur volonté, règle la distribution du temps et la série des exercices.

A cinq heures du matin, la cloche donne le signal du lever, qui s'effectue promptement. Après une prière et une méditation de trois quarts d'heure faites en commun, on se rend à la chapelle pour assister à la sainte messe. Ce moment est le plus important de la journée. Les maîtres offrent l'adorable sacrifice et les élèves communient à la divine victime. Les uns s'inspirent au foyer du dévouement et de la science, les autres puisent à la source du courage et de l'obéissance. Tous, en s'unissant à Jésus-Christ comme l'eau se mêle au vin du calice, apprennent l'abnégation et le secret du bonheur qu'on goûte au service de Dieu. A la fin de cette admirable préparation de l'esprit et du cœur, l'étude commence et se prolonge jusqu'à midi, interrompue seulement, à huit heures, par quelques instants de répit employés à prendre un peu de nourriture, assez pour soulager le corps, pas assez pour nuire à la libre action de l'âme.

Cette matinée de silence, d'entretien avec Dieu et de commerce avec les livres, se renouvelle ainsi tous les jours, durant neuf mois consécutifs, et cela pendant les quatre années, au moins, qu'exige la préparation au sacerdoce.

La soirée, pour être moins silencieuse, n'est guère moins laborieuse, car elle est aussi partagée entre l'étude et les leçons des maîtres; elle comporte seulement deux récréations nécessaires au repos de l'esprit.

Tous ces exercices sont terminés par une lecture de piété qui est comme le couronnement de la journée, un dernier avertissement venu du ciel, indiquant le terme des travaux du moment présent et donnant le mot d'ordre pour le lendemain. La prière et la lecture se donnent ainsi la main pour soutenir le courage des lévites, à la vue du vaste champ qu'ils ont à cultiver.

Car à côté des belles et grandes questions de la philosophie et de la théologie, qui ne sont jamais épuisées, les pages mystérieuses des Livres saints offrent aux élèves du sanctuaire les nombreux et savants problèmes auxquels les anciens docteurs ont appliqué, pour les résoudre, toutes les forces de leur génie; puis l'histoire dans son ensemble, la législation ecclésiastique, un choix des lois civiles; enfin les règles et les cérémonies liturgiques se disputent les heures de travail au grand séminaire.

Ce programme, déjà bien chargé, ne renferme cependant pas tous les objets de la science sacrée: il faudrait y ajouter bien d'autres points, tels que l'art divin de la conduite des âmes, qui s'apprend tout à la fois par les leçons des maîtres et par l'étude patiente de son propre cœur. Et c'est ici un des caractères qui distinguent un grand séminaire des autres maisons ouvertes à la jeunesse studieuse. Dans les écoles du monde, on convoite la science pour acquérir la fortune et le bien-être; ici, au contraire, la science n'est que le moyen d'arriver à la sainteté, plus sûrement.

Et si on cherche quelle peut être l'utilité sociale de ces luttes engagées dans l'âme des aspirants à la prêtrise, il suffira de remarquer qu'ils ne travaillent à perfectionner et surnaturaliser leur vie morale que pour rendre les autres meilleurs. Appelés à continuer l'œuvre de régénération inaugurée par le Christ, qui a tiré de leur corruption les nations païennes, en les purifiant par le souffle de sa grâce et en les relevant par la pratique de ses vertus, ils visent à se dépouiller d'eux-mêmes, à s'identifier avec l'esprit de leur divin Maître. Dans ce but, les séminaristes travaillent à reproduire dans leur vie les qualités et les dispositions du Sauveur, comme un peintre retrace sur la toile les traits d'un chef-d'œuvre. Tous, évidemment, n'arrivent pas au même degré de ressemblance avec le Christ, le modèle parfait; mais tous le font revivre en plusieurs points, et tous reçoivent en leur âme le signe ineffaçable de l'alliance contractée avec Jésus-Christ par la participation à son sacerdoce.

Rien, parmi les institutions de la sagesse et du génie de l'homme, n'est comparable à ce laborieux apprentissage de la sainteté. L'Église catholique possède là des sources de civilisation et de progrès dont aucune force humaine n'atteindra la fécondité ; et on peut affirmer, sans crainte d'exagération, qu'un peuple qui étoufferait dans son sein ces foyers de lumière et de vertu fondés sous le nom de grands séminaires, donnerait des signes certains de décadence et de ruine morale.

Ces considérations, que j'abrège à regret, semblent nous avoir fait oublier notre pieux élève de théologie ; cependant je ne l'ai pas un instant perdu de vue. Je le suivais à la prière, à la méditation, au pied de l'autel du saint sacrifice, dans les classes et en sa paisible cellule, toujours animé et dirigé par la même pensée : s'instruire et se sanctifier, pour arriver au sacerdoce et sauver des âmes.

Cependant, il y avait à peine trois mois que François se livrait à l'étude de la théologie, quand un douloureux événement vint attrister Cévillon, le 15 janvier 1820. Ce jour-là, Marin-Joseph Jaccard, après une vie calme et vertueuse comme celle d'un patriarche, rendait son âme à Dieu, à l'âge de quatre-vingt-trois ans.

Était-ce l'illusion d'un homme qui croit volontiers à la réalité de ce qu'il désire? était-ce l'intuition naturelle que les anciens reconnaissaient à l'âme sur le point de se séparer du corps? était-ce une lumière venue du ciel, semblable à celle de Jacob prophétisant la part que Dieu destinait à chacun de ses enfants? On ne saurait le décider. Quoi qu'il en soit, lorsque le pieux vieillard vit la mort approcher et qu'il eut, par les secours sanctifiants de l'Église, préparé son âme à comparaître devant Dieu, il crut à propos de manifester ce que lisait dans l'avenir sa tendresse paternelle. S'adressant alors à celle qui avait été la consolation et l'édification de sa vie, il lui fit cette pieuse recommandation : « Marie, tu resteras seule ; mais ne te décourage pas, fais tout ce que tu pourras pour l'éducation de François ; si Dieu le bénit, il *sera prêtre* un jour ; il priera pour moi, qui vais dans l'éternité ; il priera aussi pour toi, pendant ta vie et après, jusqu'à ce que nous soyons tous les trois réunis. »

Quelque temps après, cet homme de foi, ce véritable juste avait rendu son âme à Dieu. Toutefois, en étendant les sombres voiles du deuil sur le front de Marie Monge, la mort n'a pas obscurci dans son cœur les douces clartés de l'espérance, qui la consolent et soutiennent son courage.

Privée de l'appui sur lequel elle comptait pour l'accomplissement de ses vœux les plus ardents sur la terre, elle portera fermement le douloureux fardeau de son veuvage et s'appliquera, de toutes ses forces, à la ponctuelle exécution de la dernière volonté de son époux. Les désirs de ce vénérable mourant sont pour elle d'autant plus sacrés, qu'elle les a toujours partagés et qu'elle y reconnaît le cachet mystérieux d'une inspiration du ciel. Et plus tard, quand on s'étonnera de sa persévérance à lutter contre des obstacles humainement insurmontables, les paroles mémorables de Marin Jaccard seront toutes ses excuses et son principal espoir.

A l'exemple de sa mère, qu'il essaya de consoler par ses lettres, François se soumit paisiblement au décret de la Providence ; sa piété filiale se répandit seulement en prières plus nombreuses et plus ferventes pour l'âme de son père bien-aimé ; et il redoubla d'efforts, afin de rendre son éducation cléricale plus fructueuse et de dédommager, par ses progrès, celle qui supportait maintenant toute seule les charges pénibles du foyer domestique.

A la tête des maîtres habiles qui dirigeaient alors le grand séminaire de Chambéry se trouvait un prêtre doué d'une vaste science unie à toutes les qualités d'une éminente vertu. C'était l'abbé Billet, élevé plus tard sur le siége archi-épiscopal de cette ville, puis ensuite revêtu par Pie IX de la haute dignité de cardinal de l'Église romaine.

Ce fut aux mains de cet homme docte et expérimenté que François confia la conduite de son âme et le soin de sa vocation sacerdotale. Attentif à lui dévoiler les secrets de son cœur, il ne le fut pas moins à recueillir ses conseils et ses encouragements. D'ailleurs, il se montra en toutes choses élève studieux et docile, séminariste humble et fervent, condisciple édifiant et aimable. Le vénérable directeur, suivant d'un regard vigilant les mouvements de la grâce de Dieu dans l'âme de François, le conduisit prudemment, sans devancer ni retarder l'heure de la Providence. De son côté, le jeune théologien se tint en garde contre l'empressement naturel et attendit que la volonté du ciel lui fût clairement manifestée. La fidélité au règlement de la communauté et l'exactitude dans l'accomplissement de ses devoirs étaient à peu près son unique préoccupation. Quant à la piété, elle était en lui si vraie, si simple et si spontanée, que les sentiments de l'amour de Dieu s'épanchaient de son cœur comme l'eau coule d'une fontaine abondante. Rien en ses habitudes n'était préparé pour le regard d'un spectateur ; il ne paraissait en tout que l'égal de ses condisciples, dont il n'aurait pas voulu se distinguer ; et s'il s'élevait au-dessus d'eux, c'était à son insu et aux yeux de Dieu seulement. Il fallait vivre dans son intimité pour discerner les trésors de foi, de dévotion et de zèle dont le ciel l'avait enrichi. Ce n'était plus comme dans les dernières années de son séjour à Mélan, où le titre d'*ancien* lui conférait des droits naturels confirmés par l'usage ; ici, il est nouveau, son rôle est tracé dans les voies de la réserve et de la modestie. L'amitié seule, dans le petit cercle qu'elle lui a marqué, pouvait l'autoriser à découvrir ses pensées et à recommencer son apostolat d'autrefois. Sans se douter alors de l'admiration qu'il excitait, il laissait naïvement ses amis jouir des beautés de son âme, comme les lacs bleus des Alpes permettent au batelier voguant sur leurs ondes tranquilles d'étudier les secrets de leurs profonds abîmes. On l'aimait, on se plaisait à sa conversation et beaucoup de ceux qu'il avait gagnés par la sympathie qu'inspiraient ses rares qualités, furent entraînés à sa suite par la persuasion de ses chaleureuses paroles. Plusieurs de ses anciens condisciples ont même avoué, plus tard, qu'ils devaient probablement à François la persévérance dans leur vocation. Non content d'opérer tout le bien possible par ses entretiens et ses exemples, il poursuivait encore dans sa correspondance l'œuvre qu'il avait laissée inachevée à Mélan. Je ne veux citer ici qu'une seule des lettres écrites à ses jeunes amis de collége ; elle indiquera suffisamment le caractère de toutes les autres [1].

« Mon cher ami, j'ai été très-sensible aux sentiments d'amitié que tu me témoignes, et sois bien persuadé aussi que de mon côté ils sont toujours aussi vifs que lorsque j'avais le plaisir d'être avec toi. Quand on s'aime d'une amitié chrétienne, la distance ne peut pas séparer les âmes ; ainsi l'union règne entre nous et elle régnera, tant que nous saurons nous aimer dans le cœur de Jésus et en la présence de Dieu. C'est là le vrai point de réunion ; tâchons de ne pas le perdre de vue. Hélas ! quand une fois on l'a perdu, on le retrouve bien difficilement... Continue à être sage, prends garde de ne pas fréquenter de mauvais camarades. »

J'ai eu le bonheur d'entretenir un vénérable vieillard qui vécut autrefois dans la familiarité de François : c'est M. Voisin, aujourd'hui glorieux vétéran du sanctuaire, plié sous le poids des travaux accomplis dans différentes provinces de la Chine, et qui achève son pèlerinage au séminaire des missions étrangères, en attendant que Dieu l'appelle à recevoir la récompense de celui dont il partagea les fatigues. Or, comme je le priais de vouloir bien me confier ses souvenirs au sujet de François, il me répondit d'abord que, s'il eût prévu la future sainteté de son ami, il aurait écrit au fur et à mesure toutes ses paroles ; mais ensuite, après m'avoir assuré qu'il avait tout oublié, comme si j'avais blessé son humilité en l'invitant à raconter des faits auxquels il était mêlé, il se mit à me parler avec un entrain qui le rajeunissait. Je ne

1. Lettre écrite, le 7 mai 1821, à M. Boismond, qui devint prêtre et mourut curé de Saint-Eustache, près d'Annecy.

pus néanmoins obtenir aucun trait particulier ; tout se borna, pour le saint vieillard, d'ailleurs très-affaibli par ses infirmités, à des témoignages pleins de respect pour son bien-aimé condisciple de Chambéry[1]. Dès les temps heureux de leur séminaire, ils priaient l'un pour l'autre, demandant à Dieu de les éclairer, d'exaucer les désirs de leurs cœurs et de bénir les hardis projets dont ils méditaient en commun l'exécution.

Vingt ans plus tard, M. Voisin, écrivant à une personne désireuse d'avoir des détails circonstanciés et authentiques sur les années de séminaire de François à Chambéry, disait : « Sa piété était douce, aisée, également éloignée de la légèreté qui dissipe et de l'austérité qui attriste ; elle était pure, généreuse et semblait couler de source. »

Mais voici que la Providence ménage à François une excellente occasion de manifester les dispositions de son cœur, et peut-être de transmettre à d'autres le feu sacré dont il brûle intérieurement. D'après une louable coutume, on exerce les aspirants au sacerdoce à porter la parole dans les assemblées chrétiennes, et dans ce but chacun prononce à son tour, au réfectoire, devant la communauté, un sermon de sa composition et appris de mémoire. Dans quelques maisons le sujet à traiter est indiqué par les supérieurs ; dans d'autres, et c'est ainsi que cela se pratiquait à Chambéry, il est laissé au choix des jeunes gens.

En de telles conditions, François n'hésita pas un instant, et résolut de parler du malheur des peuples idolâtres, de l'inutilité des souffrances de Jésus-Christ pour eux, si un messager de la bonne nouvelle ne se dévoue à la tâche périlleuse de leur porter les lumières de la foi. Et comme s'il avait voulu décider ses auditeurs à suivre son impulsion, il prévoit et réfute victorieusement les objections, et il finit son chaleureux plaidoyer en célébrant la gloire et les consolations du martyre. Ce discours, ayant été soumis, selon l'usage, à la censure de MM. les directeurs, reçut l'approbation qu'il méritait, et déjà l'auteur se préparait à monter en chaire, quand, je ne sais pour quelle raison, on lui retira la permission de développer en public la thèse qu'il avait adoptée.

Cependant la composition de François n'avait pas à redouter la critique de ses juges, elle était bonne et pleine d'un souffle vigoureux où vibrait une âme profondément apostolique. Malgré l'opposition qu'il avait rencontrée, le travail de l'abbé Jaccard fut communiqué à plusieurs amis, qui le copièrent et l'étudièrent avec beaucoup plus de fruit que s'il eût passé comme l'essai des autres débutants dans l'art oratoire.

1. J'avais écrit ces lignes depuis un mois quand j'appris la mort de M. Voisin, décédé à Paris en 1877.

Parvenu au bout de sa course, le manuscrit original resta la propriété d'un élève de théologie, devenu plus tard curé dans le diocèse de Belley, et qui montrait avec bonheur ce précieux souvenir à ses anciens condisciples.

Les incidents que nous venons de raconter eurent lieu dans les commencements de l'année 1821 ; l'abbé Jaccard, alors, était élève de deuxième année. Sa résolution n'était pas encore définitivement arrêtée, bien qu'il s'en fût souvent entretenu avec son directeur. Peu de mois après, l'ordination de la Pentecôte arrivait. Les jeunes gens qui devaient y prendre part ont reçu l'appel de leurs supérieurs, et chacun, durant la retraite préparatoire qui va commencer, s'appliquera plus que jamais à s'assurer de la volonté de Dieu. François avait été invité à recevoir les *ordres mineurs*. Le moment était grave pour lui ; car non-seulement il s'agissait de porter au pied de l'autel les dispositions d'un fervent séminariste, mais encore de pénétrer suffisamment les desseins de Dieu, et de fixer son avenir. Il appartenait sans doute à Dieu; car déjà par la tonsure, en recevant de la main du pontife la couronne cléricale, il avait rompu tous les liens qui l'attachaient au monde; néanmoins, au jour solennel de cette nouvelle ordination, en revêtant les saintes livrées des ordres mineurs, il fit mieux que de se donner à Dieu pour être son prêtre : il s'offrit à devenir son martyr.

Je ne tenterai pas de peindre cette mystérieuse alliance de Jésus-Christ prenant possession de toutes les facultés de son humble apôtre, et de François s'abandonnant sans réserve à son divin Maître, ne lui demandant qu'une seule grâce, celle de l'aimer et de souffrir pour lui; mais si nous n'essayons pas de sonder les secrets que le ciel voile à nos yeux, il est possible toutefois et juste d'admirer les voies miséricordieuses par lesquelles la bonté de Dieu conduit ses élus.

Une fois irrévocablement décidé à se consacrer à la conversion des infidèles, François ne se trouvait plus à sa place au grand séminaire : il était nécessaire qu'il joignît à l'étude de la théologie des connaissances spéciales propres à le former directement au ministère des missions en pays étrangers. C'est pourquoi, après en avoir conféré avec son vénérable directeur, dont il suit ponctuellement les conseils, le pieux Minoré fait ses adieux à ses respectables supérieurs et à ses amis, et retourne passer quelques semaines auprès de sa mère, afin de l'entretenir de ses intentions et de la consoler de son prochain départ. Celle-ci fut comblée de joie en revoyant son cher fils arrivé au seuil du sanctuaire; encore quelques pas et il atteindra les degrés de l'autel. Les vœux de la mère et du fils seront donc bientôt accomplis.

Cependant les jours heureux s'enfuient bien rapidement sur la terre !

Déjà le mois d'août, terme fatal, a commencé son cours, et François n'est pas encore prêt à subir la redoutable épreuve des adieux. Il faut dire qu'il n'avait pas jugé à propos de s'y préparer, car il ignorait encore la tendresse de sa piété filiale. Aussi est-il étonné de se voir tout-à-coup envahi par une invincible tristesse. Il a beau se raisonner et accuser de faiblesse cette sensibilité dont il se plaint amoureusement à Dieu, il ne peut pas la dominer; il faudra qu'il en épuise toutes les amertumes, et qu'il ajoute à ses souffrances le regret de causer à sa mère un profond chagrin en la quittant peut-être pour toujours. Un voyage à Paris était en effet une grosse affaire à cette époque, d'ailleurs de graves raisons pouvaient entraver son retour.

Enfin le jour du sacrifice s'est levé. Déjà plusieurs jeunes gens, condisciples ou amis d'enfance de l'abbé Jaccard sont réunis autour de lui et se proposent de l'accompagner jusqu'à une certaine distance. L'heure du départ venue, François se jette aux pieds de sa mère et lui demande sa bénédiction; puis, se relevant avec ce dernier gage de sa tendresse, il l'embrasse et disparaît aussitôt, sans que ni l'un ni l'autre puissent prononcer une parole d'adieu. Mais pendant qu'il s'éloigne d'un pas rapide, pour contenir l'émotion de son cœur, sa mère s'est agenouillée à son tour, et répand au pied du crucifix les sentiments qui se pressent en son âme.....

Au bout d'une heure de marche, la caravane traverse le bourg d'Onnion, et continue à descendre la vallée, qui se rétrécit rapidement, jusqu'à ne plus être qu'un ravin profond où le Ritz, grossi par les eaux qui tombent çà et là du flanc des montagnes, mugit et se brise en écumant sur les rochers. A deux ou trois kilomètres en aval d'Onnion, on dirait que les deux montagnes ont été séparées violemment par une main puissante pour livrer passage au torrent, dont la voix menaçante monte, grandit et ébranle l'écho des cavernes voisines. En cet endroit, le chemin, taillé dans le roc, serpente à trois ou quatre cents pieds de hauteur, et néanmoins c'est à peine si les passants peuvent s'entendre parler, à cause du bruit qui vient de l'abîme. Un sentiment de crainte et d'horreur vous saisit, quand, vous penchant du côté des précipices, vous regardez en bas. Et en s'éloignant on se demande ce que deviennent les pauvres voyageurs obligés de parcourir un tel chemin en hiver, dans les temps de bourrasques et de tempêtes! Mais par une heureuse inspiration, semblable à l'instinct de l'enfant qui appelle sa mère à l'approche du danger, la piété des fidèles a placé là un oratoire dédié à notre Dame du Refuge [1], pour se donner confiance et écarter

1. A l'époque du départ de François, cette statue était au bord de l'ancienne route, qui passait 20 à 30 mètres plus haut que la nouvelle.

le malheur. Parvenu aux pieds de cette bonne protectrice, l'abbé Jaccard s'arrête, s'agenouille une seconde fois, et donnant libre cours à ses larmes, que la grande douleur avait jusqu'ici comprimées, il renouvelle l'offrande qu'il a faite de sa vie à Dieu, invoque l'assistance de la sainte Vierge et de son Ange gardien; puis, embrassant ses chers compagnons de route, il les congédie en leur adressant ces religieuses et amicales paroles : *adieu! à nous revoir au ciel!*

Cependant François se crut obligé, en traversant Saint-Jeoire, d'aller présenter ses devoirs au vénérable abbé Déperraz, un des prêtres qui se réfugièrent autrefois à Cévillon, et à la famille Gielly[1]. Ici se passa une scène digne de souvenir.

Animée des sentiments d'une affectueuse vénération pour l'abbé Jaccard, Mme Gielly lui demanda un souvenir devant Dieu, pour un petit enfant de deux ans, qui dormait en son berceau. Aussitôt, François, formant dans son cœur une de ces prières qui touchent la bonté de Dieu, étendit la main sur la tête de l'enfant, à la grande joie de son père et de sa mère, persuadés que la bénédiction du pieux missionnaire lui porterait bonheur. Effectivement, l'enfant, qui avait nom Célestin, fidèle plus tard aux grâces de Dieu, entra dans les ordres, et n'oublia pas, en montant au saint autel, que la bénédiction d'un saint prêtre reposait en son âme, comme le germe des vertus sacerdotales et le gage des récompenses éternelles.

1. M. Gielly, docteur en droit civil et en droit canon, était notaire à Saint-Jeoire.

CHAPITRE IV

PARIS

L'abbé Jaccard entre au séminaire des Missions étrangères. — Ses succès dans l'étude de la théologie. — Ses progrès dans les vertus sacerdotales. — Sa promotion à la prêtrise. — Son voyage à Cévillon. — Son retour à Paris.

(De 1821 à 1823.)

En quittant Cévillon, François n'avait qu'un seul désir, arriver promptement à Paris; non pour en visiter les riches monuments et les nombreuses curiosités, mais dans le but de s'enfermer le plus tôt possible au séminaire des Missions étrangères[1]. Nous n'avons donc pas

1. Fondé à Paris, en 1663, avec l'approbation du pape Alexandre VII, et la reconnaissance légale du roi Louis XIV, aujourd'hui encore en vigueur, le séminaire des Missions étrangères avait pour but unique et exclusif de procurer la conversion des gentils, non-seulement par la prédication de l'Évangile, mais encore par la formation d'un clergé indigène. Ce but n'a pas changé depuis deux siècles, et aujourd'hui comme au premier jour, tous les aspirants reçus au séminaire des Missions étrangères sont uniquement et exclusivement destinés au service des Missions parmi les nations infidèles.

Les Missions confiées par le saint-siége à la société des Missions étrangères sont au nombre de 64; elles sont dirigées par 24 évêques ou supérieurs, tous membres de la même société. Ces Missions sont les suivantes :

LE JAPON, LA CORÉE, LE THIBET.

Dans l'empire de Chine

La Mandchourie.
Le Su-Tchuen occidental.
Le Su-Tchuen oriental.
Le Su Tchuen méridional.
Le Yun-Nan.
Le Kouy-Tcheou.
Le Kouang-Tong.
Le Kouang-Si.

Dans le royaume d'An-Nam

Le Tongking occidental.
Le Tongking méridional.
La Cochinchine orientale.
La Cochinchine occidentale.
La Cochinchine septentrionale.

Dans l'Indo-Chine

Le Cambodge.
Siam.
La Malaisie.
La Birmanie occidentale.
La Birmanie septentrionale.

Dans les Indes orientales

Pondichéry.
Le Maïssour.
Le Coïmbatour.

Les territoires de ces divers pays s'étendent, comme on le voit, des régions brûlantes de l'équateur jusqu'à la zône glaciale, et présentent successivement tous les climats.

à nous attarder au récit d'un voyage, auquel il n'attachait aucune importance. Il y aura d'ailleurs plus de profit à suivre le jeune Minoré dans la sainte et laborieuse retraite où il vient se former aux grands combats de la vie apostolique.

La plus douce joie de l'abbé Jaccard, en franchisant le seuil du séminaire, fut de penser qu'il trouverait partout, sous ses pas, les vestiges des héros et des martyrs, qui l'avaient précédé dans la carrière, et qu'il recueillerait, dans leurs exemples, un précieux soutien pour son courage et un stimulant pour son ardeur. D'un autre côté, aux impressions et aux pressentiments de son cœur, il lui semble connaître que Dieu l'a conduit dans cette solitude, avec l'intention miséricordieuse de le combler de ses plus paternelles bénédictions.

Cette maison, qui l'a reçu, n'est-elle pas le foyer et le sanctuaire où le divin pasteur prépare les ministres de son choix, et se plaît à les faire entrer en participation de son amitié, tout en leur laissant entrevoir la pesanteur des croix qu'ils devront porter par amour pour lui?

Avant de raconter les vertus auxquelles le pieux abbé s'exerça, au séminaire des Missions étrangères, j'ai voulu visiter cet établissement, que j'appellerai *une pépinière de martyrs*. Je suis allé m'agenouiller et prier dans la chapelle, où il a tant de fois confié au cœur de notre-seigneur Jésus-Christ les désirs et les craintes de son âme. Il m'a été permis de monter le large escalier de pierre, le long duquel François égrénait son chapelet, d'assister aux joyeuses récréations des jeunes *aspirants* [1], qui marchent sur ses traces, et dont plusieurs iront peut-être recueillir les fruits de ses longues souffrances et de sa mort. Je me plaisais à évoquer son souvenir, en ces différents endroits, et à le suivre dans les spacieuses allées du jardin, entouré de ses amis, qui se livrent avec lui à une gaieté tout angélique.

Aimé par ses condisciples, durant les heures de délassement, à cause de son entrain, il n'en était pas moins considéré, pour son application au travail. Nul n'était plus zélé que lui à consigner les explications et les notes des professeurs. C'était même avec une sorte de culte religieux, qu'il écoutait ceux d'entre eux, qui avaient eu l'honneur de confesser Jésus-Christ, en face des persécuteurs et des tourments. M. de la Bissachère, ancien missionnaire au Tong-King, avait une place particulière dans son respect et son attachement.

Caractère calme et réfléchi, esprit ferme et méthodique, l'abbé Jaccard, à Paris, fit preuve d'une véritable capacité pour les sciences sa-

1. Les *aspirants* sont les clercs qui se préparent à partir pour les missions étrangères.

crées. Son intelligence acquérait visiblement une étendue et une clarté, qui allaient se développant comme la lumière du jour, quand le soleil monte à l'horizon dans une belle matinée de printemps.

D'autre part nous retrouvions en lui le séminariste exemplaire de Chambéry. Modèle d'obéissance à tous les points du règlement de la maison, il était encore plus désireux d'orner son cœur des vertus sacerdotales, que de posséder la science de la théologie. Aussi les progrès rapides qu'il faisait, dans les voies de la vie intérieure, étaient un sujet d'édification générale. Son attitude modeste, la douceur polie de ses manières, son recueillement, la limpidité de son regard tout étincelant de foi et d'amour de Dieu, ses paroles pieuses, qui jaillissaient comme la flamme au-dessus d'un ardent foyer, manifestaient, sans qu'il y prît garde, l'accroissement de la grâce en son âme et l'intimité de plus en plus étroite de son union avec Jésus-Christ. Ses vénérables supérieurs conservèrent longtemps le bon souvenir des années que François passa sous leur direction. Et plus tard, quand il eut consommé son martyre, le digne supérieur des missions, M. Langlois, lui rendait témoignage en ces termes élogieux :

« Pendant le temps qu'il passa au séminaire, la conduite de M. Jaccard fut toujours édifiante. Appliqué à l'étude et au travail, fidèle à l'accomplissement des devoirs prescrits par le règlement et à la pratique des vertus ecclésiastiques, il fit des progrès remarquables dans la science et la piété, et se prépara dignement à la carrière sublime, laborieuse à laquelle il se destinait. ».

Cependant, malgré sa générosité, l'âme de François, étant réservée à des épreuves qui brisent les courages ordinaires, avait besoin d'être mise dans le creuset des tribulations et de recevoir une fermeté de volonté capable de résister aux chocs les plus redoutables. C'est pourquoi, Dieu qui connaît, jusque dans ses moindres détails, le secret de notre avenir, impose à l'avance au pieux aspirant une croix analogue à celle qu'il devra porter un jour avec une patience admirablement héroïque. Avide de science, essentiellement actif, et répugnant à tout ce qu'on nomme petits soins et priviléges, il est précisément condamné, pour suivre le train ordinaire de la maison, de lutter contre l'affaiblissement de sa santé, et de déployer une énergie morale d'autant plus coûteuse, que ses forces physiques sont plus gravement atteintes. Ce n'est pas cependant qu'une fièvre violente le jette sur un lit de douleur ; non, le mal l'étreint lentement, et l'enlace de ses liens invisibles, comme pour lasser sa constance et l'obliger à demander grâce sans

1. Lettre écrite à M. Sallavuard, chan. d'Annecy.

motif apparent. Mais l'ennemi s'est trompé dans le choix de sa victime, car plus il prolongera ses attaques, plus son insuccès sera remarquable. Accablé de malaises, réduit parfois à l'impuissance de lire et d'étudier, le saint jeune homme porte sans fléchir un instant le pesant fardeau de ses infirmités.

« Malgré les excellentes raisons qu'il avait de prendre un peu de repos, afin d'essayer de réparer ses forces compromises, il ne lui arriva point, écrivait M. Langlois [1], de solliciter des délassements qui fussent en dehors des récréations ordinaires. »

François occupait dans l'établissement une étroite cellule, où l'air et la lumière arrivaient péniblement par une chétive fenêtre. Ce séjour était peu commode et nullement en rapport avec les exigences légitimes de sa santé. Néanmoins il s'y plaisait autant qu'un roi dans son palais; il lui en aurait même coûté d'être mieux logé, de se séparer du crucifix témoin de son travail, confident des effusions de sa piété, et au pied duquel, à son arrivée au séminaire, il avait déposé, comme dans le sein d'un ami, ses désirs et ses inquiétudes, ses résolutions et ses espérances.

Ses vénérés maîtres pensèrent plus d'une fois à lui donner une autre chambre; mais, connaissant ses goûts de sacrifices, ils ne jugèrent pas à propos de les contrarier en le mettant plus à son aise.

« Le cabinet qu'il occupa jusqu'à son départ, dit M. Langlois, était étroit et éclairé seulement par une lucarne; il aurait pu obtenir une chambre moins désagréable; mais comme il n'en manifesta point l'envie, on l'y laissa toujours, persuadé qu'on l'aurait ennuyé, si on l'eût changé, tant il aimait à s'habituer à une vie mortifiée et sévère [2]. »

Il est pourtant une consolation que François reçut avec un très-vif contentement; ce fut l'entrée au séminaire des Missions d'un de ses anciens condisciples de Chambéry, l'abbé Voisin, qui était son compatriote et son ami le plus intime. Comme on le remarque en certaines âmes possédées de l'amour de Dieu, qui ont une expansion d'autant plus impétueuse vers le ciel qu'elles se trouvent plus fortement comprimées du côté de la terre, il y avait chez l'abbé Jaccard de véritables explosions de joie, quand la miséricorde divine, semblable à une mère qui caresse son enfant pour lui faire oublier une douleur, lui offrait l'occasion de goûter les charmes d'une pieuse et fidèle amitié. Tel était le bonheur que lui promettait la société de celui qu'on pourrait appeler son compagnon d'armes, puisqu'ils rêvaient tous deux les mêmes

1. Lettre à M. Sallavuard.
2. Lettre à M. Sallavuard.

combats ; aussi ne put-il s'empêcher d'en écrire à sa mère. « J'ai vu arriver, lui dit-il, M. Voisin avec la plus vive satisfaction. Nous passons nos jours dans une grande joie ; nous nous entretenons de nos chères Missions ; nous voyageons, nous parcourons le monde en esprit, en attendant que nous le parcourions en réalité. Ce cher et excellent ami me parle souvent de vous et de la foi qui vous anime. »

Aux saintes jouissances d'une si bonne amitié, allaient succéder, pour François, les incomparables et profondes émotions, connues seulement des amis de Jésus-Christ, quand ils sont admis à la participation de son divin sacerdoce. On l'avait même trouvé digne d'être élevé à cette sublime dignité, près d'un an avant d'avoir atteint l'âge fixé par les lois de l'Église. Il signale lui-même cette particularité, sans y attacher aucune importance, dans la lettre qu'il écrivait à sa mère, pour lui annoncer sa prochaine ordination.

« Il a dépendu de peu de chose que je n'aie été prêtre à Noël, dit-il ; cela n'a tenu qu'au retard des dispenses d'âge, qui ne sont pas arrivées à temps. Actuellement, il est certain que je serai ordonné le second dimanche de carême, le vingt-trois février. »

Le pieux diacre [1], à l'approcbe de ce grand jour, éprouvait tout à la fois un bonheur céleste et une frayeur dont il ne pouvait se défendre. Il est heureux à la pensée qu'il sera bientôt revêtu des pouvoirs si féconds pour le salut des hommes : mais, d'un autre côté, il sent qu'il qu'il lui faudra non-seulement une parfaite pureté de cœur, dans l'exercice des fonctions sacrées, mais encore un amour immense pour aimer et glorifier Dieu au nom des âmes si nombreuses qui ne le connaissent pas, et près desquelles il veut être l'ambassadeur de son adorable miséricorde. Il comprend qu'il ne peut répondre à l'étendue de sa vocation et devenir véritablement apôtre de Jésus-Christ, à moins de se dévouer à être avec lui une victime d'expiation. Mais le seul moyen de remplir ce rôle glorieux, c'est de ne faire qu'un, en pensées et en volonté, avec le divin Maître ; or François se demande s'il parviendra à une telle hauteur.

Sans doute il se préparait dès longtemps à cette mystérieuse alliance ; c'était le but de ses efforts, depuis le moment où il avait aperçu les premières lueurs de sa vocation ; c'était également l'objet des supplications de Marie Monge, qui ne cessait de prier pour son fils ; mais, plus ils estiment l'un et l'autre les faveurs qu'ils sollicitent, plus ils se croient indignes de les obtenir. Ils ne comptent que sur la bonté infinie de Dieu. Sachant très-bien que ses sentiments sont partagés par

1. Il était diacre depuis le 21 septembre 1822.

sa pieuse mère, l'abbé Jaccard lui adresse [1] les réflexions suivantes, à propos de son ordination.

« Quel jour, ma chère mère, pour moi! quel jour, pour vous! Je ne puis rien en dire; seulement je vous supplie de redoubler de ferveur dans les prières que vous ferez pour moi, jusqu'à ce jour, et en ce jour-là particulièrement... Je me recommande aussi aux prières de tous ceux qui s'intéressent à ce que l'Église de Jésus-Christ ait des prêtres selon son cœur. »

Il y avait peu de jours que François avait tracé ces lignes, quand M. Langlois, supérieur du séminaire, le chargea de répondre à sa place aux questions anxieuses de Mme Gielly, dont nous avons parlé au chapitre précédent, et qui était sœur d'un abbé Michaud, qui mourut dans la suite vicaire général de Mgr. Dubourg, évêque de la Nouvelle-Orléans. Encore dans le monde, sa vocation étant combattue par son père, M. Michaud se sauva, en passant par une fenêtre, et partit avec l'intention d'entrer au séminaire des Missions étrangères. Mais arrivé à Paris, il changea d'idée et se présenta dans une autre maison, d'où il se rendit, en 1822, dans la contrée qui devait recueillir les fruits de son zèle apostolique. Cependant on n'avait pas encore reçu de ses nouvelles, au mois de janvier de l'année suivante. Inquiète d'un silence si prolongé, et ne sachant près de qui se renseigner, Mme Gielly s'était adressée à M. Langlois. C'est alors que M. Jaccard écrivit la lettre suivante [2].

« Madame, je suis chargé, de la part de M. le supérieur du séminaire des Missions étrangères, de répondre à la lettre que vous lui avez adressée dernièrement. Je le fais avec d'autant plus de plaisir, que je suis votre compatriote, et que j'ai toujours été uni d'une grande amitié avec le cher et aimable frère que vous regrettez... Je le vis partir le 5 mai dernier, pour le Havre, où il a dû s'embarquer incessamment... Il m'avait promis de me donner des nouvelles, à la première occasion, je les attends de jour en jour. Si j'en reçois avant mon départ pour l'Asie, je vous en ferai part avec empressement...

» Je ne saurais trop vous indiquer les moyens de savoir des nouvelles du vaisseau qui l'a porté... Comme la plupart de ces messieurs qui l'accompagnent sont de Lyon, je pense que vous feriez bien de vous adresser au supérieur du séminaire de Saint-Irénée... Le séminaire des Missions étrangères, dont j'ai le bonheur d'être élève, et que votre cher frère devait aussi venir habiter, pour aller de là en Chine,

1. Lettre du 17 janvier 1823.
2. Lettre du 20 janvier 1823.

n'a pas de correspondance avec les missions de la Louisiane ni d'aucune partie de l'Amérique...»

Mais le pieux aspirant ne pouvait pas se borner à écrire une lettre, dans de telles circonstances, uniquement pour dire qu'il ne savait rien de ce qu'on lui demandait; son cœur, tout plein des effusions de la grâce de Dieu, s'ouvre avec empressement, pour laisser échapper quelques-unes des pensées dont il surabonde. Il ajoute donc aussitôt: « Ce serait faire une injure à votre religion et à celle de madame votre mère, que de supposer que cette séparation, toute dure et toute pénible quelle doit être (n'en jugeai-je que par ce que j'en éprouve moi-même), n'a cependant pas quelque chose de bien consolant pour votre cœur. Quelle est grande, madame, la vocation de votre frère! En demeurant en Savoie, il aurait été prêtre, un bon prêtre; mais en se dévouant au salut des pauvres Américains, au péril de sa vie, et par les plus grands sacrifices, il devient un apôtre, il applique les mérites du sang de Jésus-Christ à des hommes qui ne le connaissent pas, il devient à leur égard un second sauveur. Qu'il sera heureux au jugement de Dieu, lorsqu'il y paraîtra accompagné des âmes qu'il aura gagnées à Jésus-Christ! Vous pouvez regretter un frère, mais vous devez bénir Dieu de lui avoir fait la grâce d'une si sublime vocation, et tâcher de faire le sacrifice de ce que la nature trouve en cela de rebutant; ce sera le moyen de participer aux mérites immenses qu'il s'est déjà acquis, par tout ce dont vous avez été témoin et par tout ce qu'il fera ou voudrait faire; car Dieu tient compte de la bonne volonté...»

François, qui comprend si bien la portée de l'abnégation pratiquée par ses amis, ne songe pas qu'il est digne, à tous les titres, des éloges qu'il leur décerne. En ce qui le regarde, il n'aperçoit qu'un seul point important, c'est l'inappréciable avantage de pouvoir bientôt payer à ses parents la dette de la reconnaissance, dette qu'il ne lui a pas été possible d'acquitter suffisamment, malgré tous ses désirs. Mais voici qu'il va tenir en ses mains la sainte victime et qu'il sera le dispensateur de ses mérites infinis; il va ouvrir à son père les portes du ciel, s'il ne le possède déjà, et il fera pleuvoir sur ceux qu'il aime les rosées abondantes de la grâce divine. Il est ravi de joie, en prévenant sa chère mère des intentions qu'il portera prochainement à l'autel.

« Dans le sacrifice que j'aurai le bonheur d'offrir avec l'évêque, dit-il oh! je n'oublierai pas ma bonne, ma respectable mère, et je me souviendrai de nos chers défunts. Les deux premières messes que je dirai, seront appliquées, l'une, celle de lundi, pour mon père, l'autre, celle de mardi, à votre intention. Certainement j'en ajouterai d'autres, autant que je le pourrai. La nature et la religion m'en font un devoir indispensable. J'espère de plus, que j'offrirai la sainte victime, tous les ans, pour le repos de l'âme de mon père, le jour aniversaire de sa mort[1]. »

Enfin, le grand jour est arrivé ; François est prêtre, et prêtre pour l'éternité !

Avec des dispositions si généreuses et une préparation prise de si loin, on peut soupçonner quelle dut être sa ferveur, en recevant l'onction sacerdotale. Je n'essaierai pas de la décrire ; ceux qui en furent témoins disent qu'elle fut *inexprimable*[2]. On le croit bien facilement, quand on connait les bontés délicates de Notre-Seigneur pour les âmes qui se donnent à lui sans réserve. Principe de tout bonheur sur la terre, comme il est la source des joies inépuisables du ciel, Jésus-Christ se plait parfois, en versant dans le cœur de ses amis un fleuve de paix et de consolation, à leur donner un avant-goût des ravissements de la céleste patrie, où ils boiront au torrent des délices. Après l'heureuse journée de son ordination, il ne restait à l'abbé Jaccard qu'un seul désir à former, avant de partir pour la mission ouverte à son zèle, et ce désir était vivement partagé par sa pieuse mère, qui avait tant prié pour aider son fils à se rendre digne de la vocation sacerdotale. Tous deux voudraient se revoir, s'agenouiller ensemble une dernière fois ; mais ils n'osent ni l'un ni l'autre se demander cette satisfaction si légitime. François hésite à cause du poignant souvenir que lui ont laissé les douleurs de son premier départ. Et ne va-t-il pas rouvrir et aggraver une blessure à peine cicatrisée dans le cœur de sa mère? Pour se tirer d'embarras et ne pas agir uniquement par des motifs personnels, il écrivit à un de ses amis et le pria de sonder les dispositions de sa mère, et de lui faire connaître si elle ne redouterait pas une nouvelle entrevue. Ayant été informé peu après qu'elle était prête à affronter cette dernière épreuve, il partit aussitôt pour Cévillon. Le jeune prêtre arriva le jeudi saint, 27 mars. Mais avant de se rendre à la maison paternelle, il crut à propos de saluer en passant monsieur le curé de Mégevette.

Par une providentielle coïncidence, Marie Monge vint presque en même temps à l'église de cette paroisse[3], pour visiter N.-S. Jésus-Christ, comme les pieux fidèles ont coutume de faire à pareil jour. Et elle était depuis peu en adoration devant le Saint-Sacrement, quand

1. Lettre du 17 janvier 1823.
2. Parole de M. Sallavuard.
3. Marie Monge, trouvant que l'église de sa paroisse était à une distance trop considérable de chez elle, pour qu'elle pût assister tous les jours à la messe, avait demandé à Mgr. l'évêque d'Annecy l'autorisation d'aller à Mégevette.

on lui annonce que son fils est au presbytère : « *Dieu soit béni!* dit-elle; *mais Dieu avant tout.* » Puis, se recueillant plus profondément, dans des sentiments d'amour, de reconnaissance et d'abandon à la volonté céleste, elle continue sa prière, enchaînant son cœur aux pieds du divin Maître, ne voulant pas qu'une égoïste faiblesse le frustrât de la moindre parcelle du temps qu'elle lui avait consacré en entrant dans le lieu saint.

La tendresse maternelle dut trouver bien longues ces minutes et bien coûteux le sacrifice que la foi et la piété lui imposaient en cette occasion; mais elle n'eut qu'à s'incliner devant la volonté de la femme forte, qui entendait ne pas payer à Jésus-Christ ses bienfaits par un acte de lâcheté.

Enfin la mère et le fils sont dans les bras l'un de l'autre, goûtant un bonheur d'autant plus vif, qu'il a été plus longtemps désiré, et d'autant plus pur qu'il jaillit de deux âmes plus mortifiées, plus unies à Dieu.

Mais quel changement s'est opéré, depuis leur séparation? Aujourd'hui, le fils est prêtre, et l'onction sacerdotale a mis en ses mains le dépôt des bénédictions divines; c'est pourquoi la pieuse mère s'agenouille et demande à François de la bénir, comme elle avait fait elle-même autrefois, quand il quitta la maison paternelle. Celui-ci s'agenouille de son côté, et il déclare qu'il n'élèvera ses mains au ciel pour la bénir, que quand elle aura épuisé sur lui les vœux de son amour maternel[1]. C'était juste! Dieu n'a-t-il pas établi, dans le sanctuaire de la famille chrétienne, une sorte de sacerdoce confié au père et à la mère dignes de leur mission? Ne peuvent-ils pas bénir, comme bénissaient les patriarches? Or la veuve, comme la désirait saint Paul, et telle qu'était Marie Monge, bénit non-seulement avec les droits légués par le ciel à la tendresse de son cœur, mais encore avec les privilèges de l'autorité, dont elle est devenue dépositaire, en restant la seule image vivante de la paternité divine au foyer domestique. Aussi tous les peuples attachent-ils une haute importance à la bénédiction d'un père et d'une mère, et redoutent-ils comme un malheur la malédiction prononcée sur la tête d'un fils dénaturé.

Je ne sais si les anges de Dieu ont été témoins d'une bénédiction plus affectueusement reçue que celle qui fut échangée entre François et sa vertueuse mère? Les personnes qui jouirent de ce spectacle en furent si touchées, qu'elles ne purent s'empêcher de verser des larmes d'attendrissement.

Cependant, quand tous furent revenus de cette première émotion,

1. Témoignage de M. Ducret, curé de Saint-Offinges.

les questions les plus variées et les plus pressantes sont adressées au jeune prêtre. On veut surtout savoir quelles sont ses véritables intentions, et à dessein on met en doute la stabilité de ses résolutions.

Alors, prenant la parole, François proclame de nouveau son projet formel et irrévocable de s'en aller dans les pays étrangers, et de consacrer ses forces et sa vie à la conversion des peuples infidèles. En entendant ces déclarations, qu'elles croyaient affligeantes pour Marie Monge, les personnes présentes s'appliquèrent à les combattre. Mais celle-ci, faisant aussitôt le sacrifice de toutes ses affections et de l'espoir qu'elle pouvait mettre en son fils, pour le soulagement de sa vieillesse, ne permit pas qu'on s'apitoyât sur ses peines. Et s'adressant à François avec une tendresse pleine de respect pour son caractère sacré, elle lui dit : « Mon cher abbé, il m'est bien doux de vous appeler ainsi; mais ne craignez pas, je n'essayerai point de vous retenir; je ne veux que ce que vous voulez ; je vous veux prêchant l'Évangile aux païens. »

Bien digne d'être la mère d'un apôtre, cette humble femme, par la vivacité de sa foi, par l'énergie de son cœur et son zèle pour le salut des pécheurs, s'élève à la hauteur des grandes âmes, que Dieu associe à l'exécution des plus merveilleux desseins de sa miséricorde. Elle acquiert de ce fait des droits légitimes à la gloire et aux récompenses, que son fils recueillera dans les combats qu'elle l'invite à livrer au démon. Marie Monge n'a du reste pas d'autre ambition. Dans l'obscurité où elle va plus que jamais cacher son existence, sa principale occupation sera de prier pour le succès des travaux de celui qu'elle nommera désormais, son cher missionnaire, afin de mériter d'être un jour *réunie dans le ciel avec lui et son époux*[1].

Après quelques jours de repos, près de sa mère, à Cévillon, l'abbé Jaccard rayonna dans les environs, pour visiter ses bienfaiteurs, ses anciens maîtres et les amis de sa famille. Il retourna au petit séminaire de Mélan, où il revit, avec bonheur, le vénérable supérieur, qu'il appelait du nom de père, ainsi que plusieurs professeurs restés fidèlement à leur poste.

On raconte, à cette occasion, que monsieur Trombert, curé de Taninges, petite ville à quelques centaines de mètres de Mélan, pria François de faire le prône à la grand'messe, et afin que l'assistance fût plus attentive, le bon vieillard, appuyé sur sa canne, alla se placer à la porte principale de l'église, d'où s'adressant à ses paroissiens, il leur dit d'une voix vibrante : « *Écoutez, mes enfants, c'est un saint qui va vous parler ; et vous ne le verrez plus.* »

1. Paroles de Marin Jaccard, à son lit de mort.

A son retour, il fut aussi invité par monsieur le curé d'Onnion à faire l'instruction du prône, un dimanche. Le fervent missionnaire, désireux d'adresser les plus utiles conseils à ses proches et à ses amis d'enfance, et à toute une population au milieu de laquelle il avait passé ses jeunes années, prit pour sujet de son discours la *nécessité et la puissance de la prière*, et il termina en conjurant ses auditeurs de recommander souvent à Dieu la difficile entreprise à laquelle il allait se livrer.

Il est superflu, je crois, de signaler la joie de Marie Monge, entendant prêcher François avec tant d'ardeur et de conviction; mais il est bon de la suivre à l'église et de la voir en prière, agenouillée sur les dalles, assistant à la messe de son fils et recevant de ses mains le pain vivant de l'Eucharistie, en récompense de tous les soins qu'elle a prodigués à son enfance. En considérant le jeune prêtre, qui prie de son côté et s'offre en holocauste avec Jésus-Christ, on pense involontairement, toutes proportions gardées, à la sainte Vierge au pied de la croix. Car, de même qu'au calvaire la sainte Mère du Christ sacrifiait son adorable fils, pour le genre humain tout entier, ici la pauvre veuve offre le sien pour le salut des âmes auxquelles il ouvre déjà son cœur. Et, si la sainte Vierge dut contempler l'ignominieux supplice du divin Sauveur, Marie Monge doit se résigner à ce que son *cher abbé* aille affronter la cruauté des bourreaux et la mort infamante des criminels. Et pour achever la ressemblance des deux tableaux, pendant que François s'abandonne à la discrétion de la Providence, il faut qu'il songe à l'avenir de sa mère, et laisse à sa place, près d'elle, un fils d'adoption.

Cependant ces jours d'émotion touchaient à leur fin, et c'était presque désirable. Notre cœur ne peut endurer longtemps les impressions d'une grande joie ou d'une grande peine ; nos forces s'y épuisent rapidement et elles se briseraient, comme rompent les cordes trop tendues d'une lyre, si on ne trouvait le moyen de rendre à l'âme le calme et la liberté. C'est ainsi que, jetée tour à tour dans l'allégresse et dans l'abattement, Marie Monge est accablée et sent le trouble s'emparer de son cœur; l'abbé Jaccard, voyant le flot de la tentation monter et menacer l'âme de sa chère mère, pensa qu'il était sage de quitter Cévillon. De fait la prolongation de son séjour ne ferait qu'aggraver les angoisses qu'il voudrait dissiper ; c'est pourquoi il arrêta toutes les dispositions de nature à rendre son éloignement moins douloureux, et fixa le jour prochain de son départ. D'accord avec sa mère, il la confie aux soins dévoués d'un parent, qu'il institue son héritier, à la condition expresse qu'il professera toujours envers elle l'affection et le respect d'un bon fils, puis lui faisant ses derniers adieux, il abandonne à jamais la maison paternelle [1] et regagne promptement Paris, emportant en son âme cette divine promesse de Jésus-Christ : celui qui quitte son *père, sa mère, sa maison, et à cause de moi, recevra le centuple et possédera la vie éternelle* [2].

1. Marie Monge, après le départ de son fils, étant allé demeurer, chez son neveu, Joseph Gevaud, la maison Jaccard resta déserte. Cet abandon lui fut très-funeste et causa sa ruine. Aujourd'hui, il ne reste de cette pieuse demeure que les fondations d'une muraille. Seulement un monument en marbre blanc indique le lieu où naquit François. En 1877, on voyait encore, à quelques pas plus haut, une petite grange, en planches, bâtie par Marin Jaccard.

2. Saint Mathieu, XIX, 29.

CHAPITRE V

LE VOYAGE

Tentatives pour retenir M. Jaccard au séminaire des Missions, à Paris. — Son refus. — Les adieux. — Départ de Paris. — Le *Bordelais*. — La traversée. — Arrivée à Calcutta et séjour au Bengale. — Dernière station à Macao.

(Mai 1823 à février 1825.)

En rentrant à Paris, M. Jaccard se proposait d'en repartir le plus tôt possible, et de se rendre dans la contrée de l'Orient qui lui serait désignée, pour entreprendre de suite l'œuvre si longtemps désirée de la prédication de l'Évangile. Cependant ses résolutions furent soumises à une épreuve, bien capable d'ébranler une volonté moins affermie que la sienne.

Les directeurs du séminaire des Missions étrangères, ayant reconnu en lui des qualités propres à leur rendre son concours très-utile, avaient conçu le dessein de le garder à Paris. Dans ce but, ils lui offrent un emploi non moins méritoire que les travaux apostoliques; et d'ailleurs, tout en ménageant sa santé, on lui procurait le moyen de contribuer efficacement à la propagation de la foi dans les pays infidèles, puisqu'il aurait l'occasion de communiquer les ardeurs de son zèle aux jeunes aspirants confiés à sa conduite. Ces propositions étaient à la fois très-honorables et très-encourageantes; en montant dans la chaire du professorat, François ne marchait-il pas à la suite de Jésus-Christ qui se fit, durant trois ans, le précepteur, le conseiller et le guide assidu de ses apôtres? Malgré la secrète opposition de la voix intérieure qui l'appelait ailleurs, il aurait accepté les fonctions dont nous parlons, si on les lui eût imposées, au nom de l'obéissance; mais du moment où elles étaient offertes à peu près comme une faveur, qu'il pouvait librement céder à un autre, il les refusa, dans la crainte de jeter un regard en arrière. Il se souvient de la sévérité du Dieu de Gédéon, dédaignant, pour son grand combat, les services de ceux qui avaient incliné leur front pour boire aux sources de la terre, tandis qu'il associe à sa victoire ceux qui se sont contenté de puiser dans le creux de la main, juste assez d'eau pour ne pas mourir de soif. Invité par Jésus-Christ aux luttes de l'apostolat, M. Jaccard se serait cru indocile à sa voix, s'il avait reçu des hommes autre chose que le pain de chaque jour et le droit de se dévouer jusqu'à la mort.

On insista toutefois auprès de lui, en supposant que son refus était uniquement dicté par un sentiment d'humilité et de défiance de ses aptitudes ; et dans l'espoir de forcer son consentement, on alla jusqu'aux sollicitations les plus flatteuses. Mais ce fut peine perdue ; il avait donné sa parole à Dieu, dès le jour où il se sentit appelé aux missions, et malgré tout le respect et la déférence qu'il professait envers ses vénérés supérieurs, il se crut obligé de résister à leurs instances. « Messieurs, leur dit-il à la fin, je suis venu ici pour être missionnaire apostolique, et non pour rester à Paris. Si mes espérances étaient trompées, je préfèrerais ma Savoie aux avantages que vous m'offrez ; je n'ai que le désir de suivre nos confrères au delà des mers : je vous supplie de ne pas vous opposer à la réalisation de mes vœux. »

En présence de cette détermination, bien des gens du monde demanderaient quel est le puissant mobile, quel est l'intérêt qui pousse ce jeune prêtre à quitter sa mère et sa patrie, à renoncer à toutes les espérances de l'avenir, pour aller s'enterrer tout vivant dans quelque coin inconnu d'un pays barbare ?

Qu'ils cherchent plutôt la pensée qui suggérait au Christ ses courses à travers la Judée, et quelle ambition, après sa mort, entraînait sur ses pas ensanglantés les apôtres et leurs successeurs ! Apôtres et missionnaires, tous sont les hardis volontaires de l'Église catholique, dans l'interminable guerre qu'elle soutient contre la haine de l'enfer et la corruption de la terre ; mais un volontaire, quand il accourt sous le drapeau de son chef, ne pose pas ses conditions, il ne lui vend pas son sang, il l'offre pour la cause sacrée qu'il défend.

D'ailleurs la foi est un don ; Jésus-Christ ne la fait donc pas acheter aux peuples qui ne l'ont pas encore reçue. Est-ce que les premiers apôtres, qui ont évangélisé la France, ont reçu de l'or, en échange du bienfait de la religion qu'ils apportaient à nos pères ? N'ont-ils pas été obligés de dresser de leurs mains les autels où ils offraient les mérites de l'adorable victime du Calvaire ? Est-ce qu'enfin ils n'ont pas été condamnés à féconder de leur sang violemment versé leurs travaux évangéliques, d'où plus tard sont sorties, avec la religion, la civilisation, la grandeur et la gloire de notre nation ? Voilà toute la perspective du missionnaire, qui s'arrache aux affectueuses étreintes d'une mère, pour aller travailler et mourir sur les plages lointaines de l'infidélité; et tel était le rêve séducteur de François partageant la sainte impatience de son divin Maître, ayant comme lui soif de souffrir, pour donner à Dieu un témoignage assuré de son amour et de son dévouement.

Persuadés que de nouveaux efforts seraient infructueux, et s'inclinant devant une résolution où leur apparaît la volonté de Dieu, les supérieurs de M. Jaccard ne songèrent plus qu'aux moyens de satisfaire les généreuses aspirations de son cœur. Selon la prévision qu'il en avait faite, ils résolurent de l'envoyer porter secours à ceux de leurs confrères qui parcouraient déjà les provinces de la Cochinchine : On convint dès lors que le jeune missionnaire s'embarquerait sur le premier navire, qui se dirigerait vers la Chine ou les Indes orientales.

Peu de jours après, on fut informé à Paris, qu'un bâtiment, devant aller mouiller dans le golfe de Bengale, non loin de Calcutta, s'apprêtait à lever l'ancre, dans le port de Bordeaux. M. Jaccard fut donc invité à profiter de cette heureuse occasion et à faire ses préparatifs de voyage. Aussitôt, il prend toutes ses mesures, avec l'empressement joyeux d'un exilé, qui retourne dans sa patrie. Au jour fixé, avant de quitter la sainte maison où Dieu l'a comblé de tant de grâces, il se rend à la chapelle, pour recevoir, avec la bénédiction de Notre-Seigneur Jésus-Christ, les touchants adieux de ses confrères.

Sur le point d'abandonner aux caprices des flots ce que le ciel lui avait fait, dans sa patrie, de paix et de bonheur, il va demander à son divin Maître ses lettres de créances, pour se présenter avec sa souveraine autorité aux nations rebelles.

Son âme sacerdotale, toute imprégnée de la grâce d'en haut, reflète la charité du bon Pasteur, comme l'étoile du soir reflète la lumière du soleil.

C'est à la fin de la journée. Toute la communauté s'est transportée à la chapelle où se trouvent déjà réunies les personnes admises à la cérémonie.

François est agenouillé au pied de l'autel; derrière lui sont rangés les aspirants et leurs directeurs.

On récite d'abord la prière du soir, puis on lit une page pieuse destinée à être le viatique spirituel du hardi voyageur, et le sujet de la prochaine méditation de ceux qui resteront à la maison.

La lecture finie, un des directeurs adresse une allocution au missionnaire partant. Quand elle est achevée, celui-ci monte sur la plus haute marche de l'autel, en face du tabernacle, et se retourne vers l'assemblée.

Aussitôt, on entonne le verset *quàm speciosi pedes evangelizantium...* (qu'ils sont vénérables les pieds de ceux qui portent la bonne nouvelle du salut), puis les supérieurs et les condisciples du héraut de la foi viennent successivement lui baiser les pieds, comme à l'ambassadeur de la divine Majesté. A leur suite se pressent les assistants, prêtres, officiers, soldats, hommes du monde, jeunes gens et vieillards, tous viennent présenter au ministre de Jésus-Christ l'hommage de leur respect et de leur admiratiou sincère.

Jamais hommages ne furent plus spontanés, plus affectueux et plus humblement acceptés. Il sait bien, ce cher missionnaire, dont les chaussures sont arrosées de larmes, il sait bien sa faiblesse et sa profonde incapacité à fournir dignement la noble carrière que Dieu ouvre devant lui. On exalte ses louanges et lui ne voit que ses misères ; on célèbre son héroïsme, et lui est accablé sous le poids de sa pusillanimité.

D'ailleurs, François n'a pas le cœur tellement enivré des douceurs de la foi et des parfums de piété qui l'environnent, que l'image de la réalité n'apparaisse à ses yeux. Il voit dans un avenir prochain qu'il sera condamné à la persécution du mépris ou à la persécution de la violence, qu'il devra baisser la tête devant l'insulte, ou la laisser tomber sous la hache des bourreaux. Oui ! Tout cela, il le sait, il y pense, il le désire même ; il est prêt à être victime avec Jésus-Christ, dans l'espoir de devenir avec Lui et par Lui bienfaiteur et sauveur d'un peuple égaré.

Cependant une indicible émotion, un céleste enthousiasme ont gagné l'assistance ; un souffle divin plane sur les âmes ravies de cette scène attendrissante, qui saisit jusqu'aux anges en adoration devant la sainte Eucharistie. De toutes les poitrines semblent monter ces paroles : « O Église catholique ! ô fidèle épouse du Dieu-Sauveur ! que vous êtes belle ! que vous êtes glorieuse dans votre immortelle fécondité ! Donnez, donnez toujours de tels enfants à votre divin Époux !...»

Les larmes de M. Jaccard coulent abondantes, mais elles contiennent tant de suavité, qu'il les voudrait intarissables.

Au sortir de la chapelle, il monte en voiture et s'éloigne aussitôt de Paris : c'était vers la mi-juillet 1823.

Arrivé à Bordeaux, il se transporte sans retard au débarcadère dans le but de régler les conditions et le moment de son départ.

Au jour et à l'heure convenus, les hommes de l'équipage sont à leur poste et n'attendent que le signal du pilote. Encore quelques instants, et la proue fendant les flots va laisser bien loin les côtes de France. Quant au courageux missionnaire, on le voit debout sur le pont du navire, jetant un long regard sur la ville qui, en ce moment, est toute sa patrie ; il forme en son cœur une ardente prière, il pense à sa mère qui pleure peut-être dans sa chaumière, il se souvient de ses amis qui l'accompagnent de leurs vœux, et il songe déjà aux âmes qui semblent lui tendre les bras ; il parle à Dieu de tous ceux qu'il aime et il demande une heureuse traversée, afin de pouvoir réaliser ses espérances. Jamais conquérant ne porta dans son cœur de si nobles projets et ne rêva pour son front une si glorieuse couronne que ce jeune apôtre, armé seulement de la croix, allant à la recherche de quelques âmes à sauver ! On dirait que la moitié de son sang coule dans les veines des infortunés païens qu'il voudrait gagner au prix de tous les sacrifices.

Toutefois, s'il n'avait déjà contracté l'habitude d'oublier ses intérêts personnels, M. Jaccard ne serait pas sans inquiétude. Ses bagages ayant fait fausse route, ne sont pas arrivés en même temps que lui, et il faut, ou les attendre en renonçant à un départ immédiat, ou les abandonner en se condamnant à une navigation de 5 ou 6 mois, sous un soleil brûlant, dépourvu des moyens indispensables de repos et de salubrité. Mais, loin de le troubler, ces privations inattendues redoublent son ardeur ; il s'en va gaiement, comme Pierre s'embarquait pour Rome, sans autre ressource que la protection du ciel. Que les bagages suivent donc leur fâcheuse destinée ! Les apôtres n'en emportaient pas quand ils furent envoyés par leur divin Maître pour prêcher l'Évangile aux nations. L'amour de Jésus-Christ était toute leur richesse et tout leur espoir.

Cependant l'ancre est levée, les voiles sont livrées au vent, qui souffle du sud-est, et au signal du pilote, le *Bordelais* s'ébranle lentement en suivant le cours de la Gironde. C'était le 23 juillet. Mais à peine touchait-il à l'Océan que le courant change et arrête tout court le navire, à l'embouchure du fleuve, où il stationne par force quelques jours, pour être ensuite poussé violemment jusqu'à l'île d'Aix, en face de Rochefort, puis enfin dans les eaux de la Rochelle. Grâce à ce retard, on était déjà au premier août, quand M. Jaccard put enfin se dire en pleine mer. Six jours après, il touchait au cap Ortégal, sur les côtes nord-ouest de l'Espagne, et le lendemain de l'Assomption il voyait l'île de Madère, que la nuit déroba bientôt à ses yeux. Impatient d'arriver au terme de sa course, il voudrait, afin de regagner le temps perdu, que toutes les voiles fussent tendues et que le navire fendît plus rapidement les flots ; mais le capitaine redoute la rencontre des corsaires, et il est obligé de modérer sa marche, sous la protection des autres navires qui cinglent vers les Grandes-Indes.

Moins patient et moins humble, François aurait un autre pressant motif d'abréger la traversée; les persécutions viennent de commencer et elles s'annoncent cruellement.

A part les officiers, qui furent toujours pour le pieux passager d'une rigoureuse politesse, presque tous les matelots du *Bordelais* étaient des types achevés d'impiété et de grossièreté. Or, pour des gens de cette espèce, la présence inoffensive d'un prêtre était une bonne occasion de produire le répertoire des expressions irréligieuses ou obscènes, en usage dans leurs plus mauvais entretiens. Ces lâches agresseurs, trompant la vigilance de leurs chefs, ne manquaieut jamais, quand ils rencontraient M. Jaccard, et cette rencontre était souvent l'effet d'une préméditation, de réitérer d'ignobles propos, en y ajoutant des insinuations calomnieuses, des réticences blessantes, des blasphèmes et des railleries impies, ou des éclats de rire pleins d'immoralité.

A cette débauche de paroles, selon l'exemple de saint François Xavier faisant autrefois la même traversée, le bon missionnaire ne répond que par le silence et une gracieuse sérénité de visage; puis il prie pour ses insulteurs dont l'ignorance et l'égarement lui inspirent une profonde compassion. Il médite surtout dans son cœur une noble vengeance, d'accord avec le divin Maître qui demanda le pardon de ses bourreaux. Comme il a quitté sa patrie et sa mère, uniquement en vue de gagner des âmes à Dieu, il conçoit le charitable dessein d'inaugurer son apostolat par la conversion des *loups de mer* qui le poursuivent de leur méchanceté. A cet effet, il s'insinue adroitement dans la confiance de ceux qui lui paraissent le plus abordables; il leur parle avec tant d'affection, de réserve, de douceur, qu'il parvient bientôt à en apprivoiser quelques-uns et à s'attirer les égards et l'attention des autres. Peu à peu, les conversations de ces hommes changent de nature, leur tenue devient convenable, ils respectent tous M. Jaccard, le recherchent même, ils aiment sa parole, se soumettent à ses paternels avis, et à la fin plusieurs reviennent sincèrement à Dieu.

On était déjà arrivé au 25 du mois d'août, fête de saint Louis, roi de France; le *Bordelais* rencontrant alors un vaisseau de guerre, M. Jaccard en profita pour envoyer à M. Ducrey une lettre, dans laquelle il lui disait : « Si ce temps continue, nous arriverons au Bengale dans trois mois; mais c'est bien sujet à caution. » Puis après avoir signalé, comme en passant, les souffrances que lui impose le roulis du navire, il ajoutait avec bonheur : « Plus je m'approche des missions, plus je sens mon attrait pour cette sainte carrière. Je n'ai jamais été plus content que je ne suis ici. » François ne se lassait pas de contempler les gran-

1. L'original de cette lettre est conservé à Mélan.

deurs de Dieu, dans les *admirables élévations de la mer;* et rien ne satisfait mieux les élans de sa foi et la confiance de son amour, que de se voir à la merci des tempêtes sur une planche fragile, sous le regard vigilant de la divine Providence. Il se complait sur les abîmes qu'il sillonne, comme l'enfant oublieux du danger entre les bras de sa mère. Mais quand la nuit est descendue sur les silencieuses et vastes solitudes de l'océan, et que les étoiles scintillent au firmament, sa piété goûte une joie ineffable à célébrer les bontés et la puissance de la Sainte-Vierge, en laquelle il salue plus affectueusement que jamais l'*étoile de la mer*. Pour convaincre le vénérable supérieur de Mélan du bonheur avec lequel il jouit des merveilles étalées à profusion sous ses yeux, il finissait ainsi sa lettre : « Je passe quelquefois la moitié de la nuit sur le pont. Rien n'est si grand que le spectacle du ciel et de la mer dans une belle nuit! »

Sans qu'il s'en aperçût à d'autres signes que l'augmentation de la chaleur, François approchait de l'équateur, brûlante région qu'on n'aborde jamais impunément, la première fois qu'on la visite. Et cependant le *Bordelais* devra franchir deux fois les lignes équatoriales, avant d'entrer dans l'océan indien. Le moindre inconvénient de ce parcours, est d'être astreint à payer le tribut imposé, d'ordinaire, aux passagers, en l'honneur du roi des *Tropiques;* car cette redevance n'est pas du goût de tout le monde.

M. Jaccard, qui en fut exempté après d'habiles manœuvres, remercia la Providence divine de lui avoir accordé cette faveur.

« Entre les grâces que Dieu m'a faites, durant la traversée, écrivait-il plus tard[1], je dois placer l'avantage bien rare d'avoir échappé à bon marché au fameux *baptême* des tropiques et de la ligne. Je crois ces *baptêmes* très-impies, en ce qu'ils dégénèrent en dérision et en vraie singerie du baptême religieux. Je sais par l'équipage du *Bordelais* qu'on imite, autant que possible, l'administration du sacrement, on va même jusqu'à prononcer les paroles sacrées : *ego te baptizo,* etc. Je ne parle pas des ridicules et burlesques mascarades qui se font en même temps, et qui ne tournent pas moins au mépris de la religion. Si on me l'avait proposé, je pense que je l'aurais nettement refusé. Le *second* avait déjà annoncé qu'on pouvait faire des préparatifs, et plusieurs matelots étaient bien désireux d'aller jusqu'au bout. Mais comme j'étais le seul passager à *baptiser*, je pris mes mesures, pour éviter la cérémonie. Ayant à l'avance réussi à gagner les bonnes grâces de presque tout l'équipage, quand je me vis à la veille du jour fixé, je pris à part

1. Lettre à M. de la Bissachère, 21 février 1824.

les matelots les plus influents, et moyennant quelques bonnes paroles soutenues d'une petite somme d'argent, je les déterminai à faire échouer le projet de leurs camarades. Cependant, le lendemain matin, comme nous en étions convenus, à l'heure où l'on devait laver le pont, je me soumis à une partie du cérémonial. On vint donc me prier de la part du bonhomme *la ligne*, de vouloir me transporter sur le gaillard d'avant. M'y étant aussitôt rendu je fus assailli par un déluge de sceaux d'eau qui m'inondaient de tous côtés; mais au bout d'un quart d'heure, soit calcul, soit maladresse, il se trouvait que les matelots n'étaient pas moins mouillés que le pauvre *catéchumène*. »

Cependant, le 18 décembre, le navire relâcha dans le golfe du Bengale, et deux jours après, une barque indienne, conduite par sept rameurs indigènes, vint recueillir les passagers qui voulaient aborder à Calcutta. Il n'y avait avec M. Jaccard qu'un seul européen pour cette destination, c'était M. Berthoud, originaire de la Suisse. Ils furent transportés à terre, au prix de quelques pièces de monnaie, que se disputèrent les bateliers, dont le dénûment faisait pitié. Voici comment François parle de leur pauvreté et de la bizarrerie de leurs mœurs, dans une lettre du 5 janvier, 1824, et écrite à sa mère, pour lui annoncer son arrivée aux Indes et la tranquilliser sur sa santé.

« Ma chère mère, me voilà dans les Indes, depuis le vingt décembre... Nous sommes arrivés à Calcutta sur un petit bateau conduit par sept pauvres gens du pays, qui n'avaient pour tout vêtement qu'une simple ceinture. La nuit, comme il faisait un peu frais, ils se couvraient les épaules d'une pièce de toile légère. Lorsqu'ils mangeaient leur riz, si nous nous trouvions près d'eux, ils nous faisaient retirer ; car, par superstition, ils n'oseraient pas manger si des européens touchaient leur nourriture... »

« Nos bateliers nous firent entendre plusieurs airs, pendant un jour et demi que nous passâmes dans leur nacelle. Je crois que c'était des chants religieux, parce qu'ils les accompagnèrent de beaucoup de grimaces. »

Arrivé à Calcutta, M. Jaccard, n'y connaissant personne, arrêta son logement dans un hôtel de la ville. Mais la divine Providence devait encore prendre soin de lui, avec la paternelle bonté qu'elle lui avait montrée jusque-là. Comme cette grande ville est le rendez-vous commercial des occidentaux, sur les côtes du Bengale, et qu'elle renferme une forte population chrétienne, dont une bonne partie est catholique, l'arrivée d'un prêtre français, y produit toujours une certaine sensation, c'est presque un événement. Aussi la présence du missionnaire fut immédiatement signalée, et plusieurs établissements religieux lui offrirent sans retard la plus fraternelle hospitalité. Cette gracieuse émulation ne lui laissant que l'embarras du choix, François se décida pour le couvent des Augustins portugais, recteurs de deux églises à Calcutta. C'est là qu'il eut le bonheur de célébrer sa première fête de Noël, sur la terre d'Orient. De ce côté, autrefois, l'Europe attendait la lumière et le salut, et voici que ces infidèles contrées sont maintenant couvertes d'épaisses ténèbres. Le Dieu fait homme n'y est guère plus connu, qu'à Bethléem aux jours de sa naissance. Et si M. Jaccard ne renouvela pas les adorables mystères du Verbe incarné, dans une solitude pareille à celle de la crèche, ce n'est pas que les Indiens soient moins étonnés que les bergers du *Gloria in excelsis*. N'ayant que sa prière et sa bonne volonté à offrir à Jésus-Christ, le pieux missionnaire les déposa sans réserve à ses pieds, en le conjurant de les agréer, pour le salut de ceux auxquels il est envoyé. Il demanda spécialement que la nouvelle année ne s'achevât pas, avant qu'il eût la joie de parvenir au terme de son voyage.

Après quelques jours de repos, au milieu de ces solennités si consolantes et si belles, même sur la terre étrangère, François, qui avait déjà pu observer quelques traits des mœurs du pays, écrivait à sa mère les particularités suivantes, sur les Indiens de Calcutta et des environs. — « Ils mangent ensemble dans de longs plats, prenant le riz avec les doigts; ils ne boivent que de l'eau; ils se lavent au moins quarante fois le jour, dans le Gange, qu'ils regardent comme leur père... Les habitants du Bengale ont des mœurs très-douces, ils se fâchent difficilement. Les européens peuvent les battre, sans qu'ils disent mot. Ils ne font aucun mal aux animaux; aussi les corbeaux, les éperviers sont aussi privés que les poules de la Savoie. »

A la suite de ces simples et naïfs détails, qui pouvaient intéresser sa mère, il revient à la grande affaire qui l'occupe tout particulièrement, je veux dire, son entrée en Cochinchine, et il termine sa lettre par ces lignes : « Il me reste, pour arriver à ma destination, quelques centaines de lieues à parcourir; mais le Dieu de toute bonté, qui m'a si heureusement conduit jusqu'ici, ne permettra rien qui ne soit pour sa plus grande gloire. Ainsi je vous prie d'être tranquille sur mon compte.[1] »

Par le même courrier, M. Jaccard écrivait aussi à MM. les supérieurs des missions étrangères à Paris, pour leur annoncer la mort de plusieurs prêtres de leur société. Il leur adressait ensuite de très-sages réflexions, sur la conduite à tenir par les missionnaires français, à Calcutta,

1. Lettre du 5 janvier 1824.

vis-à-vis des autres membres du clergé et des fidèles, puis il ajoutait : « ici nous avons besoin plus qu'ailleurs *de la prudence du serpent et de la simplicité de la colombe*. On y a une grande idée des missionnaires français, et cette bonne opinion n'est due qu'aux exemples d'édification donnés par ceux qui nous ont précédés. Dieu me fasse la grâce de ne pas détruire l'œuvre de ces parfaits serviteurs de Jésus-Christ. »

Cependant la divine Providence soumit François à une nouvelle épreuve. Malgré son vif désir de continuer son voyage, il fut obligé, en attendant qu'un navire consentît à le recevoir, de séjourner huit mois dans les vallées du Gange. Dieu le retenait sans doute entre les douceurs sacrifiées du foyer domestique, et les sévères jouissances des labeurs de l'apostolat, afin d'affermir encore son âme, en l'exposant tout à la fois aux dégoûts de l'inaction et aux incertitudes de l'avenir. Mais il évita soigneusement ces dangereux écueils, par le secours de la prière et par l'union plus forte que jamais de sa volonté avec celle du divin Maître. Et dans le but d'utiliser ses loisirs forcés, il se mit en rapport avec M. Vrignon, notable commerçant français, établi à Calcutta. Cet homme de bien s'était déjà occupé d'un projet conçu par deux prêtres des missions étrangères, et François y portait lui-même beaucoup d'intérêt.

Il s'agissait de fonder une maison d'éducation catholique dans une des villes baignées par les eaux du Gange. Le 14 septembre 1822, écrivant à son ancien supérieur une lettre dont l'autographe est conservé à Mélan, M. Jaccard disait déjà que plusieurs prêtres, envoyés de Paris, devaient travailler à la réalisation de cet utile dessein et il ajoutait : « Je répondais à celui qui me communiquait cette nouvelle, il faudra faire venir M. Ducrey et le charger de former l'établissement, quand tout sera prêt. — Il m'a répondu : il n'y a rien là qui ne puisse fort bien se faire. »

Cette entreprise, malgré ses grands avantages, offrait toutefois de graves dificultés, à cause de l'ombrage qu'elle devait porter aux religieux portugais chargés de desservir les deux principales églises de Calcutta; et on avait à compter avec le gouvernement anglais.

« Quant aux familles catholiques, toutes en souhaitaient vivement le succès, afin de n'être plus assujetties à envoyer leurs enfants dans les écoles protestantes. A défaut de Calcutta, continuait M. Jaccard, on pourrait avantageusement choisir Chandernagor, ville appartenant à la France, et située à sept ou huit lieues de cette dernière. Ici le gouverneur serait très-favorable à l'érection d'un collège; les prêtres, religieux italiens, la verraient sans jalousie, et sa prospérité serait aussi assurée qu'à Calcutta, outre que le calme, la pureté de l'air et les agréments du site favoriseraient le bon ordre, le travail et la santé parmi les écoliers [1] »

M. Jaccard se rendit auprès de M. Pellicier, gouverneur de la colonie française, et lui fit toutes les confidences propres à l'intéresser à cette œuvre. Ce personnage reçut avec une affabilité toute particulière le zélé missionnaire, et prêta d'autant plus volontiers les mains à la réalisation de ses plans, qu'il y voyait le moyen d'assurer une instruction solide à ses enfants, tout en les conservant auprès de lui.

« M. le gouverneur, écrivait François, un peu plus tard [2], désirerait que le collège fût immédiatement commencé, et que je me décidasse à en prendre la direction, en me fixant au Bengale. » Sans décliner cette tâche difficile, il ne voulut pas s'engager, avant d'avoir consulté ses vénérés supérieurs. Il accepta seulement de résider provisoirement à Chandernagor, pour donner des leçons de latin aux enfants du gouverneur, et remplir les fonctions du ministère, que voudraient bien lui confier les prêtres qui dirigeaient la population catholique.

Celui qui avait le titre curial était un religieux italien, aussi respectable par ses vertus, que par son grand âge. Il prit bientôt en amitié l'humble auxiliaire que Dieu lui envoyait, et le chargea, tout à la fois, de l'instruction des enfants qui se préparaient à la première communion, et d'annoncer la parole de Dieu à toutes les fêtes principales. Ces divers travaux mettant M. Jaccard en relation avec toutes les classes de la population catholique, il ne tarda pas à la connaître et à voir de près ses qualités et ses défauts. L'expérience qu'il acquit de cette manière fut pour lui un nouveau motif d'insister sur la fondation de la maison d'éducation projetée.

« Toutes les sectes protestantes, écrit-il à MM. les supérieurs des missions étrangères [3], forment des établissements pour l'éducation de la jeunesse ; les catholiques n'ont pas même un collège où ils puissent faire élever leurs enfants ; ils sont tous obligés de les envoyer aux écoles dissidentes, dans lesquelles ils apprennent à mépriser et à blasphémer leur religion, et, de l'avis de tout le monde, les mœurs y sont abominables. Aussi la population est d'une effroyable ignorance, et on ne peut la régénérer que par l'éducation des enfants. Mais il faut absolument renoncer à établir à Calcutta la maison que souhaitent les catholiques et même plusieurs protestants. Il faudrait ouvrir une souscription à cet effet, mais elle ne réussirait probablement qu'à réveiller certaines défiances et à nous susciter des oppositions malveil-

1. Lettre du 19 février 1824 à MM. les directeurs des Missions.
2. Lettre du 2 avril 1824 à M. Ducrey.
3. Lettre du 7 août 1824.

lantes. Il paraît donc plus prudent de porter ailleurs nos vues, et de prendre pour y arriver une voie un peu détournée, mais aussi plus sûre.

M. Pellicier étant charmé que la paroisse de Chandernagor soit desservie par des Français, et spécialement par un de nos prêtres, il nous a pressés jusqu'aux sollicitations de nous en charger, prenant sur lui de vous faire ratifier notre décision. Le père Bénoit, très-infirme, vient de quitter son église, en joignant ses instances à celles du gouverneur. Cela étant, vu l'impossibilité de connaître vos intentions, auxquelles pourtant je voudrais me conformer, et craignant d'un autre côté, de laisser échapper une occasion avantageuse à nos missions, après avoir pris l'avis de tous ceux dont nous pouvions espérer de sages conseils, nous nous sommes décidé, d'accord avec M. Bonnand, soumis à la juridiction de l'évêque de Pondichéry, à accepter la cure de Chandernagor, sauf à en référer à nos supérieurs respectifs. M. Bonnand, vient d'écrire à son évêque ; dès qu'il aura reçu une réponse, il vous la transmettra.

Ce premier pas a été résolu, comme étant un acheminement à notre but ultérieur. Il nous procure déjà l'avantage d'un pied à terre, entre Paris et nos missions. Et en plaçant dans ce poste un sujet capable, il ne tardera pas à organiser un établissement, auquel un peu de zèle et de travail assurera un succès infaillible, grâce à la sympathie des catholiques de Chandernagor et de Calcutta. Si j'avais connu cette affaire en arrivant, et si j'avais prévu la longueur de mon séjour ici, je vous aurais écrit plus tôt, pour savoir si je devais rester ou partir; mais je ne puis plus songer à cela maintenant. »

Ces derniers mots trahissent les secrètes dispositions de M. Jaccard; il aurait très-docilement fixé sa résidence au Bengale, si on le lui avait ordonné; mais on voit qu'il aspire à remplir un poste où la lutte soit plus vive, et les croix plus semblables à celle de Jésus-Christ. Enfin il termine sa lettre par cette humble déclaration, où il n'y a pas moins de zèle et de bon sens, que dans tout ce qui précède.

« Je vous fais toutes ces remarques, mes très-chers supérieurs, non point pour donner des conseils, car je sens parfaitement que je n'ai qu'à recevoir des ordres, mais pour me conformer à vos intentions, et contribuer en quelque chose, s'il est possible, à l'œuvre sainte à laquelle il a plu à Dieu de m'appeler et à laquelle vous m'avez fait l'honneur de m'associer. »

Pendant que François gagnait l'estime et l'amitié de tous à Chandernagor, par ses qualités d'esprit et de cœur, il attirait vivement l'attention à Calcutta par des essais en *lithographie*. Il avait étudié à Paris cette invention récente, et il emportait avec lui tout le matériel qu'elle exige, dans l'espoir de se concilier, par ce moyen, les faveurs des autorités Cochinchinoises, une fois arrivé à sa destination. « Dès que j'ai pu avoir ma presse, écrit-il à un des directeurs des missions, M. de la Bissachère [1], j'ai profité de la complaisance de mes généreux hôtes, les RR. PP. Augustins, qui m'ont permis de faire *du bruit* chez eux, et j'ai monté toute la *mécanique*. Le premier usage que j'en ai fait, a été d'essayer quelques épreuves de votre portrait... Je ne doute pas de la parfaite réussite de la lithographie en Cochinchine. Peut-être les pierres nous manqueront-elles? En attendant que nous en ayons trouvé, il faudra que vous ayez l'extrême obligeance de nous en envoyer une demi-douzaine. »

Au bienveillant accueil dont il a été l'objet, François répond par les témoignages de la plus sincère reconnaissance. Actif et dévoué, prudent et modeste, il sait parler et se taire à propos, agir sans précipitation et s'effacer sans regret ; et quelque soit le secret mobile auquel il peut attribuer les bons procédés employés envers lui, il ne conserve en son cœur qu'un seul souvenir, celui de la bonté qu'on a pratiquée à son égard ; et il en parle avec bonheur dans une lettre écrite à sa mère, le 20 juillet. En lui annonçant qu'il n'a pas encore trouvé une occasion pour se rendre en Cochinchine, il ajoute ces lignes qui décèlent, malgré l'amour que lui inspirent les croix, toute sa cordiale gratitude à l'endroit de ses bienfaiteurs. « Je n'ai point jusqu'ici rencontré dans les Indes ce que je suis venu y chercher, les souffrances et les persécutions, grâce aux RR. PP. Augustins, au R. P. Bénoit, capucin italien, ainsi qu'au gouverneur de Chandernagor, qui tous me comblent de bontés. »

Cependant la douceur inattendue de ces amitiés n'empêchait pas notre jeune missionnaire de prêter l'oreille à la voix lointaine de ses montagnes, qui apporte à son cœur le nom de sa mère, et de ceux qu'il aime. Ne pouvant plus ni les voir ni les entretenir, il en parle à Dieu dans sa prière, et il se console de leur absence en vivant avec leur souvenir.

« Outre la première part que vous avez toutes les fois que j'ai le bonheur d'offrir le Saint-Sacrifice, écrit-il à sa mère, je dis souvent des messes à votre intention ; je n'oublie point, comme vous devez le supposer, les chers défunts auxquels je dois tant, celui surtout qui occupe toutes mes pensées, mon respectable père, qui a concouru avec vous à faire de moi un chrétien et un prêtre. Je vous prie d'assu-

1. Lettre de Calcutta, 13 août 1824.

rer nos amis que je n'oublie aucun d'eux. Et vous, ma mère, soyez certaine que je ne vous oublie pas plus que ma main droite[1]. »

Mais les succès temporels offrent souvent à l'ennemi de tout bien l'occasion de tendre des piéges à notre faiblesse ; et Dieu le permet, afin d'éprouver la fidélité de ses serviteurs. M. Jaccard se trouva par ce fait en butte à une nouvelle tentation, qui surgit de l'éclat même de ses mérites et de la confiance qu'ils inspiraient. Ainsi on l'a choyé, entouré d'attentions amicales, et on s'apprête, sans le prévoir, à lui ravir la couronne glorieuse que Dieu lui a tressée en son amour.

Quand le gouverneur de Chandernagor, qui disposait d'une grande fortune, jugea le moment propice arrivé, il proposa à François de lui confier l'éducation de ses enfants, et pour le décider à accepter cette importante fonction, il lui offrit avec son amitié un traitement de huit mille francs, plusieurs domestiques à son service, la jouissance d'une partie de son palais et la société habituelle de sa religieuse famille.

Cette proposition était flatteuse, il faut en convenir, mais le prêtre de Jésus-Christ n'avait pas franchi les mers pour céder aux charmes du bien-être ; il fallait à sa grande âme des biens plus précieux, ceux que le divin Maître a recueillis dans le douloureux parcours de la crèche au Calvaire. Toutefois, un premier refus ne découragea pas le gouverneur, qui usa de sa haute position pour rallier à ses plans les personnes influentes en relation avec M. Jaccard. Les RR. PP. Augustins eux-mêmes joignirent leurs instances aux prières des meilleurs catholiques français. Mais on eut beau faire valoir les considérations les plus engageantes et les plus capables de rassurer une conscience délicate, tout fut inutile, malgré la peine qu'il éprouvait à repousser de si honorables sollicitations. Car, si on comprend que les offres du gouverneur n'aient pas séduit François, on conçoit néanmoins qu'il lui en coûtât de paraître manquer au devoir sacré de la reconnaissance, en désobligeant, par ses refus obstinés, les hôtes et les amis qui l'avaient comblé de prévenances dévouées.

Quelque temps après, ayant rendu compte à sa mère des combats qu'on venait de livrer à ses généreuses résolutions, il ajoutait : « Je ne veux que le bon plaisir de Dieu, et Dieu me veut plus loin : rien ne peut me détourner de sa volonté[2]. » Il lui annonce ensuite son prochain départ et l'espoir qu'il a de rejoindre en route son ami et compatriote, M. Voisin. « Je vais donc, ma chère mère, continuer mon voyage en Chine, Je dois m'embarquer, le 20 de ce mois, sur un vais-

1. Lettre du 20 juillet 1824.
2. Lettre du 15 août 1824.

seau anglais, pour Macao, où je compte trouver l'abbé Voisin, avec deux ou trois missionnaires, dont l'un est destiné comme moi à la Cochinchine. La pensée de revoir bientôt ce cher compatriote, ce véritable ami, me comble de joie. » Puis, dans la crainte que son éloignement plus grand encore ne contriste son cœur, il cherche à la consoler, en lui parlant du malheur des peuples qui ne connaissent pas Jésus-Christ. « Ce que j'ai vu parmi les pauvres infidèles, ajoute-t-il, pendant le court espace de temps que j'ai passé en Asie, me fait bénir Dieu de la grâce qui m'appelle à travailler au salut de leurs âmes, et je suis bien persuadé que votre résignation s'accroîtrait, si vous étiez témoin d'une partie de leurs superstitions, et surtout de la mauvaise foi des *Brahmes*[1] qui sont, je pense, les plus grands hypocrites qui soient sous le soleil. »

Le départ de M. Jaccard, annoncé pour le 20 août, eut lieu un jour plus tôt. Cette seconde période de navigation fut très-difficile. Déjà la course à travers le golfe du Bengale fut d'assez longue durée, car ce ne fut que le 6 septembre qu'on atteignit la pleine mer. Après avoir été fort contrarié de nouveau, dans l'Océan indien, tantôt par le vent, tantôt par le calme plat, le navire mouilla, le 4 octobre, à Singapore. François arrivait dans cette ville muni d'une lettre de recommandation, que lui avait donnée M. Dubois de Beauchesne, résidant au Bengale, pour un de ses amis, M. Bernard. Celui-ci engagea vivement le missionnaire à prendre chez lui quelques jours de repos, en attendant une occasion de se rendre directement en Cochinchine, en traversant le golfe de Siam. Mais cette voie n'était pas celle qu'on lui avait tracée, et puis il tenait essentiellement à passer par Macao. Il remercia donc son hôte obligeant, remit à la voile, le 6 octobre, et, dans les derniers jours du mois, il longeait les côtes des Philippines. Cependant, le 30, sur les cinq heures du soir, il fut assailli par une effroyable tempête, qui ne dura pas moins de vingt-quatre heures. La tourmente fut si furieuse, durant toute la nuit, que les officiers eux-mêmes se sentirent saisis de crainte et firent baisser tous les hauts mâts, abattre toutes les voiles, à l'exception d'un foc, pour diriger le navire. Néanmoins l'équipage en fut quitte pour la peur, et les passagers n'eurent à se plaindre que des lames qui les inondèrent, en menaçant de tout engloutir. Le bâtiment n'avait subi non plus aucune avarie. Mais le 6 novembre, un nouvel ouragan jeta le navire sur les côtes de l'île des Larrons. A partir de ce jour, il fut le jouet des vents irrités, et il courut à l'aventure pen-

1. Les *Brahmes*, ou *Brahmanes*, sont les faux prêtres du culte idolâtrique de *Brahma*, chez les Indiens. Ils professent en théorie une vie excessivement austère, mais en réalité, dans leur conduite privée, ce sont des débauchés.

dant vingt jours, ne levant l'ancre que pour être chassé à la merci des vagues, en sorte qu'il ne put aborder que le 25 à Macao.

Les éléments, déchaînés contre le vaisseau qui portait M. Jaccard, depuis sa sortie du port de Calcutta, avaient toutefois servi les desseins de la Providence. N'eût été le mauvais temps, on devait mouiller à Pinang et y stationner quelques jours ; or un prêtre des missions, outrepassant peut-être son mandat, avait projeté d'arrêter François au passage et de l'appliquer à d'autres travaux que ceux auxquels il était destiné par ses supérieurs de Paris [1]. De cette façon, la force ennemie, qui retardait l'arrivée de François à Macao, n'avait abouti qu'à le préserver des entraves dont on voulait embarrasser sa marche.

Selon l'espoir et le vif désir de François, son ami, M. Voisin, arriva aux environs de Noël. Le jour de leur réunion fut une véritable fête. Nés dans la même région, élevés ensemble, consacrés à Dieu sur les degrés du même autel, partageant les mêmes goûts, défendant la même cause, rêvant la gloire du ciel tous les deux, ils s'aimaient comme deux frères. Aussi, après s'être quittés au sein des Alpes avec une telle amitié, et s'être poursuivis à travers l'immensité des océans, leur rencontre à l'extrémité du monde dut être, il faut en convenir, une joie ineffable, joie d'autant plus vive, qu'ils pouvaient craindre de ne se revoir jamais. Ils sont ainsi doublement heureux de s'embrasser une dernière fois, comme deux compagnons d'armes, à la veille d'une sanglante bataille.

Mais voici déjà venue l'heure de la séparation ; on est au mois de mai 1825. M. Voisin devra s'avancer dans l'intérieur de la Chine, tandis que M. Jaccard se dirigera vers le royaume d'Annam, pour aller s'établir au cœur même de la Cochinchine. Autant leur rencontre avait été joyeuse et expansive, autant leur départ atteste le calme et l'énergie des sentiments qui les animent. Ils vont chacun à leur poste, avec la simplicité et l'obéissance d'un héros qui marche tranquillement à une mort presque certaine. La veille, François, « dont la piété n'avait rien perdu [2], » écrivit à sa mère pour la rassurer de nouveau, lui découvrir l'ardeur du feu sacré qui dévore son âme et redire encore le courageux dévouement avec lequel il veut se consacrer au salut des infidèles.

O glorieux messager de la paix et de la charité, que votre entreprise est sublime ! Combien elle est plus digne de nos louanges que tant d'exploits qui sèment au milieu des nations effrayées la ruine et la désolation ! Ce n'est pas que je veuille amoindrir le courage du soldat,

1. Ces détails se trouvent dans une lettre écrite de Macao, le 27 avril 1825, par M. Jaccard.

2. Paroles de M. Voisin.

affrontant la mort sur le champ de bataille; mais quel que soit son mérite, il ne faut pas oublier que la guerre est un fruit des passions humaines; et l'homme, qui a reçu, avec le charme de la jeunesse, la force et l'intelligence, emploierait mieux ces dons, si, au lieu de combattre avec le fer et le feu, il luttait par l'exemple et la parole pour sauver ses frères. Rendons les hommes bons et vertueux, et ils ne songeront plus à se battre; qu'ils s'aiment et pratiquent la justice, et ils ne se chercheront point querelle.

Mais pour atteindre ce but, il ne suffit pas de donner aux peuples une instruction quelconque; la science qui ne fait pas l'homme humble et charitable, juste et chaste, n'introduit pas dans son cœur la vraie moralité, qui fournit les éléments de la modération, de la paix et de la félicité possible sur la terre. La fausse science, celle qui ne conduit pas ses adeptes à la vertu, les conduit à la méchanceté et aux funestes raffinements de la dépravation.

Les vrais amis, les grands bienfaiteurs des peuples, les glorieux pères de la patrie, sont donc les apôtres qui forment les hommes à l'amour de la vérité et à la pratique du bien, sacrifiant à cet effet leur repos, leur temps et toutes leurs forces, dans une lutte incessante contre l'ignorance et le vice. Et quand ils accomplissent cet âpre ministère, au prix des plus rudes travaux, sous le poids des infirmités et des souffrances, malgré l'hostilité aveugle des petits, et les persécutions jalouses des grands, poursuivant sans relâche leur dessein, au risque de payer de leur tête les avantages qu'ils veulent procurer à toute une nation, non-seulement ils font de leur vie le plus bel emploi possible, mais ils offrent l'exemple d'un dévouement parfait et d'un sublime héroïsme.

D'autant plus que ces généreux envoyés du ciel, avant de se présenter aux peuples comme les hérauts de la paix et de la vertu, se prêchent à eux-mêmes d'abord les vérités qu'ils veulent faire entendre aux autres; et avant de conquérir les cœurs, pour les soumettre à l'Évangile, ils ont dû se vaincre eux-mêmes et plier leur volonté au bon plaisir de Dieu; c'est alors seulement qu'ils puisent dans leur âme, enflammée de l'amour de Jésus-Christ, le feu de la charité qu'ils s'efforcent de propager sur la terre,

Telle est l'auréole d'honneur et d'héroïsme que je vois briller sur le front de M. Jaccard, s'en allant à la rencontre de la barbarie, de l'ingratitude, de la souffrance et de la persécution, soutenu par l'unique pensée de plaire à Dieu, avec le désir de présenter aux pauvres Annamites le flambeau de l'Évangile et d'ouvrir le ciel à leurs âmes régénérées par le sang de Jésus-Christ.

CHAPITRE VI

LA COCHINCHINE

Notions historiques et géographiques sur le royaume d'Annam. — Sa civilisation. — Traités avec la France. — Croyances superstitieuses. — Efforts des missionnaires qui ont précédé M. Jaccard. — Espérance de l'église en 1787. — Avénement de *Migne-Mang*.

Lorsque M. Jaccard sacrifia la position qu'on lui offrait à Paris, il obéissait, sans aucune illusion, aux inspirations de l'esprit de Dieu; il connaissait exactement, par les relations des missionnaires qui l'avaient précédé en Orient, la nature et le nombre des obstacles contre lesquels il irait infailliblement se heurter. Aussi, pour être à même de juger l'étendue de son dévouement, et afin de comprendre l'importance des services qu'il se proposait de rendre à l'Église et au peuple Annamite, il est indispensable de jeter un coup d'œil sur la région à laquelle il a consacré tous les trésors de son cœur.

Notons d'abord que le *royaume d'Annam*[1] se compose de deux grands états, le *Tong-King* au nord, et la *Cochinchine* au sud. Autrefois la capitale était *Ké-ghieu* ou *Kécho*, aujourd'hui c'est Hué qui abrite la demeure royale[2]. Ces divers pays sont maintenant connus sous le nom de royaume de Cochinchine[3].

1° La Cochinchine, proprement dite, dont il est exclusivement question ici, est divisée en trois parties principales; savoir, au midi, la basse Cochinchine, appelée encore *occidentale*, ayant Saigon pour

1. Le mot *Annam* signifie repos du midi ; ce nom fut donné au Tong-King et à la Cochinchine quand ils secouèrent le joug de la Chine.

2. Le roi de Cochinchine prend parfois, mais à tort, le nom d'*empereur*.

3. Le nom de *Cochinchine* est tiré de celui de l'ancienne capitale du royaume de Ciampa, laquelle s'appelait *Qhième-Lagne* ou *Xième-Thagne*. De ces mots écrits en caractères chinois qui se prononçaient *chen-chin* par les fils du Céleste Empire, est venu plus tard le nom de *Cochinchine* donné au territoire dont se forma une vice-royauté du royaume d'Annam. (Voir les *Missions catholiques*, 2 mars 1877, art. de M. Lesserteur.)

capitale; au centre, la Cochinchine orientale; au nord, la haute Cochinchine ou septentrionale[1].

Ces trois parties comprenaient un certain nombre de provinces, assez mal délimitées. D'après Mgr Taberg, se trouvent :

Au midi, les provinces de Go-chate, Ha-tiène, Nâme-vang, Ane-giang, Vigne-hagne, Digne-tuong. Phane-yène, Biène-hoa, qui formaient la vive-royauté de Dong-naï.

Au centre, les provinces de Bigne-Thouane, de Nia-trang, de Phouyéne, de Qoui-nieune, de Quoang-ngaï et de Quang-nâm.

Au nord les provinces de Qouang-duc ou de Hué, de Qouang-tri-ou Jigne-câte et de Jigne-ngoï ou de Qouang-bigne.

Il faut ajouter à cette nomenclature, au moins pour mémoire, les contrées montagneuses habitées par plusieurs tribus sauvages, dont les plus connues sont les Moï et les Tièmes du Laos.

2° La population du royaume d'Annam, très-difficile à recenser, s'élève à peu près à 25 000 000, dont le tiers environ revient à la Cochinchine. Celle-ci occupe une étendue comprise entre le 9e et le 18e degré de latitude nord, et les 103 et 107e de longitude ouest. Elle se déroule, du nord au midi, entre la mer de Chine, qui la borne à l'est, et la longue chaîne de montagnes qui la confine à l'ouest, sur une longueur de 150 lieues métriques, avec une largeur moyenne de vingt-cinq à trente. Cette immense vallée est arrosée par une multitude de rivières, qui descendent perpendiculairement des montagnes à la mer.

3° La température varie peu, en Cochinchine; il n'y a que deux saisons, celle des chaleurs et celle des pluies. Ce genre de climat peu favorable aux Européens imprime à la végétation une activité prodigieuse, et occasionne une exubérante richesse de productions, dans les provinces où le sol est plus profond. Aussi peut-on faire plusieurs moissons par an; malheureusement l'agriculture est encore très-arriérée et ne semble guère entrer dans une voie de progrès.

Les produits les plus communs en Cochinchine sont le riz, la patate, la fève, la rave, le melon, le maïs, la canne à sucre, le poivre, le thé et la cannelle. A côté de ces plantes alimentaires, croissent l'indigo, le tabac, le vernis et plusieurs espèces de mûriers où les vers à soie peuvent vivre et travailler en plein air. Le cocotier, l'oranger, le grenadier et le bananier entourent les maisons, comme en France les noisetiers.

1. Ces divisions purement ecclésiastiques sont indiquées dans le dictionnaire annamite, publié par Mgr Taberd en 1838.

2. En écrivant les mots annamites, je choisis l'orthographe qui correspond le mieux à la prononciation.

L'ananas est aussi très-abondant. Sa forme, on le sait, affecte celle de nos betteraves, et pousse une feuille comme celle de l'artichaut. Enfin, il faut nommer l'arec et le bétel.

Le premier, de la grosseur d'une prune, vient sur une tige de la famille du palmier; sa chair est dure et blanche comme nos châtaignes. L'arec se mange assaisonné de quelques feuilles de bétel. Cette dernière plante grimpe à l'instar de notre lierre, dont elle a tout à fait la forme. Le bétel remplace en Cochinchine notre tabac à chiquer. Aussi chacun porte une *bételière*, pour en faire honneur à ses amis, selon l'aimable procédé des priseurs européens.

Il va sans dire que ces diverses plantes ne se rencontrent pas également en tous lieux. Chaque région les produit plus ou moins, selon la nature du sol et du climat. Il n'y a peut-être d'exception que pour le bambou, qui vient partout, et qui fournit simultanément des ustensiles de ménage à la table du menu peuple, du bois de charpente aux constructeurs, et des palissades contre les maraudeurs et les bêtes fauves.

Ces deux espèces sont aussi fréquentes l'une que l'autre, en Cochinchine. Mais pour ne parler que des bêtes, le tigre, l'ours et la panthère abondent dans les vastes forêts des vallées et surtout dans les hautes montagnes des Moï. Les serpents venimeux n'y sont pas moins nombreux et redoutables.

Quant aux animaux domestiques, les Annamites possèdent à peu près tous ceux de l'Europe, si ce n'est l'âne et le mouton. Leur cheval, il est vrai, ne vaut pas le nôtre ; mais en compensation ils ont l'éléphant, qui est une monture très-utile, en raison de sa force et du mauvais état des chemins. L'éléphant est élevé surtout dans les pays montagneux.

Les rivières ne sont pas moins pourvues que les prairies et les forêts. Les poissons y abondent, et cela se comprend avec une si grande quantité de cours d'eau communiquant avec la mer. Aussi les Cochinchinois excellent-ils dans l'art de la pêche. Du reste, ils se nourrissent principalement de poisson salé, ils sont même friands de poisson pourri.

IV. Malgré tous ses avantages, la Cochinchine est peu connue des Français ; on sait à peine le nom de quelques-unes de ses villes, telles que Hué, Tourane et Saïgon.

Hué est la capitale du royaume d'Annam. La citadelle de cette ville est curieuse par la régularité de son plan, dressé selon le système de Vauban. Elle fut bâtie de 1790 à 1800, sous le règne de Gia-long, par des ingénieurs français. Son contour est tracé par un fossé de 12 kilomètres de long sur une largeur de 33 mètres ; il forme un carré de 3 kilomètres de côté. Un second fossé, de moindres dimensions, décrit la seconde enceinte défendue par une très-haute muraille de briques. Cette partie de la ville renferme les édifices publics, tels que les casernes, les préfectures, la monnaie, l'observatoire, le collége des mandarins, le musée, la bibliothèque, le palais des ministres, etc.. On voit aussi çà et là quelques misérables cabanes toutes en bambous, où sont établis des marchands de comestibles, à l'usage des soldats. Quant aux vulgaires habitants, ils sont tous installés dans la première enceinte ou dans les faubourgs. C'est ici que se concentrent le mouvemeut des affaires et le bruit des différents métiers.

Comme on le devine, le palais du roi ou la citadelle proprement dite s'élève dans la troisième enceinte, qui est entièrement à l'abri du tumulte et protégée contre toute incursion ennemie ; d'ailleurs les peines les plus sévères en interdisent l'accès, même aux sujets de Sa Majesté.

Cette ville, cependant, malgré son importance, a moins de célébrité que Tourane, ou Touron, comme l'appellent certains navigateurs. D'aucuns pensent qu'elle était autrefois une place de commerce entre la Cochinchine et les autres contrées de l'orient ; mais aujourd'hui elle n'est plus guère qu'un misérable village, sans autre mérite que son port à la fois militaire et marchand. Tous les étrangers qui l'ont visitée sont d'accord néanmoins pour reconnaître la beauté de son petit golfe, qui mesure 10 à 11 kilomètres en largeur et autant en profondeur, entre une demi-ceinture de montagnes dont plusieurs sont inaccessibles. Les deux promontoires qui ceignent la baie, en forme de croissant, abritent deux mouillages sûrs, l'un au sud, l'autre au nord.

A deux lieues de Tourane, vers le sud, au bord de l'océan, on rencontre les *rochers de marbre,* dont les voyageurs font une description curieuse. Néanmoins ils sont peu visités, parce que la superstition annamite les entoure de mystère et les regarde comme une terre sacrée où nul pied profane ne se doit poser. Les indigènes n'osent pas en approcher, ou le font en tremblant. L'amiral Laplace les visita, en 1831, quand la *Favorite,* qu'il commandait alors en qualité de capitaine, aborda dans les eaux de Tourane. Il en coûta cinquante coups de rotin au mandarin, qui s'était laissé corrompre au milieu des douces vapeurs émanées du champagne. Les officiers qui prirent part à l'expédition de 1859 firent une seconde excursion aux *rochers de marbre.* Voici quelques lignes écrites par l'un d'eux sur ce sujet :

« Ces rochers, d'une finesse de grain égale au marbre de Paros et d'une teinte aussi variée que les carrières des Alpes et des Pyrénées, sont au nombre de cinq, semblables à des sommets de montagnes enfoncées dans le sable; ils sont séparés les uns des autres par des arbrisseaux, des plantes grimpantes ou des blocs noircis par le temps. A un endroit, on entre dans un long couloir taillé dans le roc; après quelques minutes de marche au milieu d'une obscurité complète, on arrive en face d'un souterrain dont l'aspect saisissant est d'un effet magique. Son enceinte peut avoir 50 pieds de long sur 40 de large et à peu près 45 de hauteur. De la porte, que flanquent de chaque côté deux statues colossales de pierre, représentant un être humain en costume bizarre et un animal mythologique, on descend par un escalier rapide au fond de la grotte, qui reçoit le jour par une ouverture naturelle placée au milieu de la voûte, d'où pendent des festons de lianes couverts de feuilles et de fleurs, dont l'éclat contraste admirablement avec les teintes variées et brillantes des rochers. Dans un enfoncement, vis-à-vis de l'entrée, s'élève un autel orné de chandeliers rouges et de cierges de même couleur. Quelques autres ornements aussi simples entourent une statue de bois, de trois pieds de haut et représentant un homme assis. Ses traits, ses vêtements, ses pieds joints posés à plat, ses mains étendues le désignent assez pour une idole du culte de Bouddha [1]. »

Parmi les villes importantes, on peut encore citer, près de Tourane, l'ancienne Foï-fo, appelée aujourdhui Hoï-âne; puis Saïgon, Cholen, Go-cong et Vigne-long, dans la Cochincine occidentale.

Disons maintenant quelque chose des Annamites, de leurs mœurs, de leur civilisation et de leurs idées religieuses.

V. La Cochinchine est peuplée par la même race que le Tong-King et la Chine; cependant les Annamites sont moins faux et moins voleurs que leurs frères les Chinois; ils sont aussi plus gais, plus familiers et n'ont pas la gravité somnolente des fils du céleste empire. Les Européens trouvent généralement les Cochinchinois doux, bons, hospitaliers, capables de reconnaissance et de dévouement. Mais ces qualités, à ce qu'il paraît, sont en raison inverse de l'élévation dans les dignités publiques.

Malheureusement l'intelligence des basses classes du peuple est bien peu développée. Il suffit de considérer le genre des habitations annamites pour se convaincre qu'elles sont l'œuvre d'une population dépourvue de goût et de culture. Dans la campagne, les maisons, placées habituellement sur un petit tertre, se composent de quelques pieux plantés en terre, reliés par des palissades et recouverts d'une toiture en paille.

1. Voir : *la Cochinchine en* 1859.

Les villes se distinguent des habitations rurales en ce que les maisons y sont bâties en briques et couvertes en tuiles [1].

Les villages de la Cochinchine ressemblent parfois à ceux du Tong-King, c'est-à-dire que les maisons sont groupées et entourées d'une forte haie de bambous qui leur sert de rempart contre les maraudeurs. Il faut ajouter, pour être exact, que certaines constructions sont embellies de sculptures ; mais ces travaux d'art dénotent plus d'adresse que de génie dans l'ouvrier qui les a exécutés.

Les vêtements ne sont pas moins simples. Si le Cochinchinois est habillé, il porte un large pantalon, sans boutons, retenu seulement par une ceinture, et par-dessus une blouse qui abrite les épaules, en hiver contre la fraîcheur et la pluie, en été contre les rayons trop ardents du soleil. Il n'est pas question de froid, en Cochinchine ; les journées les moins chaudes atteignent encore la température moyenne d'un beau mois d'avril en France. Les hommes et les femmes portent le même costume, et il est commun aux riches et aux pauvres ; il n'y a de différence que dans le choix de l'étoffe, qui est de soie ou de coton. Parmi la population ouvrière, le vêtement est d'ordinaire remplacé par une espèce de pagne serré sur les hanches et descendant près du genou. Quelquefois tout se borne à une ceinture étroite à laquelle est attachée, par devant et par derrière, une bande de toile, unique protectrice de la pudeur. Du reste, ces pauvres gens se croient tout aussi habillés qu'un Européen en costume de ville.

L'absence de vêtements est universelle parmi les tribus sauvages répandues dans les montagnes de l'ouest. Ces infortunés montagnards sont d'une ignorance extrême ; dans certaines régions, ils ne savent pas même, faute de calendrier, reconnaître les changements de mois et de saisons. Ils couchent et s'assoient par terre, et mangent avec les doigts, sans recourir aux petits bâtons usités en Cochinchine, à la place de nos fourchettes.

Plusieurs causes expliquent cet effroyable abaissement ; l'une réside dans le système du gouvernement annamite, et l'autre, qui est la principale, émane de la dépravation intellectuelle et morale du paganisme.

VI. Le gouvernement, à tous les degrés tyrannique, basé sur l'arbitraire le plus monstrueux, est essentiellement opposé aux progrès de la civilisation, qui condamne ses abus.

1 Tous les détails contenus dans ce chapitre, où je résume de nombreuses recherches faites avec la collaboration d'un de mes amis qui a beaucoup étudié l'extrême orient, ont été contrôlés par un missionnaire dont une bonne partie de la vie s'est écoulée dans le royaume d'Annam.

La hiérarchie administrative, tenue sans contrôle dans la main du roi, se compose d'une série de grands et de petits mandarins, subordonnés les uns aux autres et correspondant à nos ministres, gouverneurs, préfets, sous-préfets et juges de paix. De haut en bas, le rotin est le moyen d'action le plus communément employé vis-à-vis de tous les subalternes. « Aussi la sollicitude du monarque et son amour pour son peuple se traduisent, le plus souvent, par des coups de fouet et de rotin. Cela commence par le premier ministre, qui, bâtonné, bâtonne à son tour, et ainsi de suite, jusqu'au dernier échelon de l'échelle sociale [1]. »

Un si triste mode d'administration se rattache, en haut, à la corruption et la méchanceté des grands, et repose, en bas, sur le pitoyable servilisme de la multitude. La masse de la population touche de près à l'abrutissement. Et si ce pauvre peuple fait un effort pour sortir de sa grossière ignorance, ses maîtres dans la science ne lui présentent que des notions fausses et mensongères, en opposition avec les droits et les devoirs de la dignité humaine. Il résulte de cet état de choses que les classes inférieures subissent, sans penser à se plaindre, le despotisme brutal des dignitaires, tandis que les mandarins exploitent merveilleusement les avantages de leurs charges. C'est surtout dans la perception des impôts et dans l'application des lois militaires que s'exerce la tyrannie des fonctionnaires de l'État.

Les taxes foncières, mobilières et personnelles varient selon les provinces et suivant le caprice des gouverneurs. Les corvées sont encore bien plus variables.

Quant aux levées militaires, elles se font d'après un singulier système. Plus un village est rapproché de la capitale, plus il fournit de soldats. On suppose probablement que les habitants des environs du palais seront des défenseurs plus dévoués et des serviteurs plus dociles. Le gouvernement est chargé de l'entretien de l'armée; mais quand les subsides et les approvisionnements ont passé par les mains de tous les mandarins composant l'intendance, il se trouve que l'État a vidé ses coffres et ses magasins, et que le soldat est sans vêtements et a vécu de maraude et de privations. Le royaume d'Annam pourrait équiper une armée nombreuse, mais peu d'hommes sont en état de faire la guerre. La plupart sont seulement utilisés, en temps de paix, à l'exécution des travaux publics, à la garde des casernes ou des prisons et au service des grands mandarins.

VII. Pour avoir une idée de la valeur des troupes annamites, nous

1. *La Cochinchine en* 1859.

n'avons qu'à nous rappeler les récentes expéditions de la flotte française et espagnole en Cochinchine.

Le 1er septembre 1858, les forts de Tourane, construits à l'européenne, sont enlevés en un tour de main par moins de 2 000 hommes dont moitié Français, moitié Espagnols ou *Tagals*.

« En entrant dans le fort de l'observatoire, dit le narrateur de ces faits d'armes, nous fûmes très-surpris de trouver les artilleurs annamites tranquillement assis sur leurs canons, les bras croisés. S'ils se fussent enfuis, paraît-il, on leur eût tout bonnement coupé la tête; s'ils eussent prolongé la défense, ils se fussent inutilement fatigués; dans cette alternative, ils s'abstenaient et se laissaient sabrer avec la plus incroyable insouciance. C'est la consigne comme l'entendent les soldats de Tu-Duc, et sous ce rapport ils n'ont de pareils que leurs amis les Chinois. Beaucoup de ces braves gens n'avaient pas d'uniforme, ils étaient en haillons, comme tous les habitants du pays. La plupart étaient armés de fusils à pierre de la fabrique de Saint-Étienne.

» Pendant ce temps-là, les forts de l'est et de l'ouest sautaient. Ce dernier contenait, outre un parc d'artillerie de campagne, de jolies pièces de 6 et de 9, presque semblables aux nôtres... Le même jour, nous étions définitivement établis à terre, en mesure d'attendre l'armée annamite, si l'envie lui venait de paraître. Mais elle ne vint pas [1]. »

Après ce succès, notre escadre se dirigea vers le sud, et on se trouvait, le 9 février 1859, devant Saïgon, qui tomba rapidement en notre pouvoir. Son arsenal contenait un approvisionnement complet en poudre, salpêtre, soufre, plomb et équipements militaires. Les indigènes s'étaient enfuis, en nous laissant un immense butin.

Cependant les Annamites avaient repris courage à Hué et menaçaient la garnison française restée à Tourane. L'amiral Rigault de Genouilly voulut briser cette dernière résistance, avant de quitter l'extrême orient.

« Dans la nuit du 14 au 15 septembre 1859, il fit ses dispositions, divisa en trois colonnes d'attaque les faibles forces dont il pouvait disposer..., et les mena au point du jour à l'assaut des montagnes parallèles à la route de Hué. En dépit des obstacles accumulés de longue date par les mains de l'homme, sur un sol qui déjà se défendait de lui-même; en dépit des fossés multipliés avec un luxe incroyable, au milieu d'escarpements à pic et de pentes hérissées de bambous dont la hache avait fait autant de chevaux de frise; en dépit enfin du feu as-

1. *La Cochinchine en* 1859.

sez bien nourri de l'ennemi, la petite troupe ne tarda pas à couronner les hauteurs, et sur le milieu du jour une ligne de retranchements, s'appuyant sur huit forts armés de 46 bouches à feu et défendue par 8 000 hommes, était enlevée à la baïonnette par moins de 1500 Européens ou *Tagals*. La réserve de l'ennemi fit mine un instant de vouloir recommencer la lutte, mais, toutes réflexions faites, elle se contenta de faire parader quelques éléphants de guerre, nous laissant incendier et détruire les ouvrages conquis, faire éclater les canons cochinchinois en les chargeant jusqu'à la gueule... Le lendemain, il ne restait de ces lignes formidables qu'une longue traînée de ruines fumantes. »

VIII. C'est à la suite de ces combats que la flotte française, étant revenue au sud, s'empara de Mitho et de Biène-hoa, et força Tu-Duc à nous céder ces deux provinces et celle de Saïgon, par un traité qui fut signé en 1862. Le roi d'Annam ouvrait aussi à notre commerce trois ports du Tong-King et reconnaissait à la France le droit de protéger les missionnaires catholiques et tous ses nationaux.

Au mépris de ces stipulations formelles, la paix rendue à l'Église ne fut qu'apparente et momentanée, les chrétiens ne tardèrent pas à être indignement attaqués. En 1874, quelques jours après que la capitale du Tong-King eût été évacuée par nos troupes, quatre-vingt-quatre chrétientés étaient saccagées, trois cents fidèles mis à mort et trois prêtres indigènes massacrés. Le gouvernement déclina tout naturellement la responsabilité de ces atrocités, mais sa mauvaise foi et ses passions fanatiques étaient trop connues pour qu'on se fiât à ses paroles. Outre les autres preuves, on n'avait pas oublié l'infâme complot tramé contre le commandant Lapierre et son état-major, en 1847. Voici le fait.

IX. Cet officier était venu à Tourane, avec deux vaisseaux de guerre, demander la liberté du culte catholique. Les mandarins, ayant reçu des instructions du roi, semblèrent accueillir très-favorablement les réclamations qu'on leur adressa ; mais ils étaient bien résolus à n'en pas tenir compte, une fois les Français partis. Et pour mettre le comble à la perfidie de leurs intentions, ils invitèrent à dîner à terre le commandant et son état-major. Déjà ceux-ci allaient au rendez-vous, quand une lettre interceptée leur apprit qu'on devait les massacrer durant le repas. Le commandant n'hésita pas à châtier une telle scélératesse en canonnant la flotte annamite, qui fut coulée bas avec les douze cents hommes qui la montaient.

X. Malgré la défiance que devait inspirer cette conduite, le gouvernement français, ne voulant rien brusquer, chargea le gouverneur de Saïgon, en 1874, d'entamer de nouvelles négociations avec Tu-Duc, dans le but d'arriver à une solution définitive des difficultés auxquelles avaient donné lieu les termes des derniers arrangements. Dans le nouveau traité qui fut conclu et signé cette même année, on arrêta spécialement les points suivants : 1° S. M. le roi d'Annam révoque, annule toutes les prohibitions faites contre le christianisme ; 2° elle accorde à tous ses sujets la permission d'embrasser et de pratiquer librement cette religion ; 3° les chrétiens pourront se réunir dans leurs églises, en nombre illimité, pour l'exercice de leur culte ; 4° les registres du dénombrement des chrétiens seront détruits ; 5° nulle mesure vexatoire et arbitraire ne pourra être employée contre les chrétiens.

Ce traité, évidemment, ne garantit pas les fidèles et les prêtres contre toutes les injustices, mais il leur donne une grande force, en mettant de leur côté la légalité civile et en leur conférant le droit d'en appeler à la puissance qui en a exigé la signature ; en tous cas, il honore la France, qui s'est souvenue, au milieu de ses épreuves, qu'elle est le *soldat du Christ* et qu'elle a reçu de lui la mission de défendre la vérité et la justice opprimées.

Cependant les persécutions occultes sont toujours à craindre en Cochinchine, attendu que les mandarins païens sont aussi jaloux que le roi de l'influence des missionnaires, et que d'ailleurs tous les lettrés voient avec ombrage les progrès d'une doctrine qui ruine par la base le faux savoir dont ils sont si fiers.

XI. Il nous faut, à ce propos, ajouter quelques mots touchant la plaie du *mandarinat*, chez les Annamites.

La Cochinchine possède, outre les *petits* et les *grands* mandarins, les mandarins *militaires* et les mandarins *lettrés*.

Les mandarins militaires sont formés dans une école spéciale, qui est le Saint-Cyr de l'empire d'Annam. Les officiers sont généralement d'une profonde ignorance en fait de science et de littérature. Leur unique aptitude réside dans la force musculaire et une certaine adresse dans les exercices corporels. S'ils ont une part dans l'administration, ils peuvent être grands ou petits mandarins, selon l'importance de leur charge.

Les mandarins *lettrés* sont choisis parmi les sujets qui ont subi avec succès les épreuves imposées par la loi annamite à ceux qui prétendent aux hautes fonctions de l'État. Or ils sont soumis à deux espèces d'examens. Les premiers ont lieu tous les trois ans, dans chaque province, pour l'obtention des grades qui correspondent à nos titres de bachelier et de licencié. Le dernier concours, très-sévère, dit-on, se fait à Hué, tous les cinq ans, et on n'y admet que les licenciés. Cet examen est quelquefois présidé par le roi en personne ; c'est lui qui donne les sujets de composition. Un des exercices les plus difficiles auxquels sont soumis les candidats, c'est l'improvisation, qui consiste à faire de vive voix une amplification, en prose ou en vers, sur un sujet fixé par Sa Majesté.

Les lauréats aspirent généralement à une place de mandarin lettré, mais ce titre est souvent accordé au plus offrant. Et si le diplômé est pauvre, il est obligé d'engager l'avenir, en renonçant pour un temps à une notable partie de ses émoluments.

Cependant ces examens ne font ni des savants ni des littérateurs. Les Annamites sont absolument étrangers aux sciences exactes et aux notions de la philosophie, et ils ne sont guère plus forts en médecine et en physique. Ils ignorent à peu près tout ce qui fait la beauté de notre civilisation.

Il y a toutefois une science chez les Annamites, et elle n'est pas d'une facile conquête. C'est précisément celle des lettrés, qui se remplissent la mémoire de formules, de sentences, de tirades empruntées à de vieux livres; puis il faut ajouter la connaissance d'un nombre plus ou moins grand des 80 000 signes de l'écriture chinoise. Ces peuples à demi enfants n'ont pas encore eu la sagesse d'adopter les lettres européennes, avec leurs simples et fécondes combinaisons, en sorte qu'ils passent leur vie à apprendre des mots sans se soucier de l'acquisition des idées.

Malgré l'effacement de la vie intellectuelle parmi eux, les Annamites accordent une très-haute considération à ceux qui s'élèvent au rang des lettrés. Non-seulement ce titre est indispenssable pour arriver aux premières fonctions du gouvernement, mais il confère encore une espèce de noblesse à ceux qui en jouissent. Sans le diplôme de lettré, le fils du plus puissant dignitaire restera dans l'obscurité, tandis que le fils de l'ouvrier, s'il a conquis ce grade d'honneur, peut parvenir aux postes les plus distingués.

Ce système très-démocratique semble très-favorable aux intérêts du peuple; toutefois le contraire se voit habituellement. Les gouverneurs les plus âpres à la curée dans la perception des impôts, les plus hautains, les plus exigeants envers les inférieurs, dans l'exercice de leurs fonctions, sont les mandarins sortis de la dernière classe de la société. Ils n'ont aspiré aux dignités que par avarice ou par une orgueilleuse ambition. Et moins ils possèdent de fortune, plus ils sont pressés d'en acquérir, par tous les moyens d'une administration où le petit est taillable à merci.

Ayant essentiellement besoin de leurs positions pour satisfaire leur vanité, ces fonctionnaires sont les plus obséquieux et les plus flatteurs envers le souverain, et presque toujours ils se font les dociles instruments de ses cruelles injustices.

XII. Puisque nous avons parlé de la science des lettrés et de la langue officielle, disons un mot de la langue annamite proprement dite. Or c'est une espèce de gazouillement plein d'harmonie et de sonorité, mais d'autant plus difficile à saisir, qu'il est plus léger à la parole et délicatement nuancé dans la prononciation. Cette langue, composée de monosyllabes, dont beaucoup ne varient entre eux que par les nombreuses manières de les prononcer ou plutôt de les chanter, présente des obstacles considérables aux étrangers qui veulent la parler. Ils peuvent très-facilement faire entendre le contraire de ce qu'ils ont l'intention de dire. D'ailleurs les lettrés, dans la crainte peut-être de faciliter l'étude de leur langue nationale, n'ont jamais essayé d'en fixer les règles grammaticales.

Les missionnaires ont bien essayé d'employer, pour l'écriture, les lettres européennes, mais leur système sera bien tardivement adopté par les indigènes, tant qu'ils resteront païens, grâce à l'esprit de routine, d'hostilité et d'orgueil.

Un des motifs de leur résistance aux conseils et aux exemples des missionnaires, c'est la persuasion de n'être pas aimés des prêtres européens. Ils croient que leur zèle est inspiré par des pensées égoïstes. Ces pauvres païens ne supposent pas non plus que Dieu puisse les aimer; ne soupçonnant pas la charité de Jésus-Christ, ils admettent difficilement celle de ses apôtres. Le mystère de l'Incarnation du Verbe divin leur paraît une énormité incroyable. Se défiant de l'attachement des autres, le païen porte un cœur dépourvu d'affection, et on ne saurait en être surpris.

Cette froideur ne se borne pas aux étrangers. Dans les relations domestiques, les païens cochinchinois ne se donnent aucune marque d'attachement. Les enfants n'embrassent jamais leurs parents, même après une longue absence. Entre frères et sœurs, il n'existe pas non plus de témoignages d'amitié; les liens de famille n'ont rien de ce qui les honore et les embellit, ce n'est qu'une chaîne d'esclaves.

Quant aux pères et aux mères, beaucoup sacrifient[1] sans émotion visible les enfants qui ne leur conviennent pas; l'infanticide, du moins dans plusieurs régions, est pour eux un acte tout naturel, et qui ne

1. Le vice-amiral de la Grandière, qui résida en Cochinchine de 1863 à 1869, constate le fait public de l'infanticide dans ce pays. — M. Humann, M. de la Jaille, capitaines de frégate, affirment la même chose, d'accord avec M. Francis Garnier. (Voy. les *Annales de la Sainte-Enfance*, octobre 1876 et octobre 1877.)

rencontre de répression ni dans leur conscience, ni dans les lois, ni dans l'opinion publique. Il faut noter, cependant, qu'ils sont moins cruels que les Chinois; ils ne jetteront pas ostensiblement à la voirie les enfants qui les gênent, mais ils les laissent secrètement mourir de faim, ou bien vont les cacher dans les haies et les buissons, s'ils ne trouvent à les vendre.

XIII. Disons maintenant quelques mots des différents cultes en honneur parmi les Annamites[1].

Au premier rang vient le culte du *ciel*, qui est professé exclusivement par le roi. Aussi le souverain prend-il le titre de *fils du ciel*.

Au second rang on doit placer le culte de Confucius, réservé à la classe privilégiée des lettrés et des mandarins. Ce culte est dépourvu de toute base doctrinale ; il est purement cérémonial. Pour ces hauts personnages, Confucius n'est pas une divinité, mais un « saint ».

Le culte qui a le plus de sectateurs est celui des *esprits tutélaires*, honorés dans chaque village.

Cet esprit protecteur est désigné par le roi ; tantôt c'est l'esprit d'un voleur célèbre, ou d'un illustre guerrier, tantôt celui d'une bête féroce ou d'un animal immonde. Le 1 et le 15 de chaque mois lunaire, les notables se rassemblent à la maison commune pour faire un festin en l'honneur de leur esprit tutélaire, auquel on offre une portion des mets, en faisant une prostration devant une tablette où est inscrit son nom.

Le culte de la famille, c'est-à-dire, celui qui est rendu aux *ancêtres*, compte bien plus de partisans. Il consiste à honorer les défunts, dans l'intérieur de chaque maison, par des offrandes et des prostrations, au jour des funérailles et à certains anniversaires.

L'acte principal de ce culte est accompli au moment des funérailles. Aussi les Annamites y attachent autant d'importance que les catholiques en mettent dans une procession solennelle de la fête-Dieu.

Quand le jour de l'inhumation est venu, les invités s'assemblent autour du cercueil, en faisant beaucoup de grimaces et de contorsions. Durant les trois premiers jours du deuil, les parents du défunt ont dû se réunir auprès de ses dépouilles mortelles, pour pleurer ensemble, à certaines heures réglées. Quand je dis pleurer, j'entends qu'ils ont fait semblant, car il est rare que les Cochinchinois versent des larmes sincères, en pareilles circonstances ; souvent même, pour s'éviter des efforts hypocrites, ils se substituent des personnes qui exercent le métier de pleureurs. Au moment fixé pour l'enterrement, des hommes en assez grand nombre prennent le cercueil et marchent à la tête du convoi, mais

1. Voir *Missions catholiques*, 1877.

si lentement, qu'un vase plein d'eau posé sur la bière ne doit pas éprouver la moindre secousse durant tout le parcours. Quand on peut largement payer les frais des funérailles, on appelle une quantité de cymbales, de tambours et d'autres instruments qui s'évertuent à produire le plus grand bruit possible, au milieu des flambeaux portés par une partie de l'assistance.

Arrivés au lieu de la sépulture, les porteurs descendent le corps dans la tombe, et le cortége en fait plusieurs fois le tour. Puis on dépose sur le cercueil des habits, du papier, de l'encre et autres objets dont le défunt est sensé avoir besoin dans l'autre monde. Ensuite, dans le but de subvenir aux dépenses de sa nouvelle existence, on brûle sur son cadavre du papier *doré* et *argenté*, à quoi les familles fortunées ajoutent des sacrifices expiatoires, en faveur de cette pauvre âme, qui a commencé ses voyages à travers les régions de l'air.

Enfin la cérémonie se termine invariablement par un repas proportionné à la condition de la maison mortuaire, et auquel tous les assistants sont conviés; et là on boit, on mange et on se divertit comme en un jour de fête.

Ce genre de solennités, où l'on aperçoit une contre-façon du culte catholique rendu aux anges et aux saints, ainsi que de nos prières pour les morts, est le seul en usage parmi les Annamites.

Ces peuples n'ont pas l'idée de la sanctification d'un jour de repos par semaine; ils n'ont d'autres fêtes que celles qu'il plaît au roi d'ordonner par un décret, soit pour l'anniversaire de son couronnement, soit pour quelques événements heureux ou malheureux.

Enfin, il faut rappeler le culte de Bouddha, bien qu'il paraisse tomber en désuétude. Cette idole est connue dans l'empire d'Annam sous le nom de Phât. Et voici, selon une tradition locale dont je ne garantis pas la vérité, comment cette divinité fut introduite dans les pays de l'extrême orient.

Vers l'an 50 après J.-C., des ambassadeurs chinois, envoyés en occident à la recherche du Juste, conformément à la prophétie qui annonçait la venue du Messie, partirent pour se rendre à Bethléem. Mais au grand détriment de leur nation, les ambassadeurs n'allèrent pas jusqu'au berceau du Dieu Sauveur. Ils s'arrêtèrent aux Indes, et au lieu de recueillir la notion du Verbe incarné, ils n'en rapportèrent que l'image informe de Phât ou de Bouddha.

Les lettrés lui ont toujours préféré Confucius; cependant ils se résignent à honorer cette divinité secondaire, ils se recommandent même aux prières de ses bonzes, par manière de précaution contre les mauvais génies et les périls de la vie future; car le philosophe chinois a complétement oublié de fixer les destinées de l'âme après la mort.

Aucun des cultes que nous venons d'énumérer ne constitue une religion proprement dite, avec ses dogmes et ses pratiques obligatoires. Étrangers les uns aux autres, ils ne reposent en eux-mêmes ni sur les données d'une raison éclairée, ni sur une révélation divine. Œuvres capricieuses du secret instinct de l'homme, qui a besoin de religion, ils ont seulement l'avantage de ne pas être en hostilité avec le christianisme.

Il y aurait ici bien d'autres réflexions à ajouter, si je ne craignais de dépasser les limites que je me suis tracées. Mais ce que nous venons de dire suffit pour juger de l'immensité des services que la religion chrétienne est appelée à rendre aux peuples de l'extrême orient.

XIV. En effet, en les voyant si pauvres et souvent affamés sur une terre naturellement très-féconde, ignorants et barbares avec tous les moyens matériels de prospérité, superstitieux aveugles, défiants, stationnaires dans une civilisation attardée et pourtant très-corrompue, il faut absolument conclure que cette race déchue porte à ses flancs une plaie vive qui épuise ses meilleures forces et la maintient éternellement dans un état de faiblesse et d'infériorité.

Or quelle main serait assez heureuse pour tirer les pauvres Annamites de leur abaissement et de l'aveugle routine où ils s'obstinent, comme s'ils étaient à l'apogée de la perfection? Cette main bienfaisante ne peut être que celle du christianisme, qui porta le flambeau de la vérité aux anciens peuples de l'Europe, ensevelis dans les ténèbres, et qui, à la lumière de l'Évangile, sont allés si loin dans les voies du progrès, tandis que les nations païennes sont restées endormies dans l'immobilité.

Je parle ici du progrès au point de vue moral, intellectuel et religieux; parce que la prospérité matérielle, chez un peuple dépourvu de vertus et de religion, ne renferme qu'un faux semblant de civilisation. Dans ces conditions, en effet, la prospérité aboutit infailliblement à la corruption, la richesse et le bien-être invitant les hommes, non à la vertu qui gêne, mais au plaisir qui flatte. Et une nation livrée à ses plaisirs est une nation perdue. N'est-ce pas ce triste spectacle que nous ont donné les peuples de l'antiquité? N'est-ce pas la menace d'une déchéance semblable que Dieu fait entendre en ce moment aux peuples modernes, prêts à renier la religion qui les a éclairés et ennoblis? Ils voient déjà la place enlevée à l'Évangile prise par tous les mensonges, et en brisant les barrières dressées par Jésus-Christ, ils ont livré passage à toutes les injustices, à toutes les convoitises et à tous les désordres du cœur humain. Et ils ne tarderont pas à voir qu'une nation est d'autant plus malheureuse ou mauvaise qu'elle nourrit plus d'impies, de débauchés, d'orgueilleux, de jaloux et de paresseux.

Mais les vices, qui font les hommes pervers et méchants, sont en germe dans les replis de leurs propres cœurs, et l'expérience, d'accord avec la doctrine chrétienne, prouve que la meilleure volonté ne peut vaincre les instincts dépravés qui l'abaissent et l'égarent qu'en s'appuyant sur le secours des sentiments religieux. Aussi est-il constaté que la civilisation et les mœurs d'un peuple sont en rapport avec la nature et la fermeté de ses croyances religieuses. Malheureusement, les sectateurs de Phât et de Confucius ne songent guère à appeler à leur secours les apôtres de Jésus-Christ; bien loin de là, ils estiment si peu l'Évangile et ses fécondes lumières, qu'ils traitent en ennemis les missionnaires qui viennent leur offrir ces divines richesses.

XV. Celui auquel revient l'honneur d'avoir introduit la religion chrétienne dans le royaume d'Annam, est le P. Busoni, jésuite, qui débarqua le 18 janvier 1615, à Tourane, où il bâtit une modeste chapelle. Le P. de Rhodes, qui le suivait, passa au Tong-King, d'où il revint partager et développer les travaux de son confrère.

Cependant les pacifiques conquêtes des serviteurs de Dieu ne tardèrent pas à être troublées par la haine de l'enfer. Le roi, prenant ombrage d'une doctrine qu'on lui avait représentée comme hostile à son pouvoir, lui déclara la guerre et la menaça de toute sa colère. Dès 1644, un catéchiste indigène, à l'exemple de saint Étienne, donna le premier son sang pour la gloire du nom de Jésus-Christ.

Les années 1645 et 1647 firent de nouveaux martyrs qui étonnèrent les bourreaux par leur douceur et leur courage. Cette admirable conduite eut pour effet d'attirer l'attention des souverains Pontifes sur la nation annamite, et Alexandre VII, dix ou douze ans après, désigna Mgr de la Motte-Lambert, pour inaugurer les fonctions de vicaire apostolique de la Cochinchine.

A l'arrivée de ce prélat, les chrétientés annamites étaient en pleine persécution; cependant il eut le bonheur d'obtenir la permission de prêcher l'Évangile. Mais ses succès produisirent une recrudescence de haine et de violence contre les fidèles. On porte à quarante-cinq le nombre de ceux qui cueillirent alors la palme du martyre.

Malgré ces sanglants orages, les Jésuites, les Franciscains et les Dominicains continuaient à envoyer des prêtres, que débarquaient à Tourane des vaisseaux portugais.

Mais ces pieux ouvriers ne tardèrent pas à être appelés à féconder une autre portion de la vigne du divin Père de famille; en 1664, les chrétientés annamites furent confiées à la direction des prêtres des missions étrangères, dont le séminaire venait d'être fondé à Paris.

Enfin, l'année 1670 donna la première ordination de prêtres indigènes. La même année, fut institué un ordre de religieuses annamites connues sous le nom d'*Amantes de la croix*.

L'empire d'Annam jouissait alors d'un peu de tranquillité, qui dura tant bien que mal jusqu'en 1679, époque où éclata une nouvelle et terrible persécution.

Cette année même vit mourir dix-huit martyrs, contre lesquels on déploya tous les raffinements de la cruauté.

A partir de cette époque, jusqu'au milieu du dix-huitième siècle, la persécution se montra plutôt vexatoire que sanglante; ce fut seulement en 1750 qu'elle reprit avec un redoublement de fureur.

Mais la justice divine allait bientôt user de représailles envers le prince qui méprisait la croix de Jésus-Christ et ne craignait pas de verser le sang de ses envoyés. La guerre civile ne tarda pas, en effet, à lui faire payer bien cher la vie des martyrs immolés depuis cent ans.

Le vice-roi du Tong-King se précipita tout à coup sur la Cochinchine, avec une armée que vint rapidement grossir une foule de mécontents.

En même temps, un ambitieux, secondant cette invasion, lève l'étendard de la révolte et s'empare des provinces centrales à l'aide d'une poignée de factieux.

Effrayé à la vue de tant de malheurs et se sentant trop faible pour résister à ses deux ennemis, Hué-Vuong, vice-roi de Cochinchine, s'enfuit avec quelques troupes fidèles dans le midi de ses États, laissant les autres provinces à la merci des prétendants, qui les couvrent de ruines et de sang. Hué-Vuong ne survécut pas à ces défaites; il mourut en laissant une situation à peu près désespérée. Cependant, son neveu, héritier légitime du trône, connu plus tard sous le nom de Gia-long, plus fort que l'adversité, prit sans défaillance le commandement de l'armée royale. Doué de génie et homme de guerre, son plan de campagne est promptement arrêté. Mais avant d'offrir le combat à ses ennemis, il crut prudent de mettre en sûreté la vie de son fils.

C'est pourquoi, par une détermination qui faisait le plus grand honneur aux prêtres catholiques, il le confia aux soins de Mgr Pigneau de Béhaine, vicaire apostolique de la Cochinchine, dès 1774, avec le titre d'évêque d'Adran. Non-seulement le vénérable prélat accepta la tutelle du jeune prince qui était remis entre ses mains, mais il se dévoua encore au triomphe des droits de son royal père. Dans ce but, il traversa les mers avec son élève et vint demander à la France le secours de ses armes et l'appui de son alliance en faveur de Gia-long. Arrivé à Lorient au mois de février 1787, Mgr Pigneau fut gracieusement accueilli par Louis XVI, en qualité de plénipotentiaire. Cette ambassade près la cour de Versailles avait une très-grande importance, surtout au point de vue religieux. L'intervention du roi très-chrétien dans les affaires de la Cochinchine y préparait le triomphe de la foi. Malheureusement les embarras qui précédèrent notre grande révolution empêchèrent Louis XVI d'envoyer à Tourane l'escadre qu'il avait promise ; et Mgr Pigneau fut contraint de recourir à quelques officiers français, qui équipèrent des vaisseaux marchands mouillés à Pondichéry et allèrent prêter main forte au vice-roi de Cochinchine. Avec leurs secours et grâce à l'instruction qu'ils donnèrent à ses troupes, celui-ci défit entièrement ses ennemis, supprima la vice-royauté du Tong-King, réunit sous son sceptre toutes les provinces de l'empire d'Annam et fixa le siége du gouvernement à Hué, qui devint à cette occasion la ville forte que nous connaissons.

Mais quand l'œuvre de la pacification fut achevée parmi les Annamites, Mgr Pigneau était mort et le prince, son élève, l'avait suivi dans la tombe, après avoir reçu le baptême. Ainsi s'était évanoui l'espoir que les chrétiens mettaient dans le règne d'un souverain qui partagerait leur foi ou tout au moins la respecterait.

Gia-long, sans doute, pouvait tout réparer par un acte de justice et de reconnaissance qui eût honoré à jamais son nom, en réjouissant le cœur de notre sainte mère l'Église. Au lieu de s'inspirer de cette généreuse pensée, il se laissa gagner par les intrigues de funestes courtisans, ennemis jurés du christianisme. Non-seulement il ne donna aucune garantie aux chrétiens qui avaient son estime, mais il leur enleva même leur dernière espérance en déshéritant son petit-fils, né du prince qu'avait élevé Mgr Pigneau, pour envoyer le *bonnet* [1] à Migne-Mang, son fils adultérin, au commencement de l'année 1820.

Autant le père du nouveau roi avait été tolérant et équitable envers les chrétiens, autant celui-ci leur témoigna de malveillance et de haine ; il les détestait parce qu'ils professaient une doctrine et une morale essentiellement opposées à ses désordres précoces. C'est pourquoi, cédant tout à la fois à ses mauvais instincts et aux conseils sanguinaires de ses flatteurs, il déclara hautement, dans une proclamation à son peuple, qu'il abhorrait la religion des Européens. Il ajouta même ces mots qui nous révèlent tout son cœur : *Nous prohibons cette religion, et nous la persécuterons jusqu'à son entière extermination.*

1. Signe de l'investiture du pouvoir.

Tous les échos retentissaient encore de ces cruelles menaces, quand M. Jaccard se présenta aux portes de l'empire d'Annam tyranniquement interdites aux missionnaires. Pacifique envoyé de Dieu, il venait, non pas affronter dédaigneusement le pouvoir souverain, qu'il respecte, malgré l'indignité de celui qui l'exerce, mais accomplir, au nom de la miséricorde éternelle, la mission de salut donnée aux apôtres de tous les siècles par le bon Maître qui leur a dit : « Allez, prêchez l'Évangile à toutes les nations; je suis avec vous jusqu'à la consommation des siècles. »

CHAPITRE VII

PHUONG-ROU

Départ de M. Jaccard pour le Tong-King. — Son arrivée à Ké-nonc. — Sa maladie. — Obstacles mis à son entrée en Cochinchine. — État de la Mission. — Circulaire de Migne-Mang. — Portrait de François. — Son arrivée à Phuong-Rou. — Première alerte. — Requête des mandarins. — M. Jaccard envoyé à Qouang-tri.

De la fin de mai 1825 au 1er janvier 1827.

En quittant Macao, vers la fin de mai 1825, M. Jaccard prit place sur une jonque chinoise qui faisait voile pour le Tong-King. Quinze jours après, le 11 juin, un samedi soir, malgré les accablantes chaleurs de cette contrée, en pareille saison, et en dépit de la lenteur habituelle des embarcations de l'espèce de celle qu'il montait, il aborda au port de Loch-Daï, plein de courage, mais exténué. Cependant la joie qu'il goûta, à la vue de l'amicale réception que lui firent les chrétiens de la localité, le dédommagea de toutes ses fatigues et de tous les ennuis auxquels l'avaient assujetti les Chinois durant la traversée. On dirait que ces gens-là n'ont pas de plus doux plaisir que de lever et jeter l'ancre. Ils s'arrêtent tantôt pour tuer un coq et l'offrir à l'idole, tantôt pour consulter les augures, brûler du papier et faire des prostrations à la terre, à la pagode et à la mer. Puis les divinités qui les conduisent étant à bout de force, il faut tous les jours leur donner un peu de repos. Enfin, çà et là, on doit laisser les riverains visiter la barque et considérer les Européens, comme en France on regarde une bête curieuse.

Cette ennuyeuse navigation, de huit jours trop longue, venant à la suite d'un voyage très-difficile, acheva d'ébranler la santé de l'intrépide missionnaire. Pendant les premiers jours, soutenu par l'ardeur de son zèle et l'énergie de son caractère, il semblait que rien ne l'empêcherait de continuer sa route et d'atteindre promptement la Cochinchine.

Mais, comme il arrive assez ordinairement à la suite de ces efforts violents et prolongés, la réaction survint et elle fut terrible, à cause de la complication qu'y ajoutèrent les fâcheuses influences du climat. Au bout de quinze jours, ayant rencontré la résidence d'un missionnaire, M. Jaccard fut saisi d'une fièvre excessivement opiniâtre, qui prit toutes les formes possibles et le tourmenta cruellement. Pour comble de malheur, à ces intolérables accès, après un mois et demi de souffrances qui l'avaient beaucoup affaibli, succéda une affreuse hydropisie; et bientôt le pauvre malade fut aux portes de la mort [1]. Son état parut si grave aux médecins que, ne voyant plus d'espoir, ils l'avaient abandonné, vers la fin de septembre, et l'enflure avait commencé à l'Assomption.

Réduit à cette extrémité, sans pourtant que le prêtre annamite chez lequel il résidait eût osé lui parler de la mort, et persuadé que les secours humains étaient désormais inefficaces, il se remit humblement et amoureusement entre les mains de Dieu. Or sa Providence miséricordieuse attendait juste le moment où tout serait désespéré du côté de la terre pour montrer à ce bon serviteur qu'il tiendrait exclusivement de sa largesse le retour à la santé. En effet, quand on ne croyait plus possible son rétablissement, on s'aperçut tout à coup d'un mieux sensible qui ne se démentit pas.

Alors seulement, le pieux convalescent fut averti de la gravité du danger auquel il avait échappé. Enfin, peu à peu les forces reviennent, il peut quitter son chétif grabat et se procurer, en disant une messe d'actions de grâces, la consolation dont il était privé depuis quatre mois. Comme on le voit, il avait payé un large tribut au climat de l'orient. Si du moins il était quitte à ce prix ! Mais il ignore encore quel jour cessera l'état de langueur et de prostration où il se traîne péniblement [1]. Nonobstant ce malaise inquiétant par sa durée, et malgré la faiblesse de ses jambes et de ses pieds toujours enflés, impatient d'arriver à sa terre promise, il se remet courageusement en route, vers le 8 ou le 10 décembre, et marche toute une semaine, par petites étapes. Profitant alors des loisirs d'une halte faite à quelques lieues de la frontière, il écrivit plusieurs lettres, où son cœur paraît haletant, comme celui d'un homme prêt à saisir le trésor qu'il poursuit. « Ce serait pour moi une triste nouvelle, dit-il, si M. Taberd m'ordonnait de demeurer encore longtemps au Tong-King. » Mais s'apercevant qu'il peut se glisser dans ses sentiments un motif entaché d'égoïsme, il cor-

1. V. Lettre à sa mère, 1er janvier 1826.
2. V. Lettre à M. Ducrey, 2 mars 1826.

rige aussitôt sa pensée, en ajoutant : « Il est vrai que je fais bien, parce que je ne fais pas ma volonté[1]. »

On comprend que M. Jaccard trouvât sa course un peu longue et sa vie inutile; il touchait à la fin de l'année 1825, et il l'avait passée tout entière à voyager ou à souffrir; ici, se cachant comme un malfaiteur, là, errant comme un proscrit, et portant néanmoins dans son âme le feu de la plus ardente charité et le dévouement le plus désintéressé.

Mais ce n'est pas seulement l'épuisement de ses forces qui le retient à une journée de marche des limites du Tong-King; l'entrée de la Cochinchine étant interdite aux missionnaires catholiques, il est obligé de s'arrêter. Ses supérieurs le lui ont formellement commandé, dans la crainte de le voir exposer sa vie ou tout au moins sa liberté en faisant un pas de plus, jusqu'à ce que la Providence lui ait fourni les moyens d'avancer avec sécurité.

Néanmoins, la mission de Cochinchine a grand besoin des services de ce nouvel ouvrier. La mort y a exercé de cruels ravages, depuis deux ou trois ans, vu surtout le petit nombre de ses sujets. Elle a perdu plusieurs prêtres et deux évêques, coup sur coup. Le dernier, Mgr de Véren, après cinquante ans de travaux, venait de succomber, trompant les espérances que donnait sa robuste vieillesse. L'arrivée d'un auxiliaire zélé et capable était donc une bénédiction de la bonté de Dieu. Mais, hélas ! que d'obstacles se dressent sur son passage! Le roi Migne-Mang faisait surveiller avec une grande activité toutes les frontières de ses États, comme mesure préventive, avant de proscrire tout à fait la religion chrétienne. Il n'écoute déjà plus que ses mauvaises passions et les conseils hostiles des courtisans, qui, en lui rappelant les promesses faites lors de son couronnement, le poussent à anéantir le christianisme dans les provinces soumises à sa domination. Tel est effectivement le plan qu'il médite. Mais au lieu de procéder avec violence et de noyer l'Église annamite dans des flots de sang, en décimant son peuple et au risque de multiplier le nombre des mécontents, il juge plus sage de la faire mourir lentement, comme on laisse éteindre une lampe dont l'huile ne peut pas être renouvelée. Les intimes et les flatteurs, auxquels cet infernal projet fut communiqué, applaudirent à la prudence de leur maître. Les plus pervers y voyaient la satisfaction de leurs secrets désirs; les moins méchants étaient enchantés de n'avoir pas à se livrer à des poursuites odieuses contre les chrétiens, parmi lesquels ils comptaient des protégés et des parents.

1. A M. de la Bissachère, 19 décembre 1825.

La province la plus recommandée à l'attention des agents de la police était celle de Qouang-Nâme, sur les côtes de l'océan, dans la région où est située Tourane. Un missionnaire français ayant été récemment surpris dans cette dernière ville, le roi avait envoyé les ordres les plus sévères au gouverneur. Et voici par quels raisonnements il motivait sa conduite : « Depuis longtemps, plusieurs navires d'occident venus ici pour faire le commerce ont laissé des maîtres de la religion européenne dans ce royaume. Ces maîtres ont séduit et perverti le cœur des peuples, altéré et corrompu les mœurs et les coutumes. N'est-ce pas là véritablement une grande calamité pour notre royaume? C'est pourquoi il convient que nous nous opposions à cet abus, afin de ramener notre peuple dans le vrai chemin.

» A ces causes, nous, Mandarin des lettres, plein de respect et d'obéissance pour les ordres de Sa Majesté, nous envoyons au gouverneur de la province de Qouang-Nâme l'ordonnance royale ci-présente, afin que, lorsque les navires français viennent dans le royaume, il ait soin de les faire surveiller et examiner avec la plus scrupuleuse attention. De plus, il faut veiller avec le même soin et la même exactitude dans les ports, sur les montagnes, dans toutes les issues de terre et de mer, pour empêcher que quelque maître ne s'introduise furtivement, ne se mêle au peuple et ne répande ainsi les ténèbres dans le royaume. Tous ces maîtres se succèdent sans interruption, et regardent cela comme une chose ordinaire.....

» Du règne de Migne-Mang, la 6e année, le 1er jour de la lune du 1er mois. »

Avertis par les menaces du roi et de ses mandarins, les missionnaires épiaient depuis plusieurs semaines le moment favorable où M. Jaccard pourrait les rejoindre et faire près d'eux le premier essai de ses forces et de son zèle. Enfin l'heure paraît venue, et il reçoit l'heureuse annonce de son prochain départ. Un guide sûr, choisi parmi les chrétiens annamites et connaissant très-bien les sentiers les moins exposés à une surprise, lui apporte une dépêche de la part du supérieur de la maison où il devait se réfugier. C'était à la fin de décembre, et le premier janvier suivant il s'empressait d'écrire cette bonne nouvelle à sa mère ; après lui avoir offert ses vœux de bonne année, en lui rappelant qu'il priait tous les jours pour son bonheur, au saint Sacrifice de la messe, il ajoutait : « Dans peu de jours, je me mettrai en route, et je serai bientôt réuni à mes confrères. » Puis, avec la bonne humeur et la gaieté d'un homme qui n'a rien à souffrir, il raconte le bizarre accoutrement dont il a dû se revêtir, pour tromper plus facilement les regards défiants des païens. Déjà la fièvre avait répandu sur son visage le teint cuivré de l'Annamite, et à son menton s'étale une longue barbe que le rasoir respecte depuis près de trois ans.

« Si vous voulez avoir une idée de ma belle façon, dit-il, figurez-vous un homme de haute taille, passablement maigre, nu-pieds comme un chien, assis par terre comme un singe, portant un large pantalon, un vaste habit noir muni de longues et larges manches, de la barbe comme un capucin, la moustache et une pipe comme un grenadier et un turban comme un turc ; voilà le monsieur.. Si j'avais un peintre, je vous enverrais mon portrait. » A cette plaisante description de sa personne, il joignait quelques renseignements propres à rassurer sa chère mère, touchant la nourriture, les mœurs et le climat de l'empire d'Annam.

Cependant la police surveillait tous les passages, et sa vigilance augmentait à mesure qu'on avançait vers la capitale. Mais la sagesse annamite est courte par plus d'un côté. Tandis que Migne-Mang et ses sbires ont les yeux fixés sur les frontières orientales, le hardi missionnaire pénétrait au nord, dans la province de la haute Cochinchine, et le 5 janvier il entrait à *Phuong-Rou*, dans un humble collége où l'on instruisait quelques indigènes destinés au sacerdoce. Cette dernière course l'avait tellement épuisé, que le supérieur de la maison, M. Taberd, en fut très-inquiet, et il en écrivit plusieurs fois aux Directeurs des missions étrangères, à Paris : « Nous avons désespéré, dit-il, de pouvoir rencontrer M. Jaccard, en ce monde. Enfin, il est près de nous, mais nous sommes toujours dans la crainte, car dans ces contrées l'hydropisie est une maladie qui ne pardonne guère [1]. » Et, parlant encore de lui à un autre missionnaire, il ajoutait : « M. Jaccard parle peu. C'est un bien bon confrère; j'espère que, si Deu lui accorde une bonne santé, ce sera un *grand missionnaire* [2]. » Quant au malade, il se disait beaucoup mieux, il tâchait de tranquilliser ceux qui l'entouraient ; toutefois un squirrhe volumineux, et contre lequel la médecine restait impuissante, troublait les espérances qu'on voulait concevoir. Malgré ce fâcheux symptôme, l'amélioration de son état devint visible, et toutes les inquiétudes se dissipèrent.

Obligé d'ailleurs de ne pas se montrer en public et de tenir secrète son arrivée, François employa heureusement sa réclusion involontaire à se reposer, à étudier la langue annamite et à s'orienter de manière à se donner bientôt toutes les apparences d'un ancien missionnaire. Ce dernier point était capital, car le roi fermait à peu près les yeux sur la présence des prêtres arrivés avant l'édit récemment publié.

« Dorénavant, avait-il dit à un mandarin chrétien, les maîtres euro-

1. Lettre du 4 mars 1826. — 2. A M. Barondel, 27 février 1826.

péens ne viendront plus dans mon royaume: quant à ceux qui y sont déjà, passe! »

Deux mois s'écoulèrent ainsi, sans que l'humble prêtre eût été troublé dans sa retraite. Malheureusement, les espions connaissaient le nombre des missionnaires résidant à Phuong-Rou, antérieurement au 5 janvier; c'est pourquoi leurs soupçons ne tardèrent pas à s'éveiller, et les plus zélés d'entre eux se hâtèrent d'adresser un rapport aux ministres. Ceux-ci, soit défiance, soit crainte de déplaire, en annonçant à sa majesté que ses ordres n'ont pas été observés, n'instruisirent la cour que plus tard, quand il fut impossible de temporiser davantage. Cette discrétion calculée des mandarins maintenait provisoirement la tranquillité à Phuong-Rou, et les missionnaires en profitaient, sans se douter qu'ils traversaient le calme avant-coureur de l'orage.

M. Jaccard, dont toute l'occupation se borne encore à étudier la langue annamite, ne prévoit rien des tribulations qui l'attendent. Le 2 mars, écrivant à sa mère, le plus cher objet de son affection, il lui disait : « Me voilà rendu à ma destination, avec le secours de la divine Providence. Je me suis installé au collége que la mission a fondé pour former des prêtres indigènes. Il y a environ trente élèves, que j'enseignerai à l'avenir, à moins que mon supérieur, qui est un aimable Lyonnais, ne m'envoie dans une autre province... Nous ne sommes en ce moment que quatre missionnaires... Il me tarde extrêmement, ajoute-t-il, de recevoir de vos nouvelles. Ne manquez pas de m'écrire de suite. Dites-moi quelque chose de mes amis... je voudrais bien écrire à chacun d'eux, mais je suis empêché. Toutefois, ils peuvent compter que je ne les oublie point. »

Puis, au souvenir des chants plaintifs du peuple juif, exilé et versant dans le sein de Dieu les larmes que lui coûte le sacrifice de sa pâtrie, échangée par force contre les amertumes de la terre étrangère, il finit par ces mots :

« Je vous embrasse, ma très-chère mère ; je ne vous oublie pas plus que ma main droite. Je vous recommande beaucoup à Dieu. »

Par le même courrier, il écrivait aussi à son ancien et vénéré supérieur de Mélan, auquel il donne d'intéressants détails sur la mission de Cochinchine et les dispositions de Migne-Mang. « Notre mission, dit-il, vient de perdre en peu de temps ses deux évêques et ses trois plus anciens prêtres français. Voilà bien des places vacantes pour ceux qui ont de l'ambition ! Quant à moi, je ne puis encore être employé à aucune fonction, ne sachant pas suffisamment la langue. Les prêtres cochinchinois sont au nombre de trente, mais plusieurs ne peuvent plus travailler. La population chrétienne, disséminée dans les différentes provinces, est à peu près de soixante-dix mille. Malheureusement, elle tend plutôt à diminuer qu'à augmenter, à cause du manque d'ouvriers évangéliques. »

La moisson pourtant semble prête et le zèle des envoyés du Père de famille l'aurait bientôt cueillie abondante, si leurs efforts n'étaient entravés par l'hostilité, la haine et l'injuste défiance du pouvoir, qui s'obstine à considérer les chrétiens comme des sujets douteux et les missionnaires comme des agents de la France. Il n'y a peut-être pas plus de bonne foi que de vérité dans cette allégation ; les sectaires feignent là-bas de craindre Paris, et aux bords de la Seine, c'est de Rome qu'ils font peur à leurs adeptes.

Mais à l'injustice Migne-Mang ajoutait l'ingratitude ; car c'est à la France et en particulier à un Evêque français, Mgr Pigneau, qu'il doit l'honneur d'occuper le trône de ses ancêtres. « Le roi actuel, remarque M. Jaccard, nouveau Pharaon, a oublié les services que lui ont rendus les missionnaires... Le jeune prince ne veut plus avoir de rapport avec les Européens, et il nous accuse de corrompre son peuple, en lui enseignant une doctrine perverse... Pour lui, il est tout dévoué à ses dieux de bois, qu'il ne traite cependant pas toujours bien dévotement. L'année dernière, comme ils étaient sourds à ses prières et qu'ils ne lui envoyaient pas de pluies, il finit par les faire fouetter et ensuite jeter dans le fleuve, en disant : *Puisque vous ne nous donnez pas d'eau, nous vous en donnerons* [1]. »

L'ironique impiété et la sotte plaisanterie avec lesquelles sont traitées ces pauvres idoles nous donnent le portrait de Migne-Mang saisi sur le vif. Voilà comment ce prétendu défenseur des rites nationaux respecte les divinités dont il reproche aux chrétiens d'abandonner le culte traditionnel ! Il est également prêt, d'un côté à noyer les dieux des païens, et de l'autre à persécuter le Dieu des chrétiens, passant tour à tour des infamies du débauché au rire effronté du blasphémateur et aux cruautés sanguinaires du bourreau. Pour le moment, il jouit secrètement du succès de ses ordonnances, qu'il croit partout victorieuses du christianisme. « Nous sommes tranquilles, ajoutait M. Jaccard, ce qui durera jusqu'à ce que le roi ait connaissance de mon arrivée. »

Laissant à Dieu le soin de l'avenir, le bon missionnaire se livre tout entier aux intérêts des chrétiens. Incapable de prêcher en langue annamite, il entreprend d'enrichir sa bibliothèque d'ouvrages utiles au saint ministère et d'imprimer les livres liturgiques mis entre les mains

1. Lettre du 2 mars à M. Ducrey.

des étudiants. Ébloui comme ses contemporains par les traits de génie qui étincelaient dans les premiers volumes de l'*Essai sur l'indifférence*, par M. de Lamennais, il sollicite de M. de la Bissachère l'envoi des volumes suivants, publiés depuis son départ de Paris. Mais ayant appris que l'auteur trahissait les belles espérances qu'avaient inspirées ses précédents écrits, il n'insista pas.

Et quand plus tard l'Eglise eut formulé son jugement sur les doctrines lamennaisiennes, il écrivit qu'il préférait de beaucoup le sentiment du Pape aux belles pensées d'un écrivain.

Il attachait bien plus d'importance aux succès de la lithographie, pour réformer les livres d'office à l'usage des chrétiens. Ceux qu'on possédait étaient presque tous manuscrits, et la main des copistes y ayant glissé une multitude de fautes, il était urgent de les reproduire d'une manière uniforme, afin que les prières et les cérémonies du culte catholique fussent exactes et ramenées à l'unité désirable.

Cette œuvre si avantageuse était en cours d'exécution, et de nombreuses feuilles rendaient déjà témoignage à l'heureuse inspiration de M. Jaccard, quand une fâcheuse alerte vint brusquement interrompre son travail. On était à la mi-juillet.

Le roi, ayant eu vent de la présence d'un nouveau missionnaire dans ses États, avait ordonné aux agents de la police de s'en assurer en fouillant le collége de Phuong-Rou. Heureusement averti par des chrétiens dévoués, celui qu'on voulait atteindre commença par mettre en sûreté son mobilier lithographique et s'enfuit à Maï-Ko, situé à cinq ou six lieues de sa résidence. Les recherches ayant naturellement échoué, les mandarins parurent satisfaits et le calme se rétablit tout doucement. M. Taberd rappela les écoliers qu'on avait cru prudent de disperser, et peu après M. Jaccard revint également reprendre son poste et ses travaux.

« On n'entend plus parler de rien, écrivait-il[1] quelques jours plus tard; plusieurs pensent que tout est fini, mais je ne m'y fie pas; il y a trop longtemps que le ciel gronde, il doit nécessairement se préparer une tempête. »

Effectivement, l'orage allait éclater. Le roi, par des rapports plus précis, avait été instruit d'une façon positive de l'entrée de deux missionnaires, l'un au Tong-King, l'autre en Cochinchine, et il méditait un décret plus menaçant encore que le précédent. Mais cette fois il essaiera de s'y prendre plus habilement, si toutefois l'hypocrisie mérite le nom d'habileté. Comme il passait pour aimer son peuple, il tenait à con-

1. A M. de la Bissachère.

server cette bonne renommée, dont il jouissait même parmi les chrétiens. M. Jaccard s'était fait aussi illusion sur ce point: « Migne-Mang ne persécutera pas les chrétiens, écrivait-il[1], parce qu'il aime beaucoup son peuple. »

Il ne pensait plus de la même manière au mois d'août; le masque commençait à tomber, et le monstre couronné apparaissait peu à peu dans toute sa laideur; encore quelques mois, et la cruelle fourberie du royal persécuteur prouvera que les Annamites ne sont pas moins faux et menteurs que les Chinois[2].

Voici donc la misérable tactique inventée par la cour et ses conseillers. A l'effet de satisfaire sa haine contre les chrétiens, tout en sauvegardant sa réputation de *bon prince*, le roi charge quelques mandarins, dont les dispositions sont plus conformes aux siennes, de lui présenter une requête contre la religion des Européens. Aussitôt les lettrés se mettent à l'œuvre et préparent une astucieuse pétition qui, sous une forme très-générale, vise surtout l'humble asile où s'abrite M. Jaccard.

Selon qu'il en avait été convenu, une première rédaction devait être soumise au souverain, et celui-ci, après l'avoir examinée et modifiée à sa guise, la rendrait à son auteur, lequel, en son propre nom, en saisirait ensuite le conseil royal, dans une de ses prochaines réunions. Après plusieurs retouches, pour donner à l'expression plus de netteté et de vigueur, cette fameuse requête, dont l'idée, comme on le voit, n'exigeait pas un profond génie, fut mise en délibération, puis approuvée et signée par Migne-Mang, au mois d'août. Ce document, où l'on retrouve le souffle satanique commun à tous les ennemis du christianisme, est un morceau curieux et qui mérite bien d'être reproduit ici au moins en abrégé.

« Saisis de crainte, disent les mandarins, nous courbons la tête et présentons notre humble requête. Nous supplions Sa Majesté de vouloir bien s'occuper de l'établissement d'une religion véritable... Le peuple doit suivre ce qui est droit et conforme à la religion naturelle. La religion de Jésus, opposée à la loi naturelle, détruit et pervertit tout. Cette religion de Jésus séduit le peuple et abuse de sa simplicité. Elle en est venue au point de publier un calendrier particulier; elle a même des tribunaux particuliers pour juger les affaires. Ceux qui suivent cette religion s'assemblent, offrent des sacrifices, et font des adorations... Ils publient que le parti qu'ils suivent est le parti de la sainteté, et investissent de dignités ceux qui s'y attachent. Depuis que cette re-

1. Lettre du 2 mars, à M. Ducrey. — 2. *Idem*.

ligion a pénétré dans ce royaume des milliers de personnes la professent dans toutes les provinces...

» Les sectateurs de cette religion n'adorent point l'esprit de clarté ; ils ne rendent aucun culte à leurs ancêtres ; ils se multiplient de jour en jour, et bâtissent continuellement de nouvelles églises. Toutes ces abominations sont répandues partout, et il n'est pas d'endroit qui n'en soit infesté.

» C'est pourquoi nous élevons nos regards vers Sa Majesté, et nous la supplions de corriger tous ces abus. Sa parole sera comme un étendard qui ralliera les peuples, les unissant en tout ce qui est juste et raisonnable. Ainsi les voies tortueuses seront redressées, et le mal sera changé en bien ; tout sera ramené à la religion du roi et aux bonnes coutumes. Mais la religion de Jésus est un obstacle à toutes ces améliorations ; quoiqu'on la proscrive, on ne pourra la détruire entièrement. »

La seule vérité qui apparaisse dans ce fatras d'assertions puériles et calomnieuses, est l'impérissable vitalité du christianisme, qu'on peut bien proscrire, mais qui triomphe finalement partout où il a dressé la croix de son divin fondateur. On sourit de pitié, en entendant les mandarins accuser la religion de Jésus-Christ de corrompre les *bonnes coutumes*, parce que les chrétiens s'assemblent pour prier, élèvent des églises, publient un calendrier et ne rendent de culte ni à *Phât* ni à leurs ancêtres ; cependant ces pauvres infidèles ont bien droit à notre indulgence, si nous considérons que du sein de notre société, pétrie par les mains du christianisme, des hommes formulent des récriminations tout aussi fausses et cent fois plus injustes. Encore une fois, mandarins ou non, les libres penseurs sont toujours et partout animés du même esprit.

Bien que mensongères et gratuites, les accusations abominables dirigées contre le christianisme par les flatteurs de Migne-Mang aboutissaient à d'horribles conclusions : « Ainsi donc, continuent les mandarins, nous avons examiné le code des lois chinoises, et il est écrit :

» Tout Européen résidant dans le royaume, *qui se met à la tête d'un parti*, qui trompe et abuse le peuple, se rend coupable d'un grand crime et mérite d'être étranglé.

» Quant à ceux qui n'ont aucune dignité, il faudra d'abord les emprisonner, et après on avisera.

» Pour ceux qui se sont laissé séduire et professent cette religion, il faut les envoyer en esclavage.

» C'est pourquoi, après un mûr examen de l'affaire, nous supplions

Sa Majesté de faire publier dans toutes les villes, cantons et provinces du royaume, que tout chrétien européen et tout maître de la religion chrétienne doivent retourner dans leur pays respectif, dans le délai de trois mois. Les églises seront détruites, les livres de la religion seront brûlés, et il est défendu au peuple d'étudier désormais cette doctrine corruptive. Si, après trois mois, on découvre quelque Européen caché dans ce royaume, tous ses biens et ceux de celui qui l'abrite appartiendront au dénonciateur qui aura instruit l'autorité.

» Et s'il est à craindre qu'on ne vienne pas à bout de ruiner absolument la religion européenne, on mettra en vigueur la législation chinoise. »

Cette haineuse supplique ne pouvait déplaire au roi, puisqu'il en était le secret instigateur, selon l'aveu qu'en firent plus tard ceux mêmes qui avaient été ses dociles instruments. Aussi Sa Majesté très-païenne, comme l'appelle M. Jaccard, ordonna-t-elle de préparer un décret reproduisant en substance les principaux griefs allégués contre le christianisme, et annonçant la mise à exécution des lois chinoises. Mais avant la promulgation du décret royal, les mandarins du Tong-King, voulant aussi faire leur cour à Migne-Mang, lui envoyèrent une requête, où ils ajoutaient aux accusations énoncées plus haut des grossièretés et des inventions d'une énormité sans pareille.

Qu'on en juge par les passages suivants:

« Prince, nous prions Votre Majesté de proscrire la religion perverse de Jésus... Ceux qui l'enseignent ne s'appliquent ni à l'agriculture ni au commerce; cependant ils vivent délicatement et possèdent de grandes richesses. »

Quelle amère dérision! On connaît de quel régime vivent ces pauvres missionnaires, et de quelles richesses ils peuvent disposer dans ces pays barbares, où ils ne sont entretenus que par nos aumônes, à peine suffisantes aux besoins urgents de leur ministère et de leur santé. Mais continuons :

« Ils adorent un esprit appelé Jésus. Ils ont un certain pain et une eau qu'ils disent bénits, dont ils se servent pour ensorceler les gens...

» Nous croyons donc qu'il faut anéantir cette religion de bas étage, de peur que ses partisans, fortifiés de plus en plus, n'envahissent tout le royaume... Cette affaire est capitale; nous supplions donc Votre Majesté de proscrire cette religion, de saisir ceux qui l'enseignent, de brûler leurs églises et leurs écoles, de réduire leurs livres en cendres, afin que le royaume soit à jamais heureux. »

Ainsi les Tonkinois nous en avertissent : les peuples seront à jamais heureux, dès qu'il n'y aura plus d'églises, d'écoles et de livres catholiques sur la terre! Tant d'absurdités n'empêchèrent pas cette pièce irritante de produire son effet sur l'esprit du roi, qui fut de plus en plus disposé à poursuivre les chrétiens et leurs missionnaires. Mais comme il était en veine d'habileté, il s'entoura de nouveau des précautions qu'il croyait de nature à dégager sa responsabilité dans l'odieuse campagne entreprise contre ses meilleurs sujets.

Dans ce but, il consulte plusieurs mandarins, réputés les plus sages du royaume et qui n'avaient pas encore donné leur avis. Mais, à sa grande surprise, il fut entièrement désapprouvé. Usant alors d'une dissimulation naturelle à son caractère, ce prince, habitué à une basse flatterie, fit semblant de n'avoir consulté personne et s'adressa directement à l'opinion publique des païens, par des indiscrétions habilement commises, afin de savoir l'effet que produirait une persécution contre les chrétiens. Les paroles du monarque, semblables à des étincelles emportées par le vent, volèrent de bouche en bouche, et allumèrent rapidement, dans toutes les provinces, les fureurs menaçantes de la haine chez les uns, tandis qu'elles portaient chez les autres le trouble et la consternation.

C'était au mois d'août que la première requête avait été présentée à Migne-Mang, et, le 3 septembre, M. Taberd, supérieur du collége où était réfugié M. Jaccard, traçait ces lignes qui peignent toute sa désolation: « Au moment où je vous écris, tout est en désordre; le collége et les maisons religieuses sont dispersés; nos effets ont été cachés. » Le pauvre missionnaire lithographe a été contraint de fermer une seconde fois son modeste atelier, et de mettre en lieu sûr tout son matériel, qu'on eût infailliblement confisqué. La frayeur fut bientôt à son comble, surtout dans la haute Cochinchine. Aussi le royal persécuteur se réjouit-il, au fond de son palais, des prompts résultats obtenus par ses honteuses manœuvres.

Mais il avait compté sans la Providence. Car voici qu'au moment où il méditait d'effacer le nom de Jésus-Christ en son royaume, le trône où il est orgueilleusement assis est secoué par la main de la justice divine. Le ciel avait déjà lancé plusieurs coups de foudre à ses côtés. En peu de jours, la mort a frappé ses deux fils aînés et son propre frère, qui était son plus méchant conseiller. En même temps, la peste s'est abattue sur la capitale et ses environs, où elle produit de nombreux ravages.

Le doigt de Dieu fut si visible, en cette occasion, que les païens l'aperçurent et tremblèrent à leur tour, devant les sévères vengeances exercées contre eux. Ils répétaient, écrivit M. Jaccard, le vieux dicton, populaire en Cochinchine, que *les rois persécuteurs de la religion chrétienne perdent leur couronne*[1]. »

Cette terrible leçon commençait à porter ses fruits; le calme et la sécurité renaissaient, quand tout à coup le pouvoir souverain fut soumis à une autre épreuve.

La vice-royauté du Tong-King, réclamant les armes à la main son autonomie, a levé l'étendard de la révolte, et Migne-Mang a désormais autre chose à faire qu'à persécuter les paisibles habitants de son royaume. Il rassemble donc ses troupes à la hâte, et dans la crainte que les chrétiens ne se tournent contre lui, il fait non-seulement cesser toutes les poursuites dont ils avaient déjà souffert, mais il manifeste de plus un vif mécontentement contre les courtisans qui l'avaient poussé aux violences de la persécution, et menace même de la peine de mort le principal fauteur de ses damnables entreprises. Mais, hélas ! ces bonnes dispositions ne durèrent pas plus que le péril qui les avait inspirées. Et comme il arrive toujours que les châtiments, quand ils ne convertissent pas, aigrissent le cœur et le fixent dans le mal, Migne-Mang, victorieux de ses ennemis, au lieu de jouir en paix des bienfaits de son triomphe, tourna toute sa haine contre les chrétiens. Cependant, afin de mieux couvrir la malice de ses intentions, il adresse un chaleureux appel à tous les missionnaires européens, en les invitant à se rendre à la capitale pour lui servir d'interprètes et traduire diverses publications arrivées de Londres et de Paris. Une position honorable leur est offerte, et pour les engager à accepter ses offres, Sa Majesté déclarait à la fin que les récalcitrants seraient regardés comme coupables de désobéissance et mis en jugement.

Le prince, après un tel essai de son génie, pensait que les missionnaires allaient saisir avec empressement l'appât tendu à leur simplicité, et que, quand une fois ils seraient entre ses mains, il viendrait facilement à bout de leur résistance par les moyens les plus efficaces.

Mais, comme on le suppose bien, les missionnaires firent la sourde oreille ; tout en excluant la probabilité du danger pour leur personne, ils préféraient de beaucoup la prédication de l'Évangile, avec la pauvreté, au séjour de la cour, avec la riche dotation d'un mandarinat. Du reste, ils étaient bien embarrassés, malgré toute leur bonne volonté. M. Jaccard était encore bien faible, souvent en proie à la souffrance, au point que son supérieur le croyait à jamais perdu pour la mission. Loin de songer à l'envoyer à la capitale, M. Taberd le fit partir une seconde fois, en lui ordonnant de se rendre à une chrétienté

1. Lettre du 9 avril 1827.

située dans les montagnes, et d'y rester caché jusqu'à nouvel avertissement. Cette retraite forcée dura l'espace de deux mois, qui furent employés courageusement, par le pieux missionnaire, à étudier l'annamite et à lutter contre les infirmités. Sa douceur, sa patience et sa résignation à la volonté de Dieu édifiaient tout le monde et obtenaient surtout l'admiration de ses confrères[1].

Quant à M. Taberd, sur qui retombait toute la responsabilité durant la vacance du siége épiscopal de la province, il ne pouvait de bon gré abandonner son poste; d'autant plus qu'il tenait de l'oncle du roi l'assurance que le décret de persécution ne serait pas signé.

Il se plaisait d'ailleurs à espérer qu'en gagnant du temps Sa Majesté renoncerait à ses projets, et que le calme se rétablirait. Aussi, au lieu de quitter sa résidence, il crut opportun d'y faire revenir les écoliers et de reprendre le cours de leur instruction.

Peu après, il rappela pareillement M. Jaccard, afin de lui confier une part dans la direction et les soins du collége. Mais le pauvre malade revint incapable de travailler; le séjour des montagnes, pendant les dernières semaines de l'été, avait achevé la ruine de sa santé, et il estimait que dorénavant il ne devait songer qu'au grand voyage de l'éternité. Partageant les inquiétudes de son jeune confrère, M. Taberd voulut essayer d'un nouveau moyen de guérison et l'envoya vers la mi-décembre respirer l'air d'une localité plus salubre, à Qouang-Tri, au sein d'une chrétienté située à deux journées de Phuong-Rou et à quatre ou cinq de la capitale.

1. Lettres de M. Taberd à M. Régerau et à M. Barondel.

CHAPITRE VIII

PHOU-CAME

M. Taberd est arraché de Phuong-Rou. — M. Jaccard obligé de quitter sa résidence, va rejoindre son supérieur. — Son retour au collége. — Ses projets et ses incertitudes. — Son désir du martyre. — Cause des chrétiens plaidée par le gouverneur de Dong-naï. — M. Jaccard à Phuong-Rou. — Il est recherché par les sbires du roi.

Du 1er janvier 1827 au 25 juillet 1828.

Pendant que les médecins de Qouang-Tri épuisent vainement les ressources de leur science contre la ténacité de la maladie qui accable M. Jaccard, des événements très-graves se préparent et vont jeter dans l'abattement toutes les chrétientés annamites.

Migne-Mang a résolu de s'emparer de tous les missionnaires européens, et il veut commencer par celui qui est à leur tête en ce moment. C'est pourquoi, le 1er janvier 1827, un mandarin commandant soixante hommes, et un officier subalterne suivi d'une dizaine de soldats munis d'un palanquin rouge, arrivent au collége de Phuong-Rou avec ordre d'emmener M. Taberd et de le conduire à la capitale. Celui-ci, très-souffrant et affaibli par une longue dyssenterie, refuse la chaise à porteur et demande à faire le voyage sur une barque. Le mandarin, qui était averti de traiter respectueusement son prisonnier, accéda à tous ses désirs et se borna seulement à le faire escorter.

Le mardi 3 janvier, le missionnaire, porté dans un filet, entrait au palais du roi, qui ne crut pas devoir lui accorder une audience, mais le fit recevoir par un de ses ministres. Celui-ci, plein d'égards envers le maître de la religion, lui offrit à manger et se disposait à le conduire dans l'appartement qu'on lui destinait, quand M. Taberd, prétextant sa maladie, fit solliciter la faveur d'habiter hors du palais et de se nourrir à sa guise. N'ayant rencontré aucune opposition à sa demande, il alla se fixer à Phou-Câme, aux portes de la ville extérieure, chez un mandarin chrétien, où il reçut la valeur de trois francs cinquante centimes par jour, pour frais de nourriture. Dès le lendemain, on lui apporta des cartes géographiques et de vieilles paperasses à traduire; mais c'était uniquement dans le but de l'occuper et de faire croire à la réelle utilité de sa présence auprès de Sa Majesté[1].

Heureux du succès de cette première capture, le roi fit expédier une circulaire à tous les gouverneurs de ses États, leur enjoignant de procéder immédiatement à la recherche des maîtres de la religion européenne résidant dans leur province et de les envoyer à la capitale. Aussitôt les chefs de villages et de cantons reçoivent ordre de déclarer, sous des peines sévères, la présence des missionnaires cachés sur leur territoire. Or, comme nous le savons, M. Jaccard est à Qouang-tri, à quatre ou cinq journées de Hué.

« Le village où je réside, écrivait-il en cette circonstance, fut d'abord très-embarrassé, mais on ne tarda pas à me dire qu'il fallait m'éloigner. Cette déclaration me surprit singulièrement. Je me récriai donc et dis qu'il fallait voir à quoi tout ce bruit aboutirait.

» On consentit seulement à me confier une barque, avec laquelle je passai ailleurs, et on put en toute vérité affirmer que le village ne renfermait aucun missionnaire. Toutefois cette réponse ne délivra pas nos bonnes gens de la crainte; c'est pourquoi je courus quelques jours la rivière, puis à la fin je me retirai huit jours dans une maison. Mais ici la frayeur était si grande que l'on me tint caché en un misérable trou tellement obscur, qu'il me fallait une lampe, en plein midi, pour réciter mon office. Bientôt on n'osa même plus m'y garder; alors je retournai à mon premier village, dont les chefs, au bout de quarante-huit heures, vinrent m'informer qu'on m'avait préparé une barque qui me reconduirait au collége[2]. »

Repoussé de toutes parts, ne sachant que répondre aux chrétiens effrayés, qui lui conseillaient de se rendre, le pauvre missionnaire, voyant la terre lui manquer sous les pieds, avait consulté M. Taberd sur le parti qu'il devait prendre ; mais la réponse n'arrivant pas assez tôt, il se disposait, de guerre lasse, à rentrer à Phuong-Rou[3].

« J'allais partir, continue-t-il, quand je reçus deux mots de M. Taberd, qui me priait de me rendre près de lui, désirant que je l'assistasse à ses derniers moments, car il était malade depuis deux mois, et se croyait fort en danger. Pour tous ces motifs, je me rendis donc aux vœux de ces pauvres gens, qui me virent cependant partir avec regret.

1. Lettre de M. Jaccard, citée par M. Tyot, du 24 avril 1827.
2. Lettre à M. de la Bissachère, 28 août 1827.
3. Lettre à M. Baroudel, 27 août 1827.

Je rejoignis M. Taberd à Phou-Câme le 22 janvier. On prévint de mon arrivée une espèce de garde des sceaux, que cela ne regardait pas, fort heureusement, et qui répondit en me laissant le choix de ma résidence, à la condition toutefois de le prévenir, si je revenais sur mes pas. Mais l'état de mon supérieur ne me permettant pas de l'abandonner, je demeurai à Phou-Câme, chrétienté située tout auprès de la capitale [1]. »

M. Jaccard était d'ailleurs averti que si on avait besoin de lui on s'adresserait à M. Taberd; car le roi savait qu'il était supérieur de la Mission. Cependant les cartes de Sa Majesté attendaient encore que le traducteur pût se mettre à l'œuvre; aussi commençait-on à perdre patience au palais. Migne-Mang n'était même pas éloigné de croire que son interprète simulait une maladie, uniquement pour échapper à la tâche qu'il lui avait tracée. Afin de s'assurer du fait, il envoya ses médecins visiter le missionnaire et lui donner les soins nécessaires. Cette mesure, dont le public n'avait pas le secret, étonna tout le monde, même les païens. Malgré ces défiances, l'incognito de M. Jaccard ne fut point dévoilé, et longtemps après, au mois d'avril, il écrivait ces lignes :

« Je suis resté avec mon supérieur, en attendant son rétablissement. On ne parle nullement de moi, et j'évite de paraître devant les gens du roi... Si les choses ne changent pas, je m'en irai après Pâques au collége, ou donner mes soins aux chrétientés du voisinage. Le roi veut-il nous prendre tous et nous renvoyer, ou bien veut-il seulement, comme il le dit dans son décret, avoir des interprètes? C'est ce qu'on ne peut pas encore savoir... S'il faut qu'un ou deux soient esclaves, pour assurer la liberté des autres, nous nous résignerons [2]. » Mais voici que, par une heureuse permission de la Providence, en prodiguant son dévouement à M. Taberd mis à deux doigts de la mort, M. Jaccard recouvre lui-même la santé, qu'il n'avait trouvée nulle part où il allait la chercher. Depuis mon arrivée ici, dit-il, je me suis bien rétabli. Je ne me sens aucun mal, je me porte aussi bien que quand nous entrâmes au Tong-King, il y aura bientôt deux ans. Je vous assure que je n'aurais jamais osé espérer me rétablir à ce point. Priez bien Dieu, afin que je fasse un bon et saint usage de la santé qu'il a daigné me rendre [3]. »

La tranquillité dont jouissait le pieux missionnaire tenait au défaut de précision des renseignements transmis à la cour. Migne-Mang confondait celui-ci avec un autre de ses confrères, M. Gagelin, arrivé

1. Lettre à M. de la Bissachère, 28 août 1827.

2. Le 9 avril, à MM. les directeurs. — 3. A M. Masson, 7 avril 1827.

dans ses États depuis un certain nombre d'années, et il ignorait complétement que M. Jaccard résidât aux portes de son palais; les choses s'arrangèrent même de façon à ce que Sa Majesté ne pouvait plus en être informée : — « Le mandarin, qui aurait dû avertir le roi, n'osera plus le faire; ayant attendu trop longtemps, disait M. Jaccard, il serait en faute. Je serai donc censé m'être sauvé, comme tous les autres. Tant mieux! néanmoins, s'il persiste à poursuivre les missionnaires, je ne pourrai guère rester à Hué ; car il n'y a pas moyen de s'y cacher ; il faudra que je passe dans les provinces intérieures ou à Dong-Naï[1]. » Mais, sur ces entrefaites, il fut décidé qu'il retournerait au collége de Phuong-Rou, qu'il y rappellerait les écoliers et en prendrait la direction. Cette bonne nouvelle le tirait d'embarras et le ravit de joie; il partit donc aussitôt, avec la résolution bien arrêtée de ne pas se laisser prendre, si le roi, qui semblait en ce moment un peu s'adoucir avait un nouvel accès de haine contre la religion. Avant même de se séparer de M. Taberd, il avait écrit à un de ses confrères : « Si le roi me demande, je ferai tous mes efforts pour lui jouer un tour ; à moins que je ne voie qu'il veut seulement un ou deux interprètes. Car dans ce cas, il me semble que je devrais me sacrifier, pour laisser travailler à la vigne des ouvriers meilleurs que moi[2]. »

Une fois réinstallé au collége, M. Jaccard pouvait encore craindre une indiscrétion de la part du fonctionnaire informé de son séjour dans la banlieue de Hué; mais la Providence va pour un temps du moins le mettre à couvert. « A peine étais-je rendu à Phuong-Rou, écrivait-il plus tard, que j'appris la mort à peu près subite du mandarin qui avait le secret de mon arrivée à Phou-Câme. Depuis cette époque, je puis très-paisiblement prendre soin de mes écoliers. Il est vrai que je ne suis pas connu des grands de la terre; mais c'est un petit malheur dont il faut se consoler!... *Deus nobis hæc otia fecit!* Jusqu'à quand jouirai-je de cette paix? Dieu le sait. Car nos affaires sont loin d'être en bon état. Mon supérieur n'a pas encore pu rompre sa chaîne, non plus qu'un autre confrère, M. Gagelin, et un père Franciscain italien, le père Odorico.

» Vous jugez bien, d'après ce que je viens de vous dire, que les progrès de la religion ne sont pas rapides en ce moment ; depuis tous ces troubles, le nombre des conversions est moindre qu'avant; mais Dieu ne manquera pas de tirer sa plus grande gloire des desseins que les hommes imaginent pour empêcher la connaissance de son nom... »

1. Lettre à MM. les directeurs, du 9 avril 1827.
2. A M. Masson, 7 avril.

» Voici où en est la pauvre Cochinchine. Nous sommes cinq Européens, dont les trois plus anciens sont captifs; les deux autres dirigent nos petits colléges. Le champ est vaste, la moisson abondante; envoyez-nous des ouvriers.

» Je n'ai pas besoin de vous prier d'offrir vos vœux au Seigneur, pour la mission et pour les missionnaires. Je sais trop bien que le zèle de cette œuvre vous consume. Je n'oublie pas que c'est à vous, après Dieu, que je dois le bonheur de suivre cette carrière[1]. »

Cependant les rumeurs et les inquiétudes, les menaces et les craintes qui circulent en Cochinchine, ainsi que les mauvais traitements exercés au Tong-King, envers la religion et les chrétiens, faisaient entrevoir à M. Jaccard le jour prochain où ses travaux seraient suspendus, tandis que les bêtes féroces viendraient de nouveau ravager la moisson prête à être cueillie.

« Dans cette hypothèse, écrivait-il à Paris[2], j'ai formé, pour ce qui me regarde, le projet de demander à Sa Majesté la permission de m'en aller (on ne me la refusera pas), afin de rentrer en cachette, ce qui est très-facile, moyennant quelques piastres. J'aime mieux mener une vie errante, en suivant ma vocation, que de m'ennuyer dans une belle prison, étant le serviteur des serviteurs de Sa Majesté cochinchinoise, qui à la fin n'en aurait pas plus de reconnaissance. Vous en savez là-dessus autant et plus que moi; vous n'ignorez pas non plus que les emplois à la cour ne sont pas ce qui a le plus contribué à la propagation de la foi, dans les royaumes infidèles. »

En lisant ces quelques lignes où le généreux missionnaire se livre aux illusions de son zèle, je me rappelle involontairement les paroles de Notre-Seigneur à saint Pierre : *Quand tu étais jeune, tu faisais ta volonté, tu mettais ta ceinture à ta guise ; mais quand tu auras vécu, un autre te ceindra et te mènera là où tu ne voudrais pas aller.* Il est bon d'entendre M. Jaccard parler aujourd'hui de ses projets d'avenir. Quand la Providence disposera plus tard de sa liberté et de sa vie, contrairement à ses vues et à ses goûts, il donnera par son humble soumission un plus bel exemple de patience et de douceur.

Ce qui contribuait à entretenir les missionnaires dans une demi-sécurité ou tout au moins dans l'incertitude, relativement à leurs destinées, était l'espérance fondée de la protection du gouverneur de Dong-Naï. Ce puissant personnage, le plus influent du royaume, grâce à sa haute dignité de tuteur de Migne-Mang, était tout à fait favorable aux chrétiens, par un noble sentiment de justice et de reconnais-

1. A M. Ducrey. — 2. A MM. les directeurs, 9 avril.

sance, bien qu'il fût privé du don de la foi. Équitable, sincère dans ses opinions, ne reconnaissant pas les missionnaires coupables des fautes dont ils sont accusés, il ne voit pas pourquoi on les poursuivrait; d'ailleurs, il ne vous est pas permis, disait-il, d'oublier les services rendus à la couronne par l'évêque d'Adran. Désireux de contenir son royal pupille dans les limites d'un pouvoir juste et modéré, il avait annoncé un voyage à Hué, afin de lui présenter de vive voix ses observations.

« Quel résultat obtiendra la bonne volonté de ce mandarin, écrivait M. Jaccard? Cela dépend des desseins de Dieu; nous faisons son œuvre, et nous apprenons tous les jours à mettre uniquement en lui notre confiance [1]. Il n'arrivera toujours, disait-il encore, que ce que Dieu permettra pour la gloire de son nom. Ah! si jamais nous pouvions être martyrs, ce serait bien notre meilleur sort... Si nous sommes persécutés et que nous ayons le bonheur de souffrir pour Jésus, nos vœux seront accomplis [2]. »

Cet amour de la souffrance n'a fait que grandir en son cœur, depuis qu'il a recouvré la santé; c'était déjà sa passion en quittant Paris et en embrassant sa mère pour la dernière fois, mais aujourd'hui ce n'est plus un rêve généreux, c'est une vertu solide dont l'épreuve est suffisamment faite. Le seul moment où son courage ait fléchi, du moins où sa confiance ait été ébranlée, c'est durant les tristes jours de sa longue et accablante maladie. Brûlant de zèle et se sentant réduit à l'inaction pour un temps indéfini, il crut un instant que Dieu refusait ses services pour la conversion des infidèles. « Pendant que j'étais dans la langueur, disait-il à sa mère, voyant que ma santé ne revenait plus, j'ai douté si je ne regagnerais pas l'Europe; depuis que je me porte bien, je suis aussi déterminé que le premier jour à supporter l'ardeur du soleil d'Asie. »

Dans ces circonstances, comme l'annonçait M. Jaccard, le grand mandarin, vice-roi de Dong-Naï, indigné des procédés dont on usait envers les maîtres de la religion, s'était rendu à la capitale, sous prétexte de traiter avec Sa Majesté différentes affaires intéressant sa province. Afin de donner plus de poids à sa démarche, il avait choisi, dans la correspondance du dernier roi avec Mgr Pigneau, les lettres qui attestaient plus manifestement les services rendus par la France au royaume d'Annam. Il appela ensuite près de lui les missionnaires confiés à la garde des gens du roi, dans le but de se concerter avec eux sur le choix des moyens les plus propres à assurer son succès. Les

1. A M. de la Bissachère. — 2. A sa mère.

humbles prêtres donnèrent leur avis, puis ils sollicitèrent les prières de tous les chrétiens des environs, tandis que leur défenseur allait sonder les dispositions du monarque et préparait l'heureuse solution qu'ils attendaient. Quand il crut le moment opportun, le grand mandarin demanda au roi une audience particulière, et exposa avec toute la fermeté possible les droits de ses protégés.

Après avoir démontré à Sa Majesté que la présence des Européens ne menaçait en aucune façon l'indépendance de la nation et que leur religion était louable, il énuméra les nombreux et éminents services que les anciens missionnaires avaient rendus à l'illustre Gia-Laong, son prédécesseur. Vous ne pouvez oublier, lui dit-il, que votre père, vaincu et fugitif, fut rétabli sur le trône par le dévouement de l'évêque d'Adran. Les missionnaires, ajouta-t-il, nous donnaient du riz, lorsque nous étions affamés, de la toile lorsque nous étions nus et que nous n'avions rien pour nous couvrir. C'est ainsi que le roi paie tant de bienfaits, par tant d'ingratitude !...

Le mandarin *Thuong-Cong* termina son chaleureux plaidoyer en réclamant la mise en liberté des missionnaires amenés à Hué, ou tout au moins le droit de leur donner asile dans la province soumise à son autorité.

Un langage si loyal et si courageux étonna Migne-Mang et le jeta dans une violente colère, parce qu'il se voyait contraint ou d'abandonner sa proie, ou de s'aliéner le puissant gouverneur. Mais en homme à qui rien ne manque de ce qui fait un tyran et un fourbe accompli, Sa Majesté, dissimulant l'aigreur de son ressentiment, se calma, revint aux paroles de bienveillance et promit tout ce qu'on lui demandait, se réservant toutefois de fixer le mode et l'époque de l'exécution de ses engagements. Cette première victoire obtenue, le mandarin s'éloigna de la capitale, persuadé que les missionnaires le suivraient de près ; mais le roi, débarrassé de son tuteur incommode, voulait dégager sa parole et cherchait à gagner du temps, espérant de la part de ses prisonniers une imprudence qui l'autoriserait à les garder dans les fers. Ce ne fut qu'au bout de plusieurs mois, au commencement de juin 1828, qu'il se décida finalement à les congédier.

M. Taberd, M. Gagelin et le P. Odorico eurent donc la permission de se retirer dans la province de Dong-Naï, mais à la condition de suivre la voie de mer, afin sans doute qu'ils n'eussent pas le long de la route occasion de voir les chrétiens et de prêcher l'Évangile.

Les vénérables missionnaires, se défiant des dispositions du roi, qu'un retour de mauvaise humeur pouvait facilement modifier, hâtèrent leurs préparatifs de départ et se rendirent de suite à Tourane. En arrivant, ils y trouvèrent cinq missionnaires destinés aux vicariats de la Chine et de la Cochinchine. Trois d'entre eux, MM. Bringol, Pouderoux et Noblet, étaient envoyés au royaume d'Annam et devaient rejoindre M. Jaccard. Amenés par le *Navigateur*, qui fut empêché par de graves avaries d'aller jusqu'à Macao, son point de débarquement, ils épiaient vainement, depuis le mois de novembre, l'occasion de se soustraire à la surveillance des commissaires royaux. Malheureusement, quelques traîtres, d'origine portugaise, pour se concilier les bonnes grâces du mandarin de l'endroit, lui avaient dénoncé la qualité des étrangers; c'est pourquoi celui-ci mettait tous ses soins à les empêcher d'aller plus avant sur les terres annamites. Cependant M. Taberd, usant de son laisser-passer, aurait bien voulu emmener avec lui tous ses confrères, mais le mandarin, ayant été averti de nouveau, obligea les missionnaires de renoncer à cet espoir. Toutefois la providence de Dieu permit que Migne-Mang ne fût pas informé de la présence de ces messieurs dans ses États; et cette particularité est d'autant plus étonnante, que bon nombre de chrétiens eurent connaissance de l'arrivée des Européens, et que des indiscrétions durent en avertir les païens. Quoi qu'il en soit, M. Jaccard apprit que les cinq missionnaires, annoncés dès longtemps à Macao, étaient consignés dans le port de Tourane; et aussitôt il cherche un expédient pour les en faire sortir et les rendre à la liberté. Après mûres réflexions, voici le plan qui fut adopté et parfaitement exécuté, sans que le mandarin et ses agents en soupçonnassent l'existence.

Un courrier parti de Phuong-Rou était venu apporter toutes les instructions nécessaires aux malheureux détenus.

Il était convenu qu'ils demanderaient à monter sur le premier navire faisant voile pour Macao; on présumait que cette autorisation ne leur serait pas refusée, attendu qu'elle déchargeait le mandarin d'une surveillance très-ennuyeuse. Une fois leurs passe-ports signés, ils avaient à s'entendre avec deux groupes de chrétiens, choisis à l'avance, par des catéchistes mis dans le secret du stratagème par M. Jaccard. Un des groupes, composé de matelots habiles et vigoureux rameurs, fréterait une barque et irait croiser en pleine mer, pour attendre le navire avec lequel les missionnaires auraient quitté la baie de Tourane.

Ceux-ci, dont le signalement était connu des bateliers, passeraient dans la barque annamite et regagneraient la côte, à la faveur de la nuit, et mettraient pied à terre à l'endroit où le second groupe de chrétiens les attendraient. Cette escorte, formée d'une troupe d'hommes robustes et bons marcheurs, devait, en cas de besoin, fournir des porteurs aux pieux étrangers, et les défendre contre les attaques des malfaiteurs ou des bêtes fauves, durant le périlleux voyage qu'ils ont à faire, pour atteindre Phoung-Rou.

La vue de ces nouveaux confrères consolera M. Jaccard de l'absence de son ancien supérieur et ami, M. Taberd, dont il est séparé depuis plusieurs mois et qu'il espérait revoir, de jour en jour. Il est d'ailleurs en mesure de les recevoir : il s'est accoutumé au climat et à la nourriture du pays; sa santé restaurée par son séjour à Phou-Câme se soutient et lui permet un travail assidu. Son esprit doué de précision et de fermeté a vaincu les difficultés de la langue annamite ; il a procédé avec lenteur, mais il a marché sûrement, et aujourd'hui il pouvait dire en toute sincérité, comme il l'écrivait à sa mère, qu'il parlait suffisamment la langue des Cochinchinois. Quant à l'anglais, l'italien, l'espagnol et le portugais, il les avait appris presque en se jouant, les lisait et les traduisait couramment. Dans cette lettre, du 7 février 1828, il donnait ainsi le bulletin de sa santé : « Vous pouvez être assurée que depuis six mois je me porte aussi bien que quand je vous ai quittée. A dire vrai, j'ai cru plusieurs fois que j'allais faire le voyage de l'autre monde. La fièvre, l'hydropisie, un énorme squirrhe m'assiégèrent tour à tour; maintenant, tout est dissipé. Je suis fait à tout... Ce qui me gêne le plus, c'est le défaut d'exercice... »

Mais avant d'aller plus loin sur les traces du vénérable confesseur de la foi, arrêtons-nous un instant à considérer les mystérieux desseins de la Providence, disposant tous les événements qui se déroulent ici avec un enchaînement merveilleux. L'arrivée de François dans le royaume d'Annam a été le prétexte des sévérités du roi, à l'égard des chrétiens et de leurs prêtres, et par une faveur inouïe, lui seul paraît en ce moment échapper aux souffrances dont il est pour les autres la cause innocente. Ses confrères sont traînés à la capitale, gardés à vue, tandis que lui, qu'on voulait saisir, jouit de la liberté. Néanmoins, dans les desseins du ciel, la charge d'interprète près de Migne-Mang lui est réservée ; mais pour qu'il puisse la remplir, il faudra que sa santé se rétablisse. Or voilà qu'il va précisément la retrouver à l'ombre d'une prison où il vient assister M. Taberd. Et, maintenant qu'il est capable de répondre à l'appel du roi, une puissante influence a décidé l'élargissement de ses confrères, qui lui laissent ainsi le poste douloureux où Dieu l'attend pour perfectionner sa vertu.

Pourtant, il faut l'avouer, M. Jaccard est bien loin de penser qu'il va s'acheminer vers son calvaire; quoi qu'il en soit, il perdra son indépendance par cet unique et singulier motif que ses confrères ont recouvré la leur.

En effet, peu après le départ de M. Taberd pour Dong-Naï, arrivait à Hué une lettre de M. Diard, naturaliste français. Le roi, ayant eu connaissance de cet écrit, voulut en avoir la traduction et fit venir un indigène, nommé Ong-Daï-Tkat, qui avait eu beaucoup de rapports avec les missionnaires. Tout en s'instruisant de la religion des Européens et en se préparant au baptême, cet individu avait appris un peu de français et se donnait des airs d'interprète. En réalité, il connaissait seulement quelques mots de notre langue, et quant à la religion, il l'avait apostasiée. Étant mis en demeure de traduire la lettre de notre compatriote, il sua sang et eau et se vit obligé de confesser qu'il n'y comprenait rien. Dans cette conjoncture passablement humiliante pour sa science prétendue, il ne trouva pas de meilleur expédient que de dénoncer M. Jaccard, disant qu'il habitait le collège de Phuong-Rou et que lui seul était capable d'accomplir le travail demandé par Sa Majesté.

« Le roi, ayant été prévenu, fit partir de suite deux hommes pour m'apporter cette lettre, écrit M. Jaccard, et me conduire à la ville, si je me portais bien. Le 14 juillet, comme je sortais de dire la sainte messe, voilà ces gens à la porte. Que faire? Je ne savais de quoi il s'agissait, et il n'y avait pas de temps à perdre. Aussitôt, je perçai une haie et m'enfonçai dans un buisson de bambous, en attendant qu'on vît de quelle manière je pourrais m'échapper. Au bout de deux heures, voyant qu'on avait sur moi des données très-positives, et craignant surtout d'exposer MM. Noblet, Pouderoux et Bringol, que j'attendais d'un jour à l'autre, je n'hésitai plus à me rendre [1]. »

Les deux commissaires qui venaient chercher le missionnaire furent, à sa grande surprise, très-respectueux envers lui. Le principal des deux usa de toute l'humanité et même de la complaisance désirables. Comme il leur fit observer qu'il relevait de plusieurs maladies fort graves, et que les forces lui feraient probablement défaut, ils l'entourèrent de soins et de précautions. Ils n'accueillirent pas moins favorablement ses réclamations, quand il eut fait comprendre la nécessité de sa présence au collége. Une fois la lettre de M. Diard traduite, il demanda la permission de regagner sa résidence, en prenant l'engagement de revenir à la capitale toutes les fois que le roi aurait besoin de ses services. Cette faveur lui fut gracieusement accordée, et il retourna à Phuong-Rou continuer ses fonctions, mettre tout en ordre et recevoir les trois confrères qu'il attendait impatiemment. Ceux-ci arrivèrent le 16 juillet, quelques heures seulement après le départ des

1. Lettre à M. Baroudel.

commissaires, qui avaient ramené l'interprète au collége. Cependant, le chef de la troupe l'ayant informé qu'il reviendrait prochainement, M. Jaccard fit promptement repartir ses confrères, l'un pour le Tong-King, l'autre pour la Cochinchine septentrionale. Le troisième, M. Noblet, resta caché dans l'établissement, mais ce fut pour rendre sa belle âme à Dieu neuf jours après, le 25 juillet.

CHAPITRE IX

DUONG-CHEUNE

M. Jaccard se rend à Hué, pour servir d'interprète. — Il va se fixer à Duong-Cheune. — Ses occupations près des chrétiens et du roi. — Ses rapports avec les mandarins. — M. Taberd, nommé évêque de Cochinchine, choisit M. Jaccard pour son provicaire-général. — Organisation du vicariat apostolique. — Zèle et activité de M. Jaccard.

Du 25 août 1828 à la fin de Juin 1830.

Les quelques jours passés par M. Noblet au collége de Phuong-Rou suffirent pour faire apprécier ses aimables qualités et ses solides vertus; aussi M. Jaccard éprouvait-il un profond chagrin d'avoir possédé si peu de temps cet excellent confrère. Pour comble de douleur, il fallut secrètement rendre les honneurs funèbres à la dépouille du jeune missionnaire. La triste cérémonie de l'inhumation eut même lieu pendant la nuit, dans la crainte que la police n'en fût avertie et ne supposât la présence d'autres prêtres français au collége.

A peine remis de ces pénibles émotions, M. Jaccard dut se rendre, le 25 août, à la capitale, conformément à l'ordre qu'il avait reçu de Migne-Mang. A son arrivée, il fut logé à la maison des hôtes; mais ayant ensuite sollicité l'autorisation de demeurer hors de la ville, il fixa sa résidence à deux lieues de distance, au milieu d'une chrétienté, la meilleure peut-être de toute la province, et qui, en raison du calme dont jouissait la religion en ce moment, accueillit avec bonheur le Maître européen. Durant les premières semaines, le roi ne lui donna presque pas d'occupation; ainsi, au 19 octobre, il n'avait encore traduit que quatre lettres arrivées de France. Le but de Sa Majesté, évidemment, n'était pas tant d'avoir un interprète sous sa main, que d'empêcher le missionnaire de travailler à la propagation de la foi. Néanmoins celui-ci profite attentivement des loisirs que lui laissent ses nouvelles fonctions, pour catéchiser les Chrétiens de l'endroit et remplir près d'eux toutes les fonctions du ministère pastoral. Il avait à peu près liberté entière, à la condition cependant de ne pas s'éloigner de sa demeure sans avoir prévenu le mandarin responsable de sa personne. Moyennant cette précaution, il obtenait facilement un laisser-passer lui donnant le droit de visiter les chrétientés voisines.

« Si cela dure, écrivait-il, j'aurai presque de l'obligation à mon dénonciateur, car précédemment je me cachais comme un malfaiteur, aujourd'hui j'ai pleine liberté. Toute ma peine vient de ce que j'ai été obligé d'abandonner mon pauvre collége. Mais le bon Dieu y pourvoira[1]. »

Toutefois cette latitude que lui laissait le roi n'inspirait au fond qu'une demi-confiance à M. Jaccard, et il avait bien raison. La situation était sensiblement modifiée pour tous les missionnaires; ceux qui étaient captifs jouissent maintenant de la liberté; celui qu'on avait traqué, comme une bête fauve dont on a cru apercevoir la piste, possède à cette heure une existence légale, il a son domicile, ses fonctions et ses priviléges; cependant rien n'est assuré, et probablement rien n'est changé dans les intentions de Migne-Mang. Son prisonnier était bien inspiré, quand il disait : « Je suis traité assez bénignement, mais je vous assure que je ne m'y fie pas, d'autant plus que le roi est soupçonneux à l'excès... Puis le diable s'en mêle aussi. »

Quelque légitimes que soient ces inquiétudes, elles ne troublent point le cœur du courageux missionnaire; il parle à ses amis et à sa mère avec le calme qu'il aurait puisé dans l'assurance d'un avenir rempli de pacifiques promesses. Jamais, peut-être, il ne s'était occupé à ce point de ceux qu'il avait laissés en France; il a écrit, disait-il plus tard, plus de cent lettres durant cette année où il trouvait tant de motifs de songer à lui et d'oublier les autres; et toutes celles qui ont été conservées respirent le même abandon à la Providence et un paisible dévouement à la gloire de Dieu. Au premier rang, parmi ceux qu'il aimait le plus après sa mère, était un prêtre vénérable qui avait dépensé sur les plages orientales l'énergie de sa jeunesse et de sa foi.

Remplissant tour à tour, aujourd'hui, le rôle d'intime confident, de trésorier et de modérateur, mais se voyant faiblir sous le poids des travaux et des années, il voulait, malgré la distance, confier à l'interprète de Migne-Mang l'exécution de ses dernières volontés. « Vos lettres, lui répondait M. Jaccard, me couvrent de confusion; je n'ai mérité sous aucun rapport l'amitié et la confiance que vous voulez bien me témoigner. Ma reconnaissance en sera d'autant plus grande! Mais tout ce que je pourrai faire sera de vous écrire tout à la bonne gauloise, le plus

1. Lettre à M. Baroudel.

souvent que je pourrai, et de prier l'Auteur de la vie de conserver la vôtre encore de longues années. Ah! croyez que je ne suis pas pressé de voir vos dispositions testamentaires s'exécuter. Et si Dieu me laisse vivre jusqu'à cette époque, mon cœur recevra certainement une des blessures les plus profondes qui puissent lui être faites »[1].

Parlant dans la même lettre de la délivrance de ses confrères et de sa propre captivité, il s'exprime en des termes qui rappellent la charité de S. François Xavier et l'humilité de S. Vincent de Paul: « M. Taberd et M. Gagelin, dit-il, ont recouvré leur liberté et moi j'ai failli perdre la mienne... Je remplace ces messieurs dans les fonctions d'interprète du roi de Cochinchine, sans éprouver aucun des désagréments qu'ils ont essuyés. Du reste, aurais-je subi leur sort, il n'y aurait rien que de bien juste; la prison convient parfaitement à un mauvais sujet. Je serais volontiers esclave, à la condition que les autres fussent libres. »

Mais il ne suffit pas à son zèle de s'offrir en holocauste, victime volontaire, dans l'espoir de préserver ses confrères; il voudrait reprendre l'œuvre si chère à son cœur et préparer des ouvriers qui pourront le remplacer dans le champ du Père de famille, quand sa dernière heure aura sonné. Arraché à son petit collége, il cherche à en recueillir les débris épars, en réunissant autour de lui douze ou quinze des meilleurs élèves de Phuong-Rou, pour leur consacrer les loisirs que lui laissent les caprices de Migne-Mang.

« Il est une chose que je ferai secrètement, écrivait-il à M. Langlois[2]; ce sera de convoquer les meilleurs de mes écoliers, pour les enseigner jusqu'à ce que M. Taberd avise au moyen de les réunir dans quelque coin; car pour le collége de Phuong-Rou, il ne faut plus penser à le soutenir; le roi et les mandarins le regardent comme le chef-lieu de la mission. »

Avant de mettre son projet à exécution, il crut opportun de sonder les dispositions de Sa Majesté, relativement à la liberté qu'elle entendait lui octroyer; pour cela, il fit demander la permission d'aller rendre visite aux navigateurs français qui stationnaient à Tourane. « Cela n'a pas souffert de difficulté, dit-il; mais le premier jour de notre voyage, j'ai été arrêté par les pluies et la dyssenterie; de sorte qu'il faut renoncer, pour cette fois, au plaisir de voir les prêtres et les chrétiens de Qouang-Nâme et de Qouang-Ngaï... Tout le monde augure bien de cette

1. A M. de la Bissachère, 8 octobre 1828. — 2. Supérieur du séminaire des Missions étrangères à Paris.

facilité avec laquelle on m'a permis une chose qu'on n'avait pu obtenir pour M. Taberd. »

Sans nul doute, cet adoucissement à la sévérité de la consigne royale était une concession très-appréciable, en de telles circonstances; mais la finesse et la pénétration de M. Jaccard ne lui permettent pas de se faire illusion sur les éventualités de son avenir, dépendant tout entier des passions d'un homme privé de conscience. C'est pourquoi il laisse tout à la paternelle Providence, et ne songe qu'à bien utiliser les moyens d'action dont il peut disposer, pour le moment présent :

« Dans la situation où je me trouve, écrit-il à sa mère[1], je pourrai mieux travailler à la sanctification de mes chers Cochinchinois, que lorsque je n'étais pas connu du roi, car alors j'étais obligé de me cacher ; actuellement je puis aller où bon me semble, aux environs...J'ai préféré demeurer hors de la ville, afin d'être plus libre et plus à portée de rendre service aux chrétiens. »

Cependant, les témoignages de confiance qu'avait déjà reçus l'interprète n'étaient que les arrhes des autres faveurs autrement plus importantes que le roi voulait lui accorder, soit pour honorer ses fonctions, soit pour flatter son amour propre et gagner sa reconnaissance. Sa Majesté lui fit donc offrir le titre envié de mandarin. Mais M. Jaccard refusa tous les honneurs et tous les revenus ; il aimait mieux se passer de richesses et de palais, partager la pauvreté de ses chrétiens, et accomplir, sans récompense, les devoirs de son apostolat. Un tel désintéressement, au milieu d'une troupe de courtisans affamés de dignités et d'argent, étonna Sa Majesté, qui en conçut une plus grande estime pour le maître de la religion européenne, tout en regrettant qu'il n'eût pas accepté les offres dont elle avait pensé l'honorer.

Si Migne-Mang tendit un piége à M. Jaccard, il eut du moins l'esprit assez élevé, en cette occasion, pour ne pas venger l'insuccès de son méchant dessein. Au contraire, il semble plutôt que la modération prenne place dans les conseils de la cour : les chrétiens sont respectés, l'espoir renaît parmi eux, et ils peuvent apprendre avec confiance la consolante nouvelle qui arrive de Rome. Le souverain Pontife vient enfin de leur donner un premier Pasteur, dans la personne de M. Taberd, nommé Vicaire Apostolique de Cochinchine, avec le titre d'Évêque d'Isauropolis. Sa nomination connue, le pieux prélat conféra presque aussitôt à M. Jaccard le titre et les pouvoirs de Provicaire général. Et un des premiers soins du nouvel Évêque ayant été de publier le Jubilé, accordé par notre saint Père le Pape, son Provicaire général fut chargé d'en don-

1. Lettre du 8 octobre 1828.

ner connaissance aux chrétientés annamites dépendant de sa juridiction. Non-seulement celui-ci informa les fidèles confiés à sa sollicitude, dans la majeure partie du royaume, des précieuses faveurs qui leur étaient offertes, au nom de Jésus-Christ; mais encore il dépensa tout son temps et toutes ses forces pour préparer à la réception des sacrements, les personnes auxquelles il put accorder les secours de son ministère. Privés dès longtemps du bienfait de ces indulgences extraordinaires, les pauvres Annamites inspiraient plus que jamais de la compassion à M. Jaccard. Aussi redoubla-t-il d'ardeur, malgré les recommandations qui lui étaient faites de ménager sa santé. Il multipliait, selon son pouvoir, les réunions dans les églises, ainsi que les entretiens particuliers, afin de procurer à tous les instructions, les conseils et les exhortations dont ils avaient besoin. Allant de village en village, selon que le lui permettaient les mandarins et les exigences du roi, il passait au confessionnal les heures que lui laissait la prédication.

« Je me crois guéri, écrivait-il alors à MM. les directeurs des Missions, d'autres pensent le contraire. Quoi qu'il en soit, je suis assez fort, je puis confesser 15 à 18 personnes par jour. » Cependant la Providence envoyait à son aide un excellent ouvrier, c'était M. Cuenot, parti de Besançon, en 1828. Mais le Provicaire ne jugea pas à propos de garder près de lui ce nouveau missionnaire; il craignait qu'il ne fût reconnu pour un Maître de la religion par quelque espion et dénoncé au roi, qui l'aurait infailliblement fait emprisonner. Il résolut donc de l'envoyer en basse Cochinchine, dans la province de Dong-Naï, malgré la distance à parcourir et au mépris de tous les dangers. De fait, le jeune prêtre avait moins à redouter les fatigues et les bêtes fauves que la colère de Migne-Mang. C'est pourquoi, muni des instructions les plus précises et les plus détaillées, il s'achemina vers le collége de Phuong-Tong, à la suite de quelques catéchistes chargés de le conduire à destination.

Du reste, l'éloignement de M. Cuenot était une précaution nécessaire, non-seulement pour le soustraire lui-même aux sévérités du palais, mais encore pour préserver le Provicaire d'une accusation de complicité qui lui aurait certainement enlevé le peu de liberté qu'on lui laissait encore, et lui permettait d'accomplir beaucoup de bien parmi les chrétiens. « Je jouis toujours de la liberté de circuler dans les environs de la ville, disait-il. Quand le roi me fait travailler, c'est à traduire de vieilles paperasses ou à lui écrire l'histoire abrégée des guerres de Bonaparte, des conquêtes des Anglais aux Indes et autres choses semblables. Il ne paraît pas indisposé contre nous en ce moment[1]. »

1. A MM. les directeurs des Missions.

Bien loin de maltraiter les chrétiens, en ce temps-là, Migne-Mang fait semblant de s'être dépouillé de la haine qu'il leur a témoignée en différentes circonstances ; il va même jusqu'à traiter amicalement avec son interprète.

Un jour, il prit fantaisie à Sa Majesté de boire du vin français. Chose surprenante, quand on songe à son climat qui semblerait si favorable à la culture de la vigne, la Cochinchine ne récolte pas de vin. L'Annamite boit une sorte d'eau-de-vie faite avec le riz et nommée *arak*. Aussi le vin qu'il peut acheter vient d'Europe et se vend un prix très-élevé. Or le prince, qui avait des notions très-positives en économie domestique, n'imagina rien de mieux que de s'adresser à M. Jaccard et de lui faire demander cinq bouteilles de vin. Bien qu'il n'en possédât qu'une très-petite quantité destinée au saint sacrifice de la Messe, le missionnaire se hâta d'envoyer à son royal maître tout ce qu'il désirait. Il pria même le mandarin auquel il remit ces bouteilles de dire à Sa Majesté qu'il serait très-heureux et flatté, si elle daignait les accepter comme un humble présent de sa part. Mais selon les usages autocratiques de la cour, le souverain fixe à l'avance le prix de ce qu'il achète ; en conséquence, il avait déjà chargé un de ses courtisans de payer au missionnaire la somme qu'il croyait lui être due. Et comme Migne-Mang n'entendait pas recevoir un cadeau d'un vil Européen, personne n'osa lui parler des intentions de son interprète.

Cependant l'apparition de ce vin attira l'attention de la famille royale, qui le trouva sans doute excellent.

Le prince héritier du trône en fut si content, qu'il eut aussi le désir de s'en procurer, et il envoya un des officiers de sa maison renouveler la demande de son père, auprès du généreux Provicaire.

« Comme dans ce pays, écrivait ensuite M. Jaccard, on n'estime guère que les liqueurs fortes, j'eus la précaution d'envoyer en même temps quelques bouteilles d'*arak* très-forte, supposant bien que le prince ne voudrait pas boire deux fois du vin de messe. Je ne me trompai point, le vin me fut renvoyé ; Son Altesse royale ne retint que l'*arak* et me fit dire qu'elle aimerait encore mieux de la bonne liqueur, ajoutant que, quand il y aurait un navire à Tourane, je n'avais qu'à lui demander un passe-port, pour aller voir les Français et acheter ce que je voudrais[1]. »

Il va sans dire que le prince comptait avoir sa petite part de l'approvisionnement que ferait le maître de la religion. C'est aussi de la sorte que l'entendait celui-ci, et il était charmé de trouver cette

1. A MM. les directeurs.

bonne occasion de se concilier des sympathies qui pouvaient devenir plus tard souverainement utiles aux chrétiens et à la religion. Il n'attachait d'ailleurs pas plus d'importance, qu'il ne fallait, à ces bienveillantes relations, que la cour de Hué voulait bien avoir avec lui. « Dieu me garde, disait-il, de m'appuyer sur un bras de chair ; cependant je pense qu'il est à propos de cultiver les bonnes dispositions d'un jeune homme, qui peut dans la suite devenir le protecteur ou le persécuteur de la religion. Plusieurs mandarins, de 3e et de 4e classe, ont cherché eux-mêmes à faire connaissance ; cela fait perdre un peu de temps, mais comment l'éviter ? N'aboutirait-on qu'à leur donner une idée un peu plus juste de la religion et des missionnaires, que ce ne serait pas peine perdue ; car, en général, je crois qu'on peut dire, que parmi nos Cochinchinois, ceux-là seulement ne l'aiment pas, qui ont entendu des contes ridicules contre la religion[1]. »

Il n'est guère surprenant de trouver, parmi les païens, les fâcheux préjugés dont se plaint M. Jaccard, quand on entend, au milieu des nations chrétiennes, des ennemis acharnés de l'Évangile, débiter contre la religion les sots et méchants discours, dont gémissent les vrais disciples de Jésus-Christ. Les païens, cent fois moins coupables que les impies honorés du signe sacré du baptême, ont en outre le mérite rare d'avouer en toute simplicité et franchise la cause de leur hostilité, vis-à-vis du christianisme. Mais la plupart d'ailleurs ne connaissent la religion, que par les calomnies qu'ils ont entendu formuler contre elle. Voici l'exemple qu'en donne M. Jaccard.

« L'an passé, dit-il, peu de temps après que je fus découvert, j'invitai à dîner un mandarin qui avait été chargé de m'amener à la cour. Quand je l'eus traité de mon mieux, on se mit à parler de la religion... A la fin, pour lui faire voir que je ne lui en imposais pas, je lui montrai mes livres, entre autres le catéchisme, sur l'article des commandements de Dieu. Il ne pouvait pas en revenir. Il voulut un catéchisme, pour prêter à ses enfants et leur apprendre *comment on doit vivre*... Je lui dis alors : Puisque vous avouez que cette religion est si bonne, il faut l'embrasser. — Moi, reprit-il, je suis le serviteur du roi, et je dois observer la même religion que lui, etc., etc.. Notre conférence n'eut pas d'autre résultat. Il demeura jusqu'au lendemain, et comme je m'aperçus qu'il désirait voir nos cérémonies, je l'invitai à venir à la messe.. Il y assista posément et fit tout ce qu'il voyait faire aux autres. Quand je rentrai, il me fit son compliment, en ces termes : *Ah ! que vous êtes un beau maître*[2] *!* »

1. A MM. les directeurs.
2. A MM. les directeurs, 5 décembre 1829.

Malheureusement, il ne suffit pas d'admirer les beautés du culte catholique et la sublimité de sa doctrine, pour être sincèrement chrétien ; il faut en outre et surtout pratiquer sa divine morale, en modelant sa vie sur les exemples et les préceptes de Jésus-Christ ; or c'est toujours de ce dernier côté de la religion, que surgissent les obstacles qui arrêtent les païens au seuil de l'Église véritable. Aussi les meilleurs d'entre les mandarins se tiraient d'embarras, devant les pressantes exhortations du zélé missionnaire, comme autrefois les Athéniens réduits au silence par la vigoureuse parole de saint Paul, ils lui répondaient : *ce n'est pas possible maintenant ; plus tard, nous verrons.*

L'expérience ne tarda pas à démontrer à M. Jaccard que ses relations avec les hauts personnages de la cour seraient à peu près stériles, et qu'il obtiendrait tout simplement un succès d'estime, sans conséquence durable pour lui, et pour la religion ; c'est pourquoi il ne se prêta que par nécessité à ces passe-temps inutiles, et se consacra avec une ardeur sans égale au soin des chrétientés répandues autour de Duong-cheune. Si la Providence eût daigné ouvrir en ce moment les canaux de sa miséricorde, sur les pays annamites, le Provicaire semblait merveilleusement propre à étendre le royaume de Dieu, tant par la conversion des infidèles, que par l'affermissement des chrétiens dans la pratique des vertus évangéliques. Nul, avant lui, n'avait possédé, au même degré, *le génie des missions*, et n'avait déployé un tel dévouement à tous les intérêts de la religion. Son attention embrasse tous les détails du vicariat, dont il est maintenant le sujet le plus important, à cause de sa position exceptionnelle dans le royaume.

Après avoir sollicité la nomination d'un évêque, afin que la portion de l'Église où il travaille ne soit pas privée des grâces et des bienfaits attachés à l'exercice des fonctions épiscopales, il s'efforce maintenant de défendre la dignité du vicaire apostolique, contre les atteintes qui lui sont portées injustement. Plusieurs lettres écrites à Paris, relativement à certains faits trop longs à raconter ici, témoignent de sa profonde estime pour les représentants de l'autorité ecclésiastique, et de la scrupuleuse délicatesse de ses sentiments à leur égard. Mais, tout en portant ses regards sur ces questions plus élevées, il ne perdait point de vue les choses plus humbles et plus pratiques. Investi de tous les droits, et en même temps chargé de tous les devoirs, que comporte son titre de Provicaire, il s'occupe de rétablir un collége, semblable à celui qu'il venait de quitter. Dans l'espoir de hâter plus promptement l'exécution de son projet, il fait démonter la charpente de l'ancien établissement de Qouang-tri, en transporte les différentes pièces à sa résidence actuelle, pendant que le village de *Ane-vane* amenait sur son invitation les pierres dont il avait besoin pour poser les assises de la nouvelle construction. Cela fait, il transfère à Duong-cheune quelques religieuses, de la congrégation des *Amantes de la croix*, choisies parmi celles qui se dévouaient autrefois à la maison de Phuong-rou. Alors, tout étant prêt, il convoque les meilleurs de ses élèves, et afin de combler les places laissées vacantes par ceux qu'il n'a pas rappelés, il envoie une circulaire aux familles chrétiennes, les engageant à lui envoyer des jeunes gens désireux de se consacrer à Dieu et au service de ses autels. Deux prêtres indigènes et un clerc minoré, d'une aptitude éprouvée, furent désignés en même temps pour partager avec lui les divers degrés de l'enseignement. Cependant sa sollicitude ne se borna pas aux écoliers soumis à sa direction, il s'appliqua avec la charité la plus dévouée à la réforme du clergé annamite, en retraçant à ces chers confrères les règles salutaires de la discipline ecclésiastique, en les exhortant par son exemple et ses paroles à la pratique des vertus sacerdotales. Malgré leur bonne volonté, ces pauvres prêtres cochinchinois gardent une fâcheuse empreinte du caractère mobile, faible et nonchalant de leur race ; ils ont besoin qu'une main ferme et charitable les rappelle au devoir et les soutienne dans la lutte. Or le Provicaire possédait toutes les qualités nécessaires à cette œuvre si importante.

Il réunissait ceux qu'il pouvait atteindre, leur faisait des conférences sur la manière de bien remplir leurs fonctions, les affermissait dans la foi et leur dévoilait les dangers dont ils étaient menacés, afin d'assurer leur persévérance, en cas de persécution.

Malheureusement, les aspirants au sacerdoce, parmi les Annamites, entrent tard dans cette sainte carrière. On ne voit guère chez eux ces belles âmes de jeunes lévites, en qui la piété maternelle et la sagesse des maîtres, unies à l'onction de la grâce, ont développé de bonne heure les germes précoces d'une vocation sacerdotale ; l'incertitude de l'avenir, les troubles du présent ne permettent pas ces lointaines et fécondes préparations. Avant d'essayer même les premières études du latin, il faut généralement que l'aspirant à la prêtrise soit déjà reconnu capable d'en porter le redoutable fardeau. Aussi les élèves de M. Jaccard avaient 25, 30, 40 et même 50 ans. On comprend qu'à cet âge, les étudiants ne puissent pas facilement changer leurs habitudes, et subir dans la patience, l'humilité et le renoncement, le joug parfois pesant de la vie du prêtre selon le cœur de Dieu.

Il est manifeste également que leur instruction, au moment de l'entrée dans les ordres sacrés, est nécessairement incomplète. Leur science théologique se borne aux connaissances indispensables. D'ailleurs les Annamites ont peu de dispositions pour les études qui demandent un travail soutenu; ainsi, quand les écoliers parviennent à traduire couramment le catéchisme du concile de Trente, les missionnaires se regardent comme bien récompensés de leurs peines. Afin de remédier, autant que possible, à ces graves inconvénients, M. Jaccard chercha le moyen d'exercer, dès leurs premières années, l'intelligence des enfants ; car une des causes de leur infériorité tient précisément à l'inaction de l'esprit. Dans le but de préserver leurs facultés de ce funeste engourdissement, il fonda quelques écoles primaires, où l'on enseignait les éléments de la langue annamite. Cette heureuse innovation, en arrachant les pauvres petits enfants aux habitudes de paresse et d'oisiveté, devait les préparer à devenir des catéchistes plus habiles et des prêtres capables de remplir avec fidélité leurs difficiles fonctions.

Livré jour et nuit aux travaux que lui impose cette multitude de soucis et d'affaires, son insatiable désir d'étendre le royaume de Dieu ne lui permettait jamais de croire qu'il avait assez fait. Quand, toute la journée, il avait passé de longues heures à traduire les écrits envoyés par le roi, à recevoir les chrétiens de l'endroit et à instruire ses élèves, il priait et lisait, en attendant que les ombres de la nuit lui permissent une secrète excursion vers les chrétientés du voisinage. Il oubliait totalement ses récentes et cruelles maladies, et il ne consentait à prendre un peu de repos, que lorsque les forces lui manquaient, ou qu'un nouvel accès de fièvre le jetait sur son misérable grabat.

Tant d'énergie était assurément puisée dans le cœur de Jésus-Christ, source intarissable d'où provient tout vrai courage et tout héroïsme persévérant ; mais la grande âme de M. Jaccard coopérait merveilleusement à l'impulsion de la grâce divine. Ni les tristesses de l'isolement, ni les périls, ni les défiances tracassières de la cour et des mandarins, ni les embarras, ni les insuccès ne parviennent à troubler la paix et la gaieté habituelles de son cœur. Supérieur à toutes les épreuves par son abandon à la volonté de Dieu, il domine les difficultés de sa position avec toute la sérénité de pensée, dont il jouissait autrefois, quand du sommet des montagnes, il contemplait dans la vallée les innombrables beautés qui publient les louanges du Créateur. Il ne songe pas même à se plaindre de l'injuste condition qui lui est faite. Au coutraire, en écrivant à sa mère, il assure qu'il n'a rien à désirer. « Je ne vous envoie que deux mots, lui dit-il, pour vous tranquilliser sur mon compte, du moins quant au corps. »

La santé, la vie même, il est vrai, n'ont à ses yeux qu'une médiocre valeur ; il sacrifierait volontiers l'une et l'autre, pour l'acquisition du ciel. Il craint seulement, à l'exemple de saint Paul, son parfait modèle, d'être un jour réprouvé, comme le mauvais grain rejeté par le vanneur. Aussi ajoutait-il : « Pour ce qui regarde l'âme, je vous permets et je vous conjure même d'y penser et de prier tous les jours, afin que Dieu fasse à votre fils la grâce, qu'après avoir traversé les montagnes et les mers, pour montrer les voies du ciel aux autres, il ne suive pas lui-même le chemin de l'enfer[1]. »

1. Lettre de 1830.

CHAPITRE X

LES FÊTES DE MIGNE-MANG.

Fêtes du 40e anniversaire de la naissance de Migne-Mang. — M. Jaccard ordonne des prières. — Succès des cérémonies catholiques. — Animosité des mandarins contre la religion. — Fausse ordonnance. — Circulaire de M. Jaccard aux fidèles annamites. — Il est cité devant le juge. — Migne-Mang refuse de poursuivre les chrétiens. — Humilité et dévouement de François.

(De mai à septembre 1830.)

Dans les premiers jours de mai, le grand mandarin, ministre d'État, publia une ordonnance, par laquelle il invitait tous les sujets de Migne-Mang à célébrer le quarantième anniversaire de la naissance de Sa Majesté. Aussitôt les gouverneurs et les mandarins des degrés inférieurs s'empressèrent de communiquer à leurs administrés la circulaire émanée de la cour, et chacun d'eux fit assaut de zèle, pour témoigner son obéissance et son dévouement. D'un bout à l'autre de l'empire annamite, les populations païennes se mirent en mouvement, et résolurent de solenniser dignement la grande fête nationale. De cette façon, la servilité des uns et la crainte du plus grand nombre, s'unissant à la bonne volonté des autres, multiplièrent les préparatifs et permirent au monarque de croire qu'il jouissait d'une immense popularité. Les fonctionnaires et les gens opulents, prévenus à l'avance de ses intentions et de ses désirs, s'étaient procuré ce qu'ils avaient pu trouver de plus riche, en fait d'étoffes précieuses, de tableaux, et d'autres objets venus de Chine et d'Europe ; en un mot, ils avaient épuisé les ressources de l'art oriental. Les pauvres avaient aussi fait l'impossible, pour imiter, selon leurs faibles moyens, les démonstrations des familles fortunées. De toutes parts, on offrait des sacrifices aux ancêtres et à *Phat*, au milieu de cérémonies bizarres et de réunions tumultueuses, telles qu'on en verrait en France, dans une assemblée tombée en ivresse.

Les chrétiens, on le comprend, se tinrent à l'écart et ne voulurent point se mêler aux infidèles ni prendre part aux actes sacriléges de la superstition cochinchinoise; d'ailleurs ils avaient bien des raisons de s'abstenir, dans une occasion où il s'agissait d'exprimer des vœux en faveur de leur implacable et injuste ennemi. Néanmoins ils ne laissèrent pas d'adresser à Dieu des prières publiques, mais ils demandèrent surtout la conversion du roi; persuadés que, si le ciel exauçait leurs supplications, le peuple annamite ne tarderait pas à fléchir le genou devant la croix du Sauveur. Cette espérance était peu fondée, cependant elle excita une très-grande ferveur parmi les fidèles, même avant toute intervention des missionnaires. Mais hélas! le prince, dont leurs plaintes douloureuses parlaient au souverain Maître, ne meritait pas le regard de sa miséricorde.

Quoi qu'il en soit de ce concert de prières adressées au vrai Dieu et aux idoles, M. Jaccard se crut obligé d'y joindre les accents de son cœur affligé. Du reste, sa charge de Provicaire apostolique, sa position quasi officielle de grand interprète du roi, sa proximité du palais, ses rapports journaliers avec les mandarins le forçaient de ne pas rester à l'écart, dans la crainte de voir sa conduite mal jugée, au risque même d'attirer sur les chrétiens les effets de la colère du roi. Il eut donc la pensée de faire une neuvaine avec les villageois de Duong-cheune.

« Le roi Migne-Mang, dit-il, a célébré et l'on a solennisé d'une manière particulière la fête de la quarantiéme année de son âge. Je ne vous parlerai point de la magnificence qu'on a déployée... Je vous dirai seulement la petite part que nous avons prise à la fête, en faisant à cette occasion des offices publics, tous les jours, depuis le dimanche avant l'Ascension, jusqu'au dimanche suivant inclusivement. »

Toutefois, avant de rien commencer, le pieux missionnaire prit conseil de la prudence, qui, d'après saint François de Sales, *assaisonne le autres vertus d'une sainte discrétion*. « Si nous ne prions pas publiquement, disait-il, les païens nous accuseront de ne pas aimer le roi, et de fouler aux pieds les ordres de ses ministres; si, au contraire, nous prions, ne vont-ils pas crier très-haut que, le Dieu des chrétiens étant l'ennemi des dieux du pays, nous offrons des vœux nuisibles à la santé du roi et au bonheur de la nation? » Dans cette perplexité, qui n'était que trop bien motivée, M. Jaccard crut ménager la susceptibilité ombrageuse de la cour et des infidèles, en soumettant son projet à un des grands mandarins. Malgré cette précaution : « Ce fut d'abord en hésitant, écrit-il, que nous avons commencé la cérémonie, parce que nous ignorions encore si Sa Majesté verrait avec plaisir les chrétiens adresser des prières au bon Dieu, qu'elle ne paraît pas beaucoup aimer, pour lui obtenir un règne paisible et même sa conversion, qui serait peut-être, dans cinq ou six ans, imitée de tout son royaume. J'avais cependant fait prévenir un grand mandarin de mon intention et il m'avait répondu qu'il supposait que le roi ne pouvait pas se fâcher de ce qu'on prierait pour lui; mais le jour de l'Ascension, il me fit dire que le roi s'en était expliqué ainsi: *Toutes les sectes du royaume prient et font des vœux pour nous, à plus forte raison les chrétiens... Puisqu'ils veulent prier, laissons-les faire.* »

La trompette de la renommée ayant publié aussitôt que les chrétiens chantaient des prières publiques pour le roi, les païens accouraient de tous côtés pour être témoins de leurs cérémonies. M. Jaccard se prêta de son mieux à la satisfaction de cette curiosité, qui amenait une affluence énorme à la porte de sa chapelle. Il espérait que la vue de ses fidèles, pieusement agenouillés autour de l'autel, toucherait le cœur de quelques-uns des spectateurs, ou tout au moins dissiperait les stupides préventions qu'inspire aux Orientaux le culte catholique.

» Les trois premiers jours, racontait-il, la foule des païens était déjà assez grande, mais les jours suivants, on peut dire qu'elle était innombrable, soit parce que le bruit de nos cérémonies était plus répandu, soit parce qu'on tâcha d'y mettre encore plus de solennité, que les jours précédents [1]. »

M. Bringol rendait le même témoignage à l'éclat de ces réunions, et il ajoutait que, pour leur donner une pompe plus extraordinaire encore, on avait organisé une procession générale, au jour de la clôture. Le Provicaire pensait avec raison que c'était le meilleur moyen de publier la gloire de Dieu, en présence d'un peuple plus curieux qu'intelligent, plus accessible par les yeux et l'imagination que par l'esprit et par le cœur, et qui ne croit bon et vrai que ce qui a l'avantage de lui plaire. Il paraît même que le succès des cérémonies catholiques dépassa tout ce qu'on espérait; car le bruit s'en répandit, dès le commencement, jusque parmi les membres de la famille royale, et plusieurs voulurent y assister. En effet, un neveu et la sœur aînée du roi, suivis de quelques mandarins lettrés et militaires, vinrent prendre place au milieu des chrétiens.

Cette démarche inattendue donna aux prières des fidèles une importance considérable, dans l'opinion publique. Naguère on menaçait de mort ceux qui suivent la religion des Européens, et voilà maintenant que les familiers du palais fréquentent les assemblées, regardées autrefois comme dangereuses pour la sûreté de l'État !

1. A. M. Langlois, le 8 août 1830.

On ne savait comment expliquer cette contradiction; et déjà certains courtisans, les plus hostiles au christianisme, concevaient de l'ombrage et méditaient les moyens de réveiller les défiances et la haine de Migne-Mang. Ils étaient d'autant plus inquiets, que les nobles personnages dont nous parlons ne cachaient point l'admiration qu'ils éprouvaient pour l'ordre, le recueillement et la gravité sans affectation, qui règnent parmi les adorateurs de Jésus-Christ, tandis qu'ils ne voyaient que tumulte, inconvenance et confusion au sein des réunions où l'on prétend honorer les dieux nationaux. Ainsi le triomphe de la religion chrétienne, qui devait être une consolation pour les missionnaires et une source de salutaires réflexions pour leurs ennemis, n'a peut-être abouti qu'à irriter les méchants. Tant il est vrai que la lumière blesse les regards de ceux qui ne voudraient pas sortir de leurs ténèbres.

Aussi, loin de croire à la conversion de ceux qui étaient venus contempler la beauté de son culte et entendre sa parole, M. Jaccard craignait au contraire une recrudescence de fanatisme de la part des païens. Il supposait que le démon ne renoncerait pas facilement à la victoire.

Effectivement, tandis que plusieurs mandarins, animés des sentiments de la justice, avouaient que les croyances chrétiennes ne portaient aucun préjudice à la moralité et à la paix publique, et que les partisans de Jésus étaient libres d'adorer et de prier la divinité de leur choix, d'autres lettrés tenaient un langage tout opposé. Quelques-uns même de ceux-ci, dans l'espoir d'exciter le roi et d'agiter l'opinion, répandirent le bruit que Sa Majesté voulait secrètement embrasser la religion chrétienne, et que déjà elle avait donné mille ligatures (1,000 fr.) à son interprète, et deux mille pour orner les quatre chapelles de la capitale[1]. On ne sait pas si le roi eut connaissance de ces propos mensongers, mais ils réussirent parfaitement à enflammer le zèle des adorateurs de Phat et de Confucius, qui feignirent de croire à la prochaine destruction de toutes les pagodes du royaume, si on ne mettait promptement une barrière au progrès de l'Évangile.

En conséquence, vers le mois de septembre de cette même année, 1830, les premiers mandarins du tribunal criminel présentèrent une requête à Sa Majesté Migne-Mang, la suppliant de porter une ordonnance contre la religion chrétienne, et de décréter en même temps la démolition des églises, l'expulsion des Européens, et l'obligation pour les principaux chefs de famille de fouler aux pieds la croix, en signe d'apostasie.

A la réception de ce placet, le roi prit un air soucieux et garda le

1. Lettre de M. Bringol, 10 juillet 1830.

silence. Mais cette hésitation, qui déplut vivement aux mandarins et aux païens, ne tranquillisa pas les chrétiens, parmi lesquels continuaient à circuler des bruits prenant de plus en plus un caractère alarmant.

Seul, M. Jaccard, plein de confiance dans l'équité et les sentiments d'humanité de son auguste maître, ne voulait pas croire à une persécution et cherchait à dissiper la frayeur des fidèles. Et pour les mieux rassurer, il ajoutait : « Je suis aux portes du palais, je surveille les événements, et j'aurai le loisir de vous prévenir à la première apparition du danger. » Cet optimisme n'était pas du goût de beaucoup de chrétiens, qui avaient des idées très-différentes sur les intentions du souverain et de ses courtisans. D'ailleurs les païens, remplis d'animosité contre les missionnaires, voyaient avec dépit que les néophytes ne paraissaient pas effrayés des menaces de persécution.

Or, voici que, dans ces conjonctures difficiles, un habile faussaire, exploitant la malveillance des uns et la peur des autres, imagina de composer une ordonnance au nom du souverain et la fit circuler dans une des provinces voisines de la capitale. Cette pièce odieuse, mystérieusement communiquée aux gens intéressés à la connaître ou à la divulguer, produisit l'effet d'un coup de tonnerre qui ébranle la nue et déchaîne la tempête. La stupeur fut générale parmi les chrétiens, et comme il arrive toujours, quand la crainte enlève la réflexion, chacun commentait et aggravait à sa façon le contenu de la terrible ordonnance. On accourait de toute part chez M. Jaccard, pour l'avertir de tout ce qu'on racontait et prendre ses conseils. Le bon Père refusa d'abord de croire les premiers récits; mais force lui fut bientôt de se rendre, sinon à l'évidence des faits, du moins à la force des allégations.

Durant ces jours-là, un missionnaire, résidant loin de Duong-cheune lui expédie un courrier, pour l'informer qu'on va massacrer tous les chrétiens. Au même instant, un homme notoirement dévoué, vient tout essoufflé répéter la même nouvelle. Enfin, des gens d'un village voisin apportèrent le prétendu décret de persécution, assurant qu'il avait été trouvé chez le gouverneur de leur province.

En présence de cet ensemble de témoignages, qui concordaient si bien, M. Jaccard n'eut plus d'objections à opposer, et crut de son devoir d'envoyer immédiatement une circulaire aux diverses chrétientés, les engageant à se tenir sur leurs gardes, et à faire disparaître tous les objets qui pouvaient les compromettre vis-à-vis des agents de l'autorité.

Malheureusement, on avait pris la condamnation portée contre trois chrétiens, pour une ordonnance s'appliquant à tous les fidèles. Voici le fait, d'après le récit du Provicaire apostolique.

« Il y a environ trois ans, dit-il, quelqu'un des employés du tribunal des causes criminelles s'avisa de contrefaire le cachet du principal mandarin dudit tribunal, pour décréter la persécution dans plusieurs districts du Tong-King, et quelques chrétiens, fort entendus dans les affaires, ayant découvert la supercherie, accusèrent le coupable, qui a été condamné à mort avec plusieurs de ses complices. Mais ces pauvres chrétiens (qui auraient mérité une récompense), pour avoir dévoilé l'imposture d'un mauvais sujet, ont été regardés eux-mêmes comme criminels ; c'est pourquoi le roi les a condamnés au nombre de trois, (ce sont sans doute des chefs de chrétientés), à être exposés au soleil, la cangue au cou, à recevoir cent coups de bâton et à s'en aller en exil, dans la province de Qouang-Ngaï, un peu au sud de Tourane. Ce jugement a été envoyé à tous les gouverneurs, avec ordre d'agir en conséquence. On ignore encore quels seront les résultats de cette circulaire [1]. »

Le premier effet, nous l'avons constaté, fut la panique universelle dont les chrétiens furent frappés. Un autre plus redoutable, c'était la colère du roi, s'il venait à connaître la nouvelle et audacieuse falsification, commise presque à l'ombre de son palais. Et un éclat était d'autant plus à craindre, remarquait plus tard François, que l'inventeur de la dernière et fausse ordonnance de persécution était un chrétien.

Ce malheureux s'était-il rendu coupable d'une lâche trahison vis-à-vis des coreligionnaires, ou bien ne s'était-il proposé que de forcer à la crainte le bon et pieux missionnaire, dont la confiance lui avait paru entachée d'obstination et d'imprévoyance? On ne saurait le dire ; mais enfin sa mauvaise action était profondément regrettable ; car, outre la perturbation qu'elle avait jetée dans les chrétientés, le roi pouvait en profiter pour essayer d'en finir avec les faussaires et les disciples des Maîtres européens.

Par une fâcheuse coïncidence, une autre source de troubles et de mécontentements venait de s'ouvrir, par la naissance d'un grave différend survenu entre le village chrétien de Duong-cheune, où habitait le Provicaire, et un autre village païen, peu éloigné. L'affaire, que nous exposerons ailleurs, avait été soumise à l'arbitrage de l'Ong--houiène, ou juge de la sous-préfecture, et ce magistrat semblant favorable aux chrétiens, la partie adverse, usant d'un droit reconnu en Cochinchine, au lieu d'attendre la sentence prête à être prononcée, fit savoir qu'elle portait la cause devant le tribunal suprême du royaume. Ce procès, qui était pendant depuis plusieurs mois, n'avait pas été étranger à la requête de per-

1. A MM. les directeurs, 17 novembre 1830.

sécution présentée récemment à Sa Majesté, et en ce moment il augmente la terreur qui a saisi les chrétiens, parce qu'ils supposent qu'on voudra les châtier, de leur audace à soutenir la lutte contre les païens.

Cependant, le juge, avant d'abandonner l'affaire, avait mandé M. Jaccard, disant qu'il avait besoin de certains éclaircissements; mais en réalité, il voulait se laver des reproches qu'on lui adressait, relativement à sa bienveillance pour les chrétiens. François s'étant présenté dans l'après-midi au tribunal, le juge ne consentit ni à lui donner audience ce jour-là, ni à le laisser repartir, mais il le fit conduire dans la prison commune, et l'obligea à passer la nuit en compagnie des malfaiteurs et des coquins ramassés par la police. Le pauvre missionnaire se soumit humblement à ce vilain procédé, et loin de s'en plaindre dans la suite, il bénissait Dieu et amnistiait l'instrument de sa Providence.

Comme l'avait espéré l'Ong-houiène, les païens applaudirent à sa conduite, tandis que les chrétiens en tiraient les conclusions les plus pénibles, pour leur cause personnelle et pour l'honneur de la religion. Cependant ces différentes impressions furent de courte durée; tout avait changé avec le lever du soleil. « Dès le lendemain, raconte M. Jaccard, quand le juge me fit paraître, il me traita avec toute la considération possible, m'adressa deux ou trois questions de la manière la plus honnête et me renvoya[1]. »

Les fidèles, agréablement surpris de ce revirement inattendu, laissent éclater leur joie et remercient Dieu, d'accord avec leur vénéré Maître. Quant aux païens, ils se livrent à l'irritation et se mettent à accuser le juge d'être le complice du missionnaire.

L'Ong-houiène, disent-ils, se repaît de l'argent, qu'il a reçu du Maître de la religion; il a été ensorcelé par le Père, il faut qu'il soit révoqué et puni.

Malgré ces méchantes clameurs, les chrétiens profitant du faible avantage qu'ils viennent d'obtenir, cherchent à mettre à jour l'origine de la fameuse ordonnance, dont ils ont déjà beaucoup souffert. Les mieux posés d'entre eux s'en vont de tribunaux en tribunaux, pour trouver l'original du décret royal; après d'infructueux efforts, ils découvrent que les mandarins ont bien réellement présenté un placet à la signature de Sa Majesté, mais qu'elle ne l'a pas pris en considération.

Avertis de cette enquête des chrétiens, les mandarins furent profon-

1. Lettre du 17 novembre 1830.

dément blessés de voir leur insuccès connu du public, et, dans le but de réparer l'échec que venait de subir leur honneur, ils revinrent à la charge, par la représentation d'une *carte* où étaient résumés les considérants développés dans leur précédente supplique [1]. Mais cette seconde tentative réussit encore moins que la première; Migne-Mang ayant examiné la pièce soumise à son approbation, la renvoya à ses auteurs, après l'avoir rayée d'un coup de pinceau.

A cette nouvelle qui mettait fin aux bruits de persécution, on devine le désappointement des mandarins et la joie des chrétiens. Aussitôt le Provicaire apostolique expédia, dans toutes les directions, des courriers porteurs d'une circulaire destinée à rassurer les fidèles et à les engager à ne rien déranger en leurs églises et à rendre à Dieu de ferventes actions de grâces, pour la paix inespérée qui leur est accordée. Mais, hélas! ces heureuses informations arrivaient trop tard; plusieurs villages avaient déjà démoli leurs chapelles, plié leurs tentures, caché les ornements, dans la crainte de les voir livrés au pillage ou à l'incendie. En d'autres endroits, les païens s'étaient empressés d'exécuter les ordres prétendus de Migne-Mang et avaient détruit six églises, sur le territoire de la province de *Jigne-câte*. Un plus grand nombre encore furent atteintes dans le *Qouang-Nâme;* et sur les montagnes de *Ciampa*, deux eurent leur toiture enlevée, par ordre d'un petit mandarin.

En apprenant le trouble et les dégâts occasionnés par sa première circulaire, M. Jaccard, si calme et si ferme quand les coups de la tribulation n'atteignent que lui, eut le cœur navré de chagrin. « J'ai vraiment été malade, dit-il [2], du tracas et des dépenses qu'ont causés à nos pauvres chrétiens les faux bruits si bien débités. » Sa douleur fut d'autant plus vive, qu'il avait pour la religion et les fidèles un amour plus ardent : il s'accusait lui-même d'être l'auteur de toutes ces misères, parce que n'ayant pas soupçonné les mensonges, dont il avait été la première victime, il leur avait donné toutes les apparences de la vérité, en les prenant pour base de sa conduite. Et, au lieu d'attribuer la vivacité de sa peine à la charité et à la sensibilité bien connue de son âme, il la mettait sur le compte de son amour-propre, ne s'apercevant pas, qu'en parlant ainsi de lui-même, il prouvait juste le contraire de ce qu'il avançait; car il faut être un homme véritablement humble, pour ignorer ses vertus et signaler son orgueil.

Cette touchante humilité, qui le rendait si sévère, relativement à une méprise bien innocente de sa part, lui inspirait au contraire des senti-

1. C'est la manière d'insister auprès du roi, quand il a repoussé une supplique.
2. 17 novembre 1830.

ments pleins de reconnaissance, à l'égard des personnes dont il avait reçu quelques témoignages de bienveillance et de sympathie. Il se croyait toujours l'obligé de tout le monde, même quand on lui exprimait le juste attachement qu'il avait mérité par ses rares qualités, ou ses éminents services.

Ainsi un navire français, le *Saint-Michel*, ayant fait naufrage, dans ces temps-là, sur les côtes de Cochinchine, François fut assez heureux pour rencontrer et pouvoir sauver plusieurs des hommes de son équipage. Les officiers et quelques passagers de distinction, qui le virent plus intimement, furent ravis de l'aménité, de la franchise et du dévouement de ce bon et pieux compatriote, arrivé avant eux sur les plages inhospitalières de l'Orient, tout exprès, semblait-il, pour leur offrir le doux accueil de la fraternité et de la religion. Il rendit effectivement à chacun, et de la manière la plus cordiale, tous les services possibles, et quand il eut épuisé les ressources de son amicale obligeance, durant leur séjour dans le royaume d'Annam, il voulut encore les accompagner de ses vœux, quand ils remirent à la voile. Et parmi les lettres qu'il leur confia, il eut soin d'en mettre une adressée à MM. les directeurs du séminaire des Missions étrangères, qui renfermait la recommandation suivante : « Si quelqu'un de MM. les naufragés du *Saint-Michel* se rendait à Paris et voulait bien faire une visite au séminaire, je vous prie de les traiter non-seulement comme vous avez coutume de traiter les voyageurs, qui ont fait connaissance avec les missionnaires, mais encore comme des amis... Parmi eux, je dois nommer MM. Borel, E. Duhaut-Cilles, et Eugène Chaigneau, avec lesquels j'ai eu le plaisir de passer quelques moments trop courts[1]. »

Quelque temps après le départ des navigateurs, dont il est ici question, quand M. Jaccard avait encore le cœur tout rempli du souvenir des événements survenus en France durant les dernières années, il apprit la nouvelle des terribles journées de Juillet. Son imagination élargissant encore le théâtre des luttes sanglantes, engagées dans les rues de Paris, leur avait donné des proportions qui dépassaient beaucoup la réalité. A en croire les voix de la renommée, la capitale avait été remplie de massacres, et les principales rues passaient pour avoir vu plus de victimes, que n'en compta la ville tout entière. Et comme la révolution avait eu un caractère visiblement irréligieux, il était possible que les prêtres des Missions n'eussent pas été épargnés; c'était du moins la crainte de leur généreux confrère, qui oubliait les maux dont il était accablé, et ne songeait qu'aux afflictions des autres.

1. Le 17 novembre 1830.

« Je craignais, écrivait-il plus tard à MM. les directeurs, que vous n'eussiez été victimes des massacres du mois de juillet; j'ai béni la Providence qui vous a si merveilleusement conservés paisibles, au milieu de tant de scènes d'horreur, et vous a donné les moyens d'envoyer un si grand nombre de missionnaires[1]. »

Cependant le souffle de l'enfer agitait encore bien plus violemment les esprits, au sein des contrées de l'Orient, qu'en Europe. La haine, qui poursuivait la religion, en Cochinchine, était moins savante, il est vrai, que celle des politiques et incrédules de France, mais elle était d'une cruauté bien plus brutale; et en ce moment, elle s'apprêtait à l'exécution de complots d'une barbarie repoussante et propres à jeter la désolation dans toutes les chrétientés annamites.

1. Le 22 décembre 1831.

CHAPITRE XI

LE PROCÈS

Fatal procès entre les villages de Duong-cheune et de Co-lao. — Origine de ce procès. — Accusations portées contre M. Jaccard. — Son refus de comparaître devant le juge de sa sous-préfecture. — Il se rend à l'audience et défend sa cause. — Tergiversations du juge. — Griefs religieux contre M. Jaccard ; nouveau procès et nouvelle plaidoirie. — Rébellions. — Mémoire adressé à Migne-Mang. — Les chrétiens et M. Jaccard au tribunal des préfets. — Condamnations successives. — M. Jaccard tente un recours en grâce en faveur des chrétiens.

(Du mois de septembre 1830 au 4 janvier 1832.)

Il faut raconter tout au long l'étrange et fatal procès, survenu entre les villages de *Duong-cheune* et de *Co-lao*. Ce n'est pas seulement la querelle de deux partis hostiles, c'est la lutte incessante des étendards de la justice et de l'iniquité, lutte commencée avec la révolte de Satan et qui se poursuivra jusqu'à la fin du monde. Sous le masque des impudentes prétentions dont nous serons témoins, nous verrons de nouveau le mensonge hypocrite appeler à son aide la force brutale, pour étouffer la vérité chrétienne ; et celle-ci opposant, selon sa coutume, à l'astuce et à la violence, la douceur et la patience de son divin Auteur. Nous suivrons donc attentivement le fil de cette mauvaise chicane, moins à cause de l'objet du litige, qu'à cause des effets qui naîtront plus tard de la sentence même des juges. Et, pour connaître exactement l'origine et le caractère de cette malheureuse affaire, dont nous avons déjà dit un mot au chapitre précédent, nous recueillerons le récit qu'en a fait M. Jaccard, dans plusieurs de ses lettres, et nous le compléterons par les dépositions des chrétiens appelés en témoignage.

« Deux villages voisins, *Co-Lao* (le vieux d'autrefois), habité par des païens, et *Duong-cheune* (montagne de cyprès) peuplé de chrétiens, nourrissaient l'un contre l'autre une longue et réciproque animosité. Évidemment la différence de religion n'était pas étrangère à cette vieille antipathie [1]. »

1. Lettre du 8 octobre 1830.

Depuis que le grand interprète résidait à Duong-cheune, il avait sévèrement maintenu les chrétiens dans la modération et la charité, à l'égard de leurs ennemis; mais ceux-ci, dont les passions ne connaissaient point de frein, cherchaient toutes les occasions de satisfaire la haine fanatique de leur cœur. Ainsi les villageois de Duong-Cheune, ayant fait un chemin pavé, ceux de Co-Lao arrachèrent les pierres et les jetèrent dans les champs.

Les pavés furent ramassés et remis en place, mais il fallut faire bonne garde, pour empêcher le retour des premiers dégâts. A quelques mois de là, le temps des récoltes étant venu, il se trouva que le territoire de Duong-cheune était favorisé d'une plus belle moisson que celui de Co-Lao. Cette différence de richesse fut encore une cause d'agression. Les païens irrités s'en prirent aux chrétiens et, s'autorisant de ce faux prétexte, vinrent les attaquer au milieu de leurs champs, pendant qu'ils étaient occupés à leurs travaux. Et, dans le but de s'emparer, avec un semblant de justice, d'une partie de leurs produits, ils prétendent que les limites plantées entre les propriétés des deux villages ont été remuées au préjudice de Co-Lao. Les chrétiens réunis à la hâte, leurs instruments de culture à la main, écoutent les réclamations des assaillants. Il s'en suit bientôt une vive discussion accompagnée de menaces et de reproches blessants.

Malgré les dénégations des accusés, les habitants de Co-Lao essayent d'écarter leurs bornes; aussitôt ceux de Duong-cheune les arrachent et les jettent au loin. Pendant que quelques-uns se portent à ces voies de fait, les autres crient, s'injurient, appellent au secours, en sorte que ce fut longtemps une mêlée indescriptible de plaintes, de cris de colère, et de coups échangés.

C'était le soir, et presque tout le village de Duong-cheune était accouru sur les lieux du combat, en poussant des clameurs immenses pour provoquer l'intervention des pays voisins. M. Jaccard était resté à peu près seul au village avec ses professeurs, auxquels il défendit de sortir. Les religieuses, entendant le tumulte de cette lutte inouïe, furent saisies d'effroi et coururent demander au Provicaire ce qu'elles devaient faire. A son ordre, elles se rendirent à leur chapelle, pour implorer l'assistance de Dieu; et, afin d'émouvoir plus sûrement sa paternelle miséricorde, elles se traînèrent sur les genoux en priant, depuis la porte jusqu'au pied de l'autel. Quelques-unes d'elles, craignant que les habitants de Co-Lao ne tuassent les chrétiens pris au dépourvu, avaient jeté à la porte du couvent des faisceaux de bâtons, pour que ceux de Duong-cheune pussent, en cas de besoin, s'en saisir et se défendre. Quand M. Jaccard fut instruit de cette ruse des bonnes sœurs, il les blâma, et leur dit qu'une autre fois elles devaient se borner à la prière.

Ce qui aggrava cette méchante affaire, c'est que des deux côtés quand le calme fut un peu rétabli, les combattants se couchèrent par terre, selon la formalité observée dans le pays, quand on veut imprimer à un différend le caractère d'une chose de grande importance. Une fois cette bizarre cérémonie remplie, l'affaire en litige ne peut plus être résolue que par la sentence de l'*Ong-houiène* ou juge de paix de la sous-préfecture.

Cependant le lendemain, le maire et l'adjoint de Duong-cheune, obéissant à une pensée de conciliation qui venait probablement du Provicaire, se rendirent à la maison commune de Co-Lao, pour proposer un arrangement; mais les païens ne voulurent rien entendre. Faute de transaction, la difficulté fut déférée au tribunal du juge en premier ressort. Ce magistrat, qui paraissait intègre, ne tarda pas à s'apercevoir de l'injustice des païens et laissa pressentir quel serait son arrêt.

Co-Lao, averti de ces dispositions et prévoyant que ses griefs ne seraient pas trouvés légitimes, imagina d'impliquer M. Jaccard dans la querelle, en l'accusant d'avoir fait une sortie contre les païens à la tête de cinquante hommes armés.

Cette accusation donnant à la cause une portée beaucoup plus grave, le juge envoya des huissiers chercher le Maître de la religion. Mais celui-ci refusa de se déranger, en disant : « Le jour du combat des deux villages, j'ai travaillé du matin au soir à traduire des lettres pour Sa Majesté; les pages qui les ont apportées savent que je n'ai pas eu un seul instant de repos; ainsi je n'ai pu me mettre à la tête des habitants de Duong-cheune. » Les huissiers n'eurent qu'à répéter à leur mandarin les paroles du grand interprète.

Le juge était bien convaincu de l'innocence du vénérable accusé, mais il craignait les accusateurs, c'est pourquoi il essaya de se tirer d'embarras, en priant un mandarin supérieur de se charger de l'affaire. Mais celui-ci, au lieu de mander l'Européen à sa barre, lui fit intimer l'ordre de se présenter devant son juge naturel, et lui envoya une lettre portée par trois satellites.

Or les soldats, en allant chez M. Jaccard, passèrent vers le soir à Co-Lao, et pour donner à leur démarche plus de solennité, prirent avec eux cinquante personnes portant des flambeaux, et se rendirent, suivis d'une grande foule de curieux, à la maison du missionnaire où ils mirent tout sens dessus dessous. Mais celui-ci ne se laissa pas effrayer; visiblement assisté par la Providence, il s'assit sur son estrade de professeur, et dit tranquillement à la troupe de furieux qui vient l'assaillir : « Je n'ai rien fait contre les gens de Co-Lao, on me calomnie; je n'irai donc pas chez le juge de la sous-préfecture. »

Les satellites exhibent à ce moment le mandat d'amener dont ils sont porteurs, et le font lire par une espèce d'avocat appelé en qualité d'assesseur. La lecture terminée, l'accusé restant immobile, les soldats se précipitent sur lui, l'enchaînent et le tiennent aux fers durant plusieurs heures. Mais, comme ils outrepassaient leurs ordres, ils finirent par lui rendre la liberté. Alors accédant au conseil d'un chrétien présent à cette scène, François se rendit chez le juge, quand le jour fut venu.

Celui-ci, pour punir le grand interprète de sa résistance, l'enferma dans une prison où il coucha plusieurs nuits consécutives sur la terre nue, au milieu des criminels. Trois jours se passèrent sans interrogatoire; ce que voyant, M. Jaccard demanda qu'on lui assignât le jour de l'audience, et qu'on le laissât retourner à sa maison pour vaquer aux travaux prescrits par Sa Majesté.

Il se présenta depuis deux ou trois fois au tribunal du magistrat, sans obtenir de décision; à la fin on annonça une audience pour le prononcé du jugement. L'heure venue, le juge prenant un ton grave et sévère, s'adressa aux accusateurs, en ces termes : « Quelle raison peut-il y avoir de croire qu'un homme aussi distingué que cet Européen, se soit porté à la vilaine action de se mettre à la tête du peuple pour aller frapper les gens de Co-Lao? Il aurait bien plutôt exhorté les deux villages à rester en paix. Est-ce raisonnable de soutenir une telle accusation? »

Cette conclusion reproduisait les principaux arguments de la défense de M. Jaccard, qui avait détruit de point en point la calomnie formulée contre lui. Sa plaidoirie avait même agréablement surpris l'Ong-houiène, qui ne put s'empêcher de lui adresser des compliments en présence de la foule dont le prétoire était encombré.

Comme on pouvait s'y attendre, un pareil dénoûment n'était pas du goût des païens, ainsi convaincus de mensonge et déclarés coupables; car ils avaient espéré, au lieu d'un décret de la justice, obtenir un acte de complaisance et de vengeance légale. Cependant ils ne laissèrent échapper aucune plainte; au contraire, dissimulant leur dépit, ils se bornèrent à demander un renvoi, afin de recueillir, disaient-ils, des preuves décisives en leur faveur.

En vertu de ce nouveau délai accordé à ses accusateurs, M. Jaccard restait justiciable du petit mandarin qui, après avoir déjà montré plusieurs fois ses sentiments d'équité et sa faiblesse de caractère, va lui faire subir une dernière humiliation, pour plaire aux ennemis des chrétiens.

Dans le but de poursuivre son système d'équilibre, entre la vérité et le mensonge, le magistrat tâcha d'effacer les paroles élogieuses adressées au Maître européen, en le retenant pour la nuit en prison, où il coucha sur la terre humide, au milieu des crapauds qui se traînaient jusque sur son visage. Une conduite si équivoque était peut-être de l'habileté, mais elle ne trompa personne; les coupables n'en conservèrent pas moins une profonde rancune contre le juge, qui n'avait pas consenti à être leur complice; et les gens étrangers à l'affaire ne cachèrent pas la sympathie qu'ils avaient conçue pour M. Jaccard, dont l'innocence était parfaitement établie.

« Pendant mon séjour chez l'Ong-houiène, écrivait-il [1], j'ai été visité par un certain nombre de mandarins, tandis que d'autres faisaient leur possible pour obtenir justice en ma faveur. L'affaire n'est pas encore finie, mais il est impossible qu'avec les preuves que j'ai données et les contradictions flagrantes qu'avance le village païen, les chefs ne reçoivent pas au moins quatre-vingts coups de bâton. Je me propose, lors du jugement, de demander leur grâce, pour leur prouver qu'un chrétien sait rendre le bien pour le mal. »

C'est fort bien d'avoir de son côté le bon droit et d'être généreux; mais il ne faut pas plaider contre la fourberie, le mensonge et la haine, devant un tribunal qui rend des services et non de justes arrêts. En de telles conditions, la justice ne triompherait guère en Europe; à plus forte raison devait-elle être vaincue en Cochinchine, en défendant les droits d'un prêtre du Christ, en face de mandarins dépourvus de conscience, sur les terres du plus capricieux et du plus corrompu des souverains.

C'est pourquoi, tout en avouant à M. Jaccard qu'il le sait innocent, le juge se conduit envers lui comme s'il le croyait coupable.

« Toutes les fois que j'ai comparu devant lui, disait-il encore, l'*Ong-houiène* m'a traité avec beaucoup d'égards; il s'est même excusé publiquement de la peine qu'il me causait en m'appelant à sa barre, déclarant que je devais tout attribuer à la méchanceté de mes accusateurs; ajoutant qu'il savait bien que je n'étais pas venu en Cochinchine pour me battre. »

Mais, avant que ces lignes fussent arrivées à leur destination, la querelle suscitée à François avait changé de face. Les païens, voyant que l'échafaudage de leurs accusations est prêt à crouler, essayent de le raffermir en l'appuyant sur de nouveaux griefs. N'ayant pas réussi à

1. A M. Langlois, 8 octobre 1830.

faire passer le pauvre missionnaire pour un émeutier, chef d'une troupe de malfaiteurs, ils auront recours à la tactique des Juifs traduisant Jésus-Christ au tribunal de Pilate.

Ainsi, moralement déboutés au civil et au correctionnel, ils se retournent vers le côté religieux, et le Maître européen ne sera plus pour eux qu'un impie, violant par son enseignement les lois saintes de la nation. Armés des décrets royaux prohibant l'exercice du christianisme, ils étaient cette fois bien assurés d'obtenir gain de cause, ils le disaient du moins publiquement, et pressaient l'Ong-houiène de citer le coupable à une solennelle et définitive audience.

Évidemment la position devenait critique; ici le délit ne paraissait pas niable, vu la législation cochinchinoise. M. Jaccard n'avait plus qu'à se conformer à la volonté de Dieu et à se réfugier sous la protection de sa miséricorde. C'est pourquoi il priait ardemment le divin Maître, au nom et pour la gloire duquel il s'apprêtait à souffrir et se recommandait aux prières des chrétiens. Néanmoins, afin de soutenir plus efficacement les droits de la vérité, il étudia soigneusement les diverses lois, portées depuis deux cents ans, par les souverains annamites relativement à la religion.

Quand le moment de la comparution fut venu, les païens invités à formuler leurs plaintes commencèrent le refrain des anciennes accusations, comme si elles n'avaient pas été victorieusement réfutées ; et arrivèrent à la fin aux griefs nouvellement imaginés. Les habitants de Duong-cheune, dirent-ils, sont attachés à la religion perverse des Européens, et les gens de cette secte sont des voleurs, des hypocrites qui séduisent le peuple, corrompent les bonnes mœurs et les coutumes du pays et répandent partout les ténèbres. Au surplus, ce sont de mauvais citoyens, qui foulent aux pieds les lois et se conduisent au mépris de toutes les règles et de toutes les bienséances, et sont d'un voisinage souverainement incommode, au point qu'ils attirent sur nous et nos terres les malédictions des divinités cochinchinoises. A ces causes, concluait ce singulier réquisitoire, nous demandons que les chrétiens et leur maître soient condamnés aux peines édictées contre eux, par la très-haute majesté de notre roi Migne-Mang, afin que son royaume soit à jamais heureux.

L'énumération des injures et des mensonges, dont nous venons de donner un court résumé, porta l'indignation de M. Jaccard à son comble. Cependant le souvenir des outrages adressés à Jésus-Christ maintint le calme dans son cœur, et il présenta la défense des chrétiens avec netteté, énergie et une parfaite présence d'esprit. Après avoir rappelé les arguments opposés à ses adversaires, dans la première plaidoirie, il aborda résolûment les nouveaux chefs d'accusation. Et d'abord il exigea une explication catégorique, touchant le reproche qu'on faisait aux chrétiens *de ne connaître ni règles ni bienséances*.

Les païens qui n'avaient pas prévu cette vigoureuse apostrophe n'y voulurent rien répondre, manquant de preuves à l'appui de leur calomnieuse insinuation. Ce silence, équivalant à l'aveu de leurs mensonges, fournit d'excellentes armes à l'avocat des chrétiens, qui retourna contre ses adversaires leurs propres accusations, en s'appuyant sur des faits notoires. Il fit ensuite observer au juge que les chrétiens supportaient, sans exception, toutes les charges publiques, et qu'on ne les avait jamais surpris au nombre des perturbateurs de la paix du royaume. On ne peut malheureusement pas affirmer, ajouta-t-il, qu'il n'y a parmi eux ni voleurs ni mauvais sujets, mais en trouve-t-on moins chez les sectateurs de *Phat* et des autres divinités ?

N'ayant pas l'intention de prendre le rôle d'accusateur, il laissait aux habitants de Co-Lao le soin d'établir la liste de ceux de leurs concitoyens, qui méritaient d'être livrés à la justice.

Quant aux griefs tirés de la religion, M. Jaccard fit observer que sur ce point l'accusation renfermait beaucoup plus de haine que de connaissance des lois. Après un rapide exposé des principaux articles du dogme et de la morale évangéliques, afin de rendre hommage à leur divin Auteur, en les mettant en parallèle avec les enseignements diffus et bizarres de la doctrine annamite, il prouva que les princes les plus vertueux, surtout dans la dynastie régnante, avaient jusqu'ici honoré la religion de Jésus-Christ. Le dernier roi, dont la mémoire sera longtemps en vénération, l'illustre Gia-Laong, n'avait-il pas autorisé la reconstruction des églises renversées par les rebelles (ou Teï-Cheune)? Bien plus, sous le règne de ce glorieux monarque, pleine liberté avait été accordée à l'exercice du culte européen. Il est vrai que depuis, Migne-Mang a été sollicité, par quelques mandarins, à prendre des mesures de rigueur contre les chrétiens, mais Sa Majesté, plus sage et plus juste que ses courtisans, n'a pas porté le décret qu'ils lui demandaient.

Enfin, ajoutait le Provicaire, en 1826, lorsque les Maîtres européens urent mandés à la cour, l'ordonnance royale ne portait aucune prohibition contre leur religion, elle disait seulement que le souverain désirait avoir près de lui des interprètes des langues occidentales.

Ce dernier raisonnement était très-habile et révélait manifestement la mauvaise foi et l'ardeur ignorante des païens ; mais, par malheur, il se basait bien plus sur le texte des décrets de Migne-Mang, que sur ses dispositions réelles, comme on ne tardera pas à s'en apercevoir. Quoi qu'il en soit, le juge, peu habitué à entendre des logiciens de la force du missionnaire, fut très-frappé de la vigueur et de la clarté de son argumentation, et il avoua publiquement que le *Maître* avait raison, qu'aucune loi d'État n'interdisait la profession du christianisme.

« J'ai un peu étonné mon juge, écrivait plus tard M. Jaccard ; supposant qu'il serait question de religion, j'avais d'avance consulté les lois du royaume, sur cet article ; ce qui m'a bien réussi... Quand je me fus retiré, le magistrat fit une sévère admonestation à ces *braves gens*. Vous pensiez, leur dit-il, que, parce que cet homme est étranger et d'une figure extraordinaire, c'était un sot qui en passerait par où vous voudriez ! Voyez maintenant ce qu'il en est ; je vous avais dit, au commencement, de ne pas lui chercher querelle. »

La foule présente aux débats ne fut pas moins étonnée. Ces pauvres Annamites, ne se doutant pas de la cause de leur propre infériorité et ne soupçonnant pas davantage la force que le Provicaire puisait dans sa foi, disaient entre eux, à la vue des talents qu'ils lui voyaient déployer : Quel bon mandarin ce serait, que cet Européen ! »

Son succès avait donc été complet ; et à en juger par l'impression unanime des assistants, l'issue du procès ne paraissait pas plus douteuse, à la fin de cette audience, qu'à la clôture de la précédente ; M. Jaccard était donc en droit d'espérer que les païens seraient condamnés et qu'il aurait la consolation chrétienne de solliciter leur grâce, comme il se l'était promis.

Cependant le juge prit encore le parti de surseoir au prononcé de la sentence ; en sorte que le pieux serviteur de Dieu restait toujours sous la surveillance de la justice sous-préfectorale.

Sur ces entrefaites, les gens de Co-Lao, irrités de ce que l'accusé triomphait des efforts de leur méchanceté voulurent se venger et lui faire expier la considération dont il jouissait près de l'Ong-houiène et des mandarins. Une nuit, ils l'assaillirent dans sa demeure, brisèrent ses meubles, le lièrent comme un scélérat et ne consentirent à l'abandonner qu'après l'avoir accablé d'outrages. Naturellement la conduite de ces bandits fut blâmée par les fonctionnaires du gouvernement, mais on ne leur infligea aucune punition. Il n'en fut pas de même à l'égard des chrétiens. Indépendamment des dépenses que ce procès leur occasionna, plusieurs de leurs chefs, appelés chez un mandarin supérieur, reçurent de nombreux coups de rotin, en attendant la peine définitive. A cette vue, le Provicaire ne put se défendre d'un douloureux sentiment de défiance, vis-à-vis d'une autorité si partiale et qui mettait tant de lenteur à lui rendre justice. On avait beau l'entourer d'égards, l'avenir paraissait plein de menaces.

« Il est sûr, disait-il, que Sa Majesté païenne ne nous aime pas. Il y a déjà contre nous des ordres qui ne sont pas exactement connus, mais qui, sans être terribles, pourront occasionner bien de la peine à nos chrétiens, selon que les gouverneurs et leurs subalternes seront plus ou moins avares et mal intentionnés... Toute notre confiance est en Dieu et dans les prières des âmes ferventes, particulièrement des généreux associés de la propagation de la foi[1]. »

Voici maintenant le secret de ces hypocrites machinations dirigées contre les chrétiens. Le 11 juin 1834, longtemps après ce misérable procès, dont on ignorait encore la véritable origine, M. Jaccard écrivait à MM. les directeurs des Missions étrangères à Paris : « Une chose que je savais déjà à peu près, mais qui m'a été confirmée par mes entretiens avec un petit mandarin, qui avait pris femme dans le village de Co-Lao, c'est que toute cette affaire avait été combinée à l'avance par le roi et conduite par un mandarin, son favori..., sans que les païens eussent le moindre grief contre les chrétiens de Duong-cheune ou contre moi. »

Il ne faut donc plus chercher les motifs qui empêchent les juges de faire aux chrétiens la réparation qui leur est due, et déterminent les mandarins de tous grades à fermer les yeux sur les avanies dont le missionnaire et les fidèles sont l'objet. Le danger est ainsi bien plus proche et bien plus grand que ne le supposait le généreux apôtre. Son regard confiant n'avait encore entrevu que des tentations ordinaires, mais elles ne tarderont pas à prendre un caractère de gravité exceptionnelle. En effet, un mandarin, originaire de Co-Lao et envoyé secret de Migne-Mang, vint tout à coup engager ses concitoyens à abandonner tous les chefs d'accusation pris en dehors de la religion, afin d'obliger l'Ong-houiène à déférer leur cause au tribunal des préfets de la capitale.

Cependant, comme si le ciel voulait accorder un moment de répit aux chrétiens, en donnant une leçon au roi, pour lui apprendre à faire un sage emploi de la puissance, la révolte a éclaté sur divers points des provinces annamites.

« On n'entend que des nouvelles sinistres, dit M. Jaccard. Les Teï-Cheune (ou rebelles) ont paru vouloir faire encore une tentative. On les cherche en ce moment dans toute la moyenne Cochinchine, ce qui augmente la misère publique. On parle de rébellions au Tong-King,

1. Lettre du 8 octobre 1830.

et on ajoute que les Siamois, soutenus par les Anglais, préparent une expédition contre le Camboge; de sorte que le roi sur son trône partage à peu près nos inquiétudes, avec cette différence qu'il met sa confiance dans sa sagesse, et nous dans le Seigneur, qui ne permettra pas que nous soyons tentés au-dessus de nos forces[1]. »

A ces avertissements, la Providence en joignit un autre plus direct, et qui était d'une certaine manière l'explication verbale des calamités qui ont fondu sur l'empire.

Cette leçon inattendue fut l'œuvre d'un jeune chrétien, âgé de vingt ans, originaire du Qouang-Nâme, et qui montra la hardiesse des prophètes sous les rois d'Israël et des martyrs au temps des empereurs romains. D'un bon sens égal à son courage, ne prenant conseil que de son dévouement à son pays et à sa foi, il fit parvenir à Migne-Mang un assez long mémoire, rempli de fermes et sages réflexions sur les torts de son gouvernement et sur les qualités d'un bon souverain. Après un préambule respectueux et insinuant, ce jeune homme s'exprimait ainsi :

« Sire, le ciel semble s'intéresser à votre prospérité et vous donner des avertissements dans les signes extraordinaires que nous apercevons; la nielle, les inondations et les sécheresses, les montagnes entr'ouvertes et les rivières taries à leurs sources; les ouragans, les pestes, les guerres et la destruction des moissons, etc., etc. A quelle cause attribuer ces fléaux dont le ciel punit ce royaume, depuis sept ou huit ans? N'est-ce point par ces châtiments qu'il veut punir et instruire Votre Majesté?... »

A la suite de plusieurs détails où il expose les souffrances du peuple et les injustices de l'administration, l'auteur des remontrances ajoute : « Il résulte que nombre de personnes, lasses de tant de cruautés, abandonnent le sol natal et vont se réfugier ailleurs... Beaucoup de villages tombent pour cela en ruine... »

« Jadis l'empereur Nyhiéou n'avait d'entrailles et de sollicitude que pour ses sujets... faut-il s'étonner que des milliers de familles regardassent ce roi comme une divinité, l'aimassent comme un père? Si le roi est bienfaisant, le peuple lui est fidèle; si le roi est vertueux, il réforme son peuple et le rend bon..., j'ose supplier Votre Majesté de marcher sur les traces de Nyhiéou..., de vénérer la religion sainte; d'étudier avec soin les leçons que donne l'antiquité; d'être impartial..., d'être exact à faire observer les lois... »

« D'où vient donc que le roi semble oublier ces grands devoirs, pour adresser des prières aux esprits et faire des sacrifices au démon,

1. Lettre du 12 mars 1831

sans qu'on ait jamais entendu dire que le démon lui ait donné aucun signe de reconnaissance, tandis que le ciel se manifeste par des signes nombreux? »

Dans l'opinion des lettrés du royaume, cette belle et respectueuse requête passa pour un chef-d'œuvre; mais aux yeux de Migne-Mang, qui en admira néanmoins la forme, elle fut trouvée d'une impertinence inqualifiable. C'est pourquoi la hardiesse d'un si noble langage parut à Sa Majesté mériter la récompense réservée à ceux qui ont le rare courage de dire la vérité à un despote, quand ses mauvaises passions ne veulent pas l'entendre. Or, le généreux conseiller, qui avait donné à son roi ces viriles leçons, n'ayant pas caché son nom, fut mis aux fers et menacé des derniers supplices, s'il ne réparait pas sa faute. On essaya d'abord de lui faire avouer qu'il n'était pas l'auteur de cet écrit, mais seulement le secrétaire d'un Maître de la religion; cependant on eut beau le tourmenter, et le flatter par de séduisantes promesses, il se contenta de répondre que, si on voulait avoir une preuve de sa capacité, on lui proposât une question à traiter, et qu'on verrait bien alors s'il avait eu besoin d'un inspirateur pour rédiger le mémoire dont il s'agit. Cette proposition, bien entendu, ne fut pas acceptée, et après quelques jours d'hésitations simulées, le roi parut oublier la pièce embarrassante qui avait un instant troublé ses plaisirs, puis il la traita de puérilité, sauf à en faire porter le châtiment à la communauté des chrétiens.

Toutefois, durant quelques semaines, Sa Majesté, ébranlée par les plaidoiries de son grand interprète, et par les admonitions résumées plus haut, se montra tout à fait favorable aux fidèles annamites. Un jour, parlant, dans une réunion de ses courtisans, du procès de Duong-cheune, il dit que, les chrétiens étant répandus dans tout l'empire, si on refusait de leur rendre justice, à cause de la religion, les païens s'acharneraient contre eux et les accableraient de vexations.

Des observations si justes furent généralement applaudies, par le peuple et la portion honnête du mandarinat, et les chrétiens pensèrent qu'un ange du ciel les avait inspirées au monarque. On peut croire, en effet, que les lèvres royales ne parlaient pas, en ce moment, de l'abondance du cœur; car les dispositions et le langage de Migne-Mang vinrent bientôt ruiner les espérances qu'il avait fait concevoir. Peu après, en effet, Sa Majesté ordonna aux préfets d'introduire à leur tribunal le procès de Duong-cheune et de citer le Maître de la religion.

Voilà donc M. Jaccard transformé encore une fois en criminel, introduit devant une nouvelle juridiction, contraint de recommencer sa défense et celle des chrétiens. Mais, hélas! malgré la justice et la bonté de sa cause, les juges ne consentirent pas à le renvoyer et à se dessaisir des accusés de Duong-cheune. Il faut à Migne-Mang des victimes; il les aura. Laissons maintenant le Provicaire apostolique raconter une partie de l'interrogatoire auquel il fut soumis, selon le bon plaisir de Sa Majesté.

« J'ai été obligé de comparaître devant les préfets de police de la ville royale; là, interrogé si je prêchais la religion au village de Duong-cheune, j'ai répondu : Étant venu en Cochinchine pour enseigner la religion, je l'ai prêchée, je la prêche, et je la prêcherai jusqu'à ce qu'il ne me soit plus possible de le faire, et à tous ceux qui ont voulu et voudront m'entendre. — Avez-vous des livres et autres articles de religion? — Étant Maître de religion, il n'est guère à supposer que je manque de ces objets. — Il faudra les livrer, pour qu'ils soient examinés. — Le roi sait que je suis dans ses États, pour y prêcher la religion, de plus il me fait l'honneur de m'employer à son service; s'il lui plaît de confisquer tout ce qui m'appartient, on verra. Mais, quant aux effets de religion, on me coupera plutôt la tête, que de me décider à les livrer pour être profanés; et si vous y touchez, je trouverai le moyen d'adresser mes plaintes à Sa Majesté. »

Ce dialogue, où les préfets manquent visiblement de force, à la vue de l'attitude si résolue et si énergique de M. Jaccard, allait se prolonger encore, quand un officier de la cour arriva précipitamment, tenant quelques papiers qu'il avait ordre de faire traduire immédiatement. L'audience fut donc suspendue, pour laisser au pauvre accusé le loisir de satisfaire à la volonté du roi. Cependant les préfets ne voulant pas lâcher leur proie, invitèrent le grand interprète à exécuter au prétoire la traduction demandée, à moins que le village de Duong-cheune ne consentît à se porter garant de sa personne, ajoutant que si cette proposition était repoussée, on le ferait accompagner par des gardes, chargés de le surveiller et de le ramener. Mais toutes ces précautions ne s'alliaient guère avec la position prise par le courageux missionnaire; aussi n'admit-il pas qu'on osât le traiter de la sorte, au mépris de son titre de Maître de la religion et de sa qualité d'honnête homme. « C'est pourquoi, ajoute-t-il, je leur déclarai du ton le plus absolu, que je n'acceptais aucune de ces conditions; que si on ne voulait pas me laisser travailler pour le roi, à mon aise et où je voudrais, je ne toucherais pas même le papier; qu'au surplus, je n'étais ni un voleur ni un assassin, pour qu'il fût besoin de mettre des gardes à ma suite [1]. »

Ces déclarations si nettes et si fermes adoucirent un peu les préfets,

1. Le 22 décembre 1831, à MM. les directeurs.

qui changèrent de ton et laissèrent pressentir qu'un accommodement serait possible entre eux et l'accusé, s'il n'y mettait pas trop d'obstination. Ce moyen de conciliation, très-commun en Cochinchine, donne la juste mesure de l'intégrité des dépositaires de l'autorité; il s'agissait tout simplement de leur promettre, à l'oreille, une somme capable de flatter leur cupidité. Mais, au lieu d'acheter lâchement sa liberté ou même de faire des offres de ce genre, M. Jaccard annonça à ces misérables trafiqueurs, qu'il allait dévoiler leurs malhonnêtes intentions. En entendant ces paroles, qui ne permettaient pas de réplique, ils le congédièrent aussitôt, avec l'autorisation d'aller où bon lui semblerait.

Malgré l'insuccès de leurs vilaines tentatives, les magistrats ne purent s'empêcher, quand le maître européen fut sorti, d'admirer sa belle conduite, et ils disaient ouvertement, devant les scribes du tribunal, en ajoutant beaucoup de paroles élogieuses : *s'il était mandarin, il remplirait bien son devoir.*

« Ils m'engagèrent ensuite, poursuit Francois, à ne plus les tracasser. Je leur répondis que je ne demandais autre chose que la paix; s'ils voulaient me laisser tranquille, que je ne les inquiéterais pas, mais qu'étant injustement traduit à leur barre, j'avais le droit de me défendre; qu'autrement, ils pouvaient me condamner sans m'avoir entendu. »

Cette justice sommaire, système ordinairement suivi par les préfets, réalisait les plans de Sa Majesté. En effet, on n'essaya pas même l'instruction des méfaits reprochés aux chrétiens de Duong-cheune, et si on interrogea leur Maître, c'était affaire de forme, par une espèce de pudeur dont les juges n'osaient pas encore se dépouiller. Car enfin, les tribunaux qui ont le souci de leur honneur, et respectent tant soit peu les devoirs sacrés de leur charge, écoutent l'accusé livré à leur discrétion, recueillent ses dépositions, consignent exactement ses aveux et ses dénégations, afin d'éviter le double écueil d'une indulgence aveugle ou d'une sévérité partiale! Mais les préfets de Migne-Mang n'entendent pas de cette façon l'exercice de leurs fonctions; peu leur importe le triomphe de la vérité, pourvu que leurs intérêts ne périclitent pas; et afin de ne pas être embarrassés par les réponses de M. Jaccard, ils négligent de les enregistrer, ou bien ils les modifient à leur guise, de manière à ce qu'elles puissent servir plus tard les cruels desseins du souverain. Il fallut même au Provicaire son immuable sang-froid et sa vigueur de volonté, pour obtenir qu'on ne changeât rien à ses paroles.

A la fin de ces débats, qui n'avaient pas été moins satisfaisants que les plaidoiries soutenues devant l'Ong-houiène, l'infatigable missionnaire crut avoir gagné sa cause, et pensait tout au moins que les chrétiens seraient renvoyés sains et saufs; mais il eut la douleur de les entendre condamner, malgré les trois sentences antérieures qui affirmaient leur innocence. On n'en peut plus douter, ce ne sont pas des coupables qu'on veut punir, c'est une catégorie tout entière d'hommes qu'on désire anéantir. D'après l'inique jugement des préfets, le premier chef du village de Duong-cheune était condamné à mort, le second à l'exil perpétuel au Camboge, et tous les autres habitants, hommes et femmes, devaient être déportés en moyenne Cochinchine.

« On dit, écrivait ensuite François, que j'en méritais tout autant, mais qu'en qualité d'étranger au service de Sa Majesté, on la prie de me juger elle-même. Voilà le jugement porté contre ces pauvres chrétiens, il n'y manque que la confirmation du tribunal des *causes criminelles* et la signature du roi. Je pense qu'il sera un peu adouci, mais il paraît que Sa Majesté ne s'en occupera que plus tard. En attendant, les deux chefs du village sont en prison, la cangue sur les épaules, où le bon Dieu leur fait la grâce d'expier les scandales qu'ils donnaient l'un et l'autre, avant cette affaire. Pour moi je suis libre, mais je suis presque toujours au logis, jugeant devoir en agir ainsi, jusqu'à la fin de ce procès. Je suis à plaindre dans ma position, parce que, étant le seul Européen en haute Cochinchine, je suis livré à moi-même, sans guide et sans conseil. Il faut des mois et quelquefois des années, pour correspondre avec Monseigneur et nos confrères [1]. »

L'humble missionnaire a bien dans son voisinage des prêtres annamites, mais dans la tempête qu'il essuie en ce moment, il aurait besoin d'un autre secours. Aussi, en attendant qu'arrive un confrère d'Europe, Dieu le livre à toutes les peines d'un isolement véritable et complet. En le voyant dans cet état, il me semble entendre le prophète mettant dans la bouche du Christ ces paroles pleines d'affliction : *J'ai foulé tout seul le pressoir, et il n'y avait personne qui m'aidât.*

Malgré ce délaissement, autour de sa personne, comme autour de Jésus au prétoire, se concentre toute la lutte de la vérité et du mensonge, sur la terre annamite : en lui aussi reposent les espérances des chrétiens, et contre lui se dirigent tous les coups, sous lesquels le paganisme prétend écraser la religion.

Cependant le jugement dont nous venons de parler ne fut pas ratifié par le haut tribunal des *causes criminelles;* les magistrats qui composaient cette cour, au nombre de onze ou douze, dignes serviteurs de Migne-Mang, ne crurent pas qu'il répondît suffisamment à l'attente de leur royal seigneur. Ils élaborèrent donc une sentence différente, en

1. Lettre du 22 décembre 1831.

appliquant aux chrétiens des peines notablement plus sévères. Mais leurs decisions n'ayant pas été approuvées non plus par le souverain, ils durent prononcer un deuxième arrêt, en modifiant encore le degré des pénalités pour chacun des accusés.

Toutefois, comme il n'y était pas question du Maître de la religion, que le roi voulait absolument atteindre, l'œuvre du tribunal suprême ne reçut pas l'approbation de Sa Majesté. Comprenant alors la secrète pensée qui dominait toutes les autres, les membres de la haute cour, se référant aux déclarations des préfets de police contre les chrétiens, rendirent un troisième jugement, qu'ils présentèrent au monarque, en le faisant accompagner d'une requête, dont voici le résumé :

« Nous, mandarins du tribunal criminel, présentons à Sa Majesté copie du nouveau jugement que nous avons rendu au sujet de la rixe survenue entre les villages de Duong-cheune et de Co-lao... »

« Nous avons lu la sentence émanée des trois préfets de la province ; elle porte que le village chrétien de Duong-cheune professe publiquement la *fausse religion de Jésus ;* ceci est un fait indubitable... »

« Ces coupables doivent être condamnés à des peines différentes... (*nous verrons tout à l'heure quelles furent ces peines.*) — Cependant, si quelqu'un est vraiment repentant, il devra fouler aux pieds la croix; s'il se montre incorrigible, il faudra lui appliquer les peines édictées par la loi dans toutes ses rigueurs... »

« Si nous osons présenter à Votre Majesté une pareille requête, c'est que nous sommes convaincus qu'elle est appuyée sur de bonnes raisons.

« Prosternés aux pieds de Sa Majesté, nous la prions de prononcer.

« La 12e année de l'empereur Migne-Mang, le second jour de la 12e lune. (Le 4 janvier 1832.) »

Les *bonnes raisons* des mandarins furent sans doute très-agréables au roi; car lorsqu'il eut pris connaissance, pour la forme seulement, de la requête ci-dessus, il écrivit au bas : *Nous approuvons.*

Écoutons maintenant M. Jaccard racontant, à MM. les directeurs des Missions étrangères, la teneur de ce dernier jugement fulminé contre les chrétiens et sanctionné par Sa Majesté.

« Le procès qui nous avait été intenté par le village de Co-lao a été jugé à plusieurs reprises. Le tribunal des causes criminelles a prononcé trois fois sur cette affaire... La troisième fois enfin, le premier chef a été condamné à être étranglé; cependant l'exécution est différée à un temps indéterminé; le second chef est exilé à perpétuité au Tong-King entre Xu-Nghé et le Laos; sept soldats ont été condamnés aux travaux forcés dans le Qouang-Ngaï, et six autres à la même peine à Thagnehoa au Tong-King, après qu'ils auront été exposés deux mois au soleil, la cangue au cou, et reçu cent coups de rotin. Le reste des hommes en a été quitte pour deux mois de cangue et cent coups de rotin. Les femmes n'ont pas été exposées au soleil, mais elles ont aussi reçu leur contingent de coups de bâton. L'église du village et celle de notre ancien collége, où j'avais habité avant mon séjour à Duong-cheune, ont été confisquées. Le tribunal avait aussi prononcé contre moi la peine de la strangulation, mais le bon Dieu ne m'a pas jugé digne de souffrir pour son saint nom. Sa Majesté m'a fait la *grâce de commuer ma peine* et m'a condamné à être soldat, ce qui équivaut aux travaux forcés. Sa Majesté s'est déterminée, à mon égard, à cet acte de clémence, par la raison que je ne suis qu'un barbare, qui n'ai rien fait de mal contre les lois, mais qui suis simplement venu dans ce pays pour gagner ma vie, en trompant le public par la prédication d'une religion fausse[2]. »

Ainsi pour ménager ses cruelles jouissances, Migne-Mang se borne aujourd'hui à la vulgaire satisfaction d'insulter M. Jaccard, au lieu de reconnaître ses loyaux services. Il voudrait le déshonorer, dans l'espoir d'avilir sa religion ; ou, peut-être, le sang de cette généreuse victime lui paraît-il encore trop pur, pour qu'il ose y tremper ses mains. En tout cas, Sa Majesté a bien agi, pour la gloire de notre héroïque apôtre ; il fallait qu'il subît les humiliations de la moquerie, pour n'être pas privé de ce trait de ressemblance avec son divin Maître.

Aussitôt que ce jugement fut signifié, le Provicaire essaya d'un recours en grâce en faveur des chrétiens, par l'intermédiaire de Thuông-Công, grand mandarin de la Cochinchine occidentale. Dans ce but, il envoya de suite à Mgr Taberd une copie de la requête des juges, en le priant de tenter une démarche auprès du protecteur dévoué des missionnaires.

Le prélat écrivit à son tour à Tuông-Công, mais celui-ci, par prudence devait attendre que le roi lui parlât de cette affaire. Or, quelqu'un des habitués du palais, très au courant des dispositions de Migne-Mang, s'exprima sur ce sujet en des termes tels que le grand mandarin comprit l'impossibilité de tenter la médiation sollicitée de sa bienveillance; il n'eut donc qu'à gémir sur l'injuste conduite du souverain. Du reste, son intervention, nécessairement retardée par la distance à franchir pour se rendre à la cour, n'eût pu s'exercer à temps, car, peu de semaines après, il était moissonné par la mort, et avec lui disparaissait le dernier soutien des chrétiens annamites et des Européens en Cochinchine[1].

1. Il est bon de consigner ici la récompense réservée au mandarin qui avait préparé, avec Migne-Mang, dont il était l'âme damnée, le procès intenté à Duong-

cheune, en vue d'atteindre M. Jaccard. Nommé gouverneur général du Tong-King, ce personnage s'y conduisit au mépris de toute justice, surtout envers les chrétiens, dont il détruisait tous les établissements. Mais voici que tout à coup il est arrêté, au milieu de ces tristes exploits, par le glaive de la mort qui le frappe presque subitement. Cependant le châtiment n'était pas encore complet ; à cette première vengeance du ciel, doit s'ajouter la vengeance de la terre.

Ayant laissé à la cour d'irréconciliables ennemis, d'autant plus acharnés contre lui maintenant, qu'ils ont plus souffert de son détestable orgueil, ils le poursuivent sans trêve ni merci. Ils font si bien par leurs délations, que l'infortuné mandarin est privé des honneurs funèbres, par ordre même du roi, que son nom est flétri, et son cadavre reconduit sans cortége dans sa patrie.

CHAPITRE XII

LES MENACES

M. Jaccard soutient la constance des chrétiens de Duong-cheune. — Son internement à Hué. — Nouvelles querelles entre les villages chrétiens et les villages païens. — Surveillance exercée sur M. Jaccard. — Rapports avec Migne-Mang. — Comparutions devant les gouverneurs. — Nouveau décret contre la religion. — Développements de la persécution.

Du 4 janvier 1832, au 1er février 1833.

Avant que Migne-Mang n'eût approuvé le jugement porté naguère par le tribunal des causes criminelles, M. Jaccard était allé porter les secours de son ministère sacré aux fidèles de la province de Qouang-tri, laissant à la Providence divine le soin de ses intérêts personnels. Cependant son absence ayant privé les habitants de Duong-cheune des encouragements et des lumières dont ils avaient besoin, à l'approche des épreuves qui étaient prêtes à fondre sur eux, on put craindre un instant que quelques-uns ne fussent assez faibles pour témoigner le *repentir* auquel le roi promettait le pardon. Le vigilant pasteur, averti de ce danger, accourut aussitôt, et, secondé par le zèle des plus fervents, il eut le bonheur, grâce à Dieu, de maintenir tout le village dans les sentiments d'une inébranlable fidélité à Jesus-Christ. C'est pourquoi, l'année suivante, encore tout pénétré du souvenir reconnaissant de la protection du ciel, il écrivait les lignes suivantes : « La conduite de nos chrétiens ne s'est point démentie un seul moment... Aucun n'a seulement eu la tentation d'obtenir grâce au prix de la foi. Depuis le premier jusqu'au dernier, quoique sollicités et battus à différentes reprises, ils ont toujours répondu qu'ils aimeraient mieux mourir que de renoncer au christianisme. Aussi Sa Majesté a témoigné plusieurs fois son étonnement et son mécontentement de leur fermeté, déclarant que les chrétiens n'étaient coupables d'aucun crime, mais que ce qui les rendait inexcusables à ses yeux, c'est qu'il n'y avait pas jusqu'à une vieille femme aveugle qui ne méprisât son autorité, pour obéir à un Européen; voilà, du moins à l'intérieur, la cause de la sentence inique portée contre nous. [1]»

Cette glorieuse attitude des chrétiens sous le poids des souffrances et des menaces, en irritant le roi contre eux, l'indisposait aussi de plus en plus contre leur apôtre et leur soutien. Dans son aveuglement de païen, ne soupçonnant pas la source surnaturelle de cette invincible patience au milieu des supplices, son orgueil royal est blessé, et il s'en prend naturellement au missionnaire, le seul *fascinateur* visible de ces pauvres condamnés, assez mal inspirés pour préférer la parole d'un faible étranger à la souveraine puissance du trône.

A la fin, convaincu que n la terreur ni le prestige de Sa Majesté ne suffiraient à soustraire ses sujets chrétiens à l'influence du Maître de la religion, Migne-Mang jugea qu'il était d'une bonne politique d'arracher celui-ci du sein des familles de Duong-cheune. Cependant il nè lui plaît pas d'avouer ses véritables pensées; ce serait d'ailleurs publier sa défaite; au contraire, pour mieux dissimuler les motifs qui le dirigent, il feint d'avoir besoin que son interprète demeure plus près du palais. C'est pourquoi, au bout de quelques jours, quand le calme fut un peu rétabli dans les esprits, il fit partir quatre soldats, porteurs d'un ordre où le missionnaire était invité à les suivre, jusqu'à l'habitation qu'on lui désignerait, dans l'enceinte même de la capitale.

En s'éloignant de ses chers chrétiens, M. Jaccard comprit de suite les secrètes intentions de Sa Majesté; il est manifeste que la chaîne de sa captivité est raccourcie, non pas en vue de faciliter ses fonctions près du roi, mais pour entraver son ministère, isoler les chrétiens, les affaiblir et préparer leur apostasie.

Cependant, peu de jours avant son départ, le provicaire eut le bonheur de recevoir un prêtre français, M. de la Motte, que Mgr. Taberd envoyait à son secours. Mais, prévoyant qu'on exercerait autour de sa résidence une surveillance plus active, il fut obligé de se séparer de ce pieux confrère, en le faisant passer dans une chrétienté où il serait plus à l'abri des soupçons et des recherches de la police.

Par précaution, il dut également donner ses instructions aux religieuses, afin qu'elles connussent le plan de conduite qu'elles auraient à tenir, dans le cas où la liberté lui serait ravie et que la persécution vînt à éclater.

Au signal qu'elles recevront de sa part, la communauté sera provisoirement dissoute et chacune des sœurs rentrera dans sa famille, en attendant des jours meilleurs.

1. 31 janvier 1833 à MM. les directeurs.

Des indications analogues avaient été communiquées aux écoliers, de manière à éviter toute confusion et toute surprise, au moment d'une alerte. De leur côté, les prêtres indigènes, moins exposés aux poursuites des païens, reçoivent toutes les recommandations dont ils ont besoin dans l'accomplissement de leur ministère, pour la direction des fidèles et pour la sûreté de leur correspondance avec lui. Il leur confie également sa bibliothèque , où il avait réuni au moins quatre cents volumes.

Arrivé à la capitale, M. Jaccard fut logé dans l'hôtel où le gouvernement reçoit les ambassadeurs ; mais on se hâta de lui prouver qu'il était en prison, en le soumettant à la garde d'un mandarin responsable de sa personne vis-à-vis du roi. La surveillance dont il fut l'objet n'était pas cependant très-rigoureuse, il pouvait encore donner audience aux chrétiens, entendre parfois leurs confessions et dire la Sainte Messe. La consolation d'offrir l'adorable sacrifice était d'autant plus précieuse qu'elle lui procurait l'avantage de prier très-efficacement pour les condamnés de Duong-cheune, qui subissent leurs peines presque sous ses yeux. Migne-Mang avait peut-être voulu, par un raffinement de malice, que le maître de la religion fût témoin des angoisses de ses fidèles disciples; mais la bonté de Dieu, qui tire le bien du mal, profita de cet arrangement des choses, pour que le bon pasteur pût tendre une main secourable à ses brebis malheureuses. Les chrétiens, sachant que le *Père* était là, priant à deux pas du théâtre de leurs supplices, étaient plus courageux et espéraient les joies du ciel avec une plus ferme confiance.

« J'ai été obligé, écrivait-il plus tard, de fixer ma demeure dans la capitale, pour traduire des journaux et des cartes (c'est du moins le prétexte que l'on prit d'abord pour m'arrêter honnêtement); de sorte que j'ai été témoin oculaire de tout ce que ces braves chrétiens ont eu à souffrir, pendant les deux mois qu'ils ont été exposés au soleil, précisément en face du logement que j'habite. Malgré la chaleur des mois de juillet et d'août, aucun n'a succombé sous le poids d'une cangue de plus de cinquante livres; un seulement des plus fervents est allé jouir de la récompense, dans une meilleure vie, quelques semaines après. [1]»

Pendant que ces infortunés, uniquement coupables d'une généreuse fidélité envers Jésus-Christ, subissaient les barbares tourments auxquels ils avaient été condamnés, un autre procès, semblable au leur, s'engageait devant le sous-préfet, entre des chrétiens et des païens habitant le même village. Ceux-ci, excités par la haine que la vérité in-

1. Lettre du 31 janvier 1833.

spire à l'esprit de mensonge, et, enhardis par les succès de Co-lao, se mettent en tête d'obliger les chrétiens à démolir leur église et à contribuer aux dépenses d'une fête superstitieuse en l'honneur des idoles.

Naturellement les chrétiens protestent, et refusent de prendre part aux cérémonies sacriléges des païens et d'en payer les frais.

« Il n'en fallut pas davantage, écrit M. Jaccard, pour faire mettre ces pauvres gens à la cangue. Un des accusés de cette chrétienté, qui est *garde du corps*, ayant été cité avec les autres, le colonel en a pris occasion de demander à tous les chrétiens de son régiment des billets d'apostasie. Quelques-uns ont eu le malheur d'en donner; douze, qui demeurèrent fermes, finirent par être enchaînés, le 31 décembre dernier, par ordre du roi. Six d'entre eux ont succombé aux coups de rotin; les six autres ont été mis tout en sang, mais sont néanmoins bien déterminés à mourir sous les coups, plutôt que de céder. Un septième, qui était anciennement leur capitaine, a été pris, par ordre du roi, sans aucune accusation de la part de personne et leur tient compagnie. C'est lui qui a été le plus maltraité; mais quoique sa chair tombe en lambeaux, c'est encore lui qui les encourage et montre le plus de constance. Pendant tout le temps qu'on l'a torturé, il n'a pas cessé de prêcher la religion à ses juges et à ses bourreaux. On dit que le roi a ordonné de ne pas condamner à mort ces chrétiens, mais de les battre de verges, tant qu'ils ne renieront pas Jésus-Christ, et qu'il a ajouté tout en colère: *Je commande dans mes États, personne ne résiste à ma volonté, il n'y aura que sept polissons dont je ne pourrai venir à bout ?...* »

Cette manière d'agir était aussi adroite que cruelle; car la durée et le renouvellement de la souffrance sont une tentation bien plus dangereuse que la crainte de perdre la vie. Tel qui eût affronté le glaive sans faiblir demande grâce sous les coups de rotin. En effet, à moins d'une assistance particulière de Dieu, il est impossible que la volonté ne fléchisse pas sous les étreintes continues de la douleur. Aussi, tandis que la joie sanguinaire du meurtrier qui se plait à prolonger l'agonie de sa victime est le comble de la cruauté, la patience, la douceur et la constance, dans un long tourment, sont le suprême effort de l'héroïsme; et le royal persécuteur savait bien que des vertus si hautes ne sont pas l'apanage de l'humanité.

Son triomphe cependant fut moins éclatant qu'il ne s'y attendait. Bon nombre de chrétiens, malheureusement, perdirent courage et témoignèrent le *repentir* que demandait Sa Majesté, et, parmi ceux-là, beaucoup se réservaient en leur cœur de revenir au christianisme, dès que la paix lui serait rendue; mais il y eut aussi, comme nous l'avons vu, d'admirables exemples de fidélité, dus, après Dieu, au zèle de

M. Jaccard. La glorieuse persévérance de ces généreux athlètes le consolait puissamment du chagrin que lui causaient les défections dont il était témoin.

Et afin que la bergerie de son divin Maître ne fût pas ravagée faute de vigilance et de dévouement, il redoublait d'efforts, multipliant les prières et les exhortations. Tant qu'on lui en laissa la liberté, il visita les chrétientés les plus exposées dans la banlieue de la capitale et jusque dans les provinces environnantes ; il réunissait les fidèles au pied des autels, joignait ses supplications aux leurs, afin d'obtenir les secours de la miséricorde divine ; reprenait les coupables, soutenait les bons et affermissait tout le monde dans les sentiers du devoir. Là, c'était des familles entières, ébranlées par les mauvais conseils des apostats, qu'il faut retenir dans la foi, là, des villages abattus par la peur des tourments, qu'il faut relever et encourager.

Partout ce sont des plaintes à calmer, des afflictions à partager, des scandales à combattre.

Puisant dans l'ardeur de sa charité une force et une onction irrésistibles, ses exhortations saisissent les âmes les moins ferventes, et plusieurs, jusque-là chancelantes, entendent sans frémir ces redoutables paroles de Jésus-Christ :

Si vous aimez votre mère, votre fils et votre fille plus que moi, vous n'êtes pas digne de moi[1] ; et ces autres encore : *Celui qui renoncera à ses biens, à ses frères, à ses sœurs, à sa mère, et à ses enfants, à cause de moi, recevra le centuple en ce monde, et la vie éternelle dans l'autre*[2].

Quand on lit ces déclarations, aux heures de paix où Dieu ne propose aucun sacrifice, on n'en comprend pas la juste sévérité ; mais quand on est mis en demeure de choisir entre les tortures et l'apostasie, c'est autre chose. Cependant si le courage est nécessaire pour les accepter et en faire la règle de sa conduite, il l'est encore bien davantage quand il faut, non-seulement affronter les menaces des bourreaux, mais dire à une foule nombreuse d'hommes et de femmes, de jeunes gens et jeunes filles, qu'ils doivent être prêts à briser les liens les plus chers, immoler toutes les espérances de la terre et à prendre les fers et la cangue, pour suivre Jésus-Christ.[3]

Tel est pourtant le christianisme, dans sa simple et glorieuse vérité ; telles sont l'élévation et l'énergie de sentiments que M. Jaccard avait à communiquer à ses pauvres Annamites, malgré la faiblesse de leur ca-

1. Math. x, 37. — 2. Marc. x, 29, 30 et Luc. xiv, 26.
3. Luc. xiv, 26, 27.

ractère et la terreur des supplices. Aussi, dès qu'il ne lui fut plus possible d'aller distribuer aux chrétientés le secours de la parole et les richesses de l'Eucharistie, il les soutint encore par les lettres nombreuses qu'il écrivait de tous côtés, soit aux prisonniers, soit aux villages où la persécution allait sévir d'un moment à l'autre.

« Les premiers mois de mon séjour à Hué, disait-il, ont été assez doux;.. je m'absentais quelquefois deux ou trois jours sans inconvénient; malheureusement cela n'a pas duré; je pourrais actuellement à peine m'absenter une seule nuit. Comment cela ira-t-il par la suite? je l'ignore, mais le passé ne présage pas un avenir bien attrayant pour la chair et le sang. »

Cependant Mgr. Tabert, informé par son provicaire des principaux événements que nous venons de relater, avait écrit à Rome, pour annoncer à la propagande la condamnation des chrétiens de Duong-cheune, et rendre compte des combats soutenus par les prêtres et les fidèles contre les ennemis de la foi. Cette lettre contenait non-seulement un hommage rendu au zèle et aux travaux de M. Jaccard, mais elle demandait très-humblement pour lui, au Souverain Pontife, la dignité de Coadjuteur dans le vicariat de la haute Cochinchine. A peu près en même temps, le vénérable Évêque écrivait, aux Missions étrangères à Paris, les lignes suivantes [1]: « M. Jaccard, par la clémence de Sa Majesté, a été condamné à être enrôlé dans la seconde légion de sa garde urbaine. Ainsi voilà mon provicaire, à qui je me proposais de mettre une crosse à la main et une mître sur la tête, qui a maintenant le fusil sur l'épaule, la giberne au dos et le casque sur le front (les jours de parade seulement), car ici on n'est pas dans l'usage de laisser porter aux soldats leurs armes et leur uniforme très-souvent, de peur que le tout ne se détériore... Je ne vous dis pas que mon provicaire ait le sabre au côté, parce que cet insigne n'appartient qu'aux officiers, et lui n'est que simple soldat. Bien plus, comme soldat coupable du grand crime d'avoir prêché la religion, il ne reçoit que la moitié de la paye, c'est-à-dire un sou de France par mois et un demi-boisseau de riz... Voilà l'honorable manière dont Sa Majesté en use envers son premier interprète. »

Puis revenant aux chrétiens de Duong-cheune et au dévouement de leur missionnaire, Monseigneur achevait ainsi sa lettre: « Tous ont été chargés de fers, et malgré les instances qu'on leur a faites, pas un seul n'a voulu apostasier. M. Jaccard, qui était près d'eux, les a soutenus et fortifiés, et lui-même a été on ne peut plus édifié de leur conduite.

1. Le 20 décembre 1832.

» Nous avons dépensé à cette occasion une forte somme, vu notre pauvreté. Il a fallu assister ces infortunés chrétiens, qui étaient sans ressources. Mon provicaire a interprété nos intentions et les a aidés de 2000 francs au moins. »

Mais désormais la captivité du généreux apôtre devenant de plus en plus étroite, il ne pourra plus s'occuper ostensiblement de ses chers néophytes; son ministère pastoral est entièrement surbordonné au bon plaisir des mandarins et aux caprices de Migne-Mang. Du reste, Sa Majesté retient au logis son interprète, en l'occupant à la traduction de quelques journaux anglais et de nombreuses cartes géographiques.

« La curiosité du roi est très-grande, écrivait M. Jaccard ; elle a donné lieu à beaucoup de questions, et m'a fourni l'occasion de lui parler de religion. Je l'ai entretenu sur l'existence de Dieu, l'immortalité de l'âme, les peines et les récompenses d'une autre vie, et sur plusieurs autres sujets analogues. [1] »

Mais l'impatience du prince n'était pas moins grande que sa curiosité; quand son interprète faisait à ses questions des réponses de nature à heurter ses passions ou ses préjugés, Sa Majesté le renvoyait brusquement, et ne le rappelait que lorsqu'une nouvelle fantaisie lui passait par la tête. D'autres fois, si le zélé missionnaire profitait de l'explication de quelques difficultés pour donner indirectement une leçon de sagesse ou de justice à son royal auditeur, celui-ci l'interrompait vivement et revenait au point dont il voulait l'éclaircissement.

« Un jour, c'était à la fin de novembre 1832, Sa Majesté m'envoya chercher, raconte François, pour lui expliquer des gravures représentant plusieurs sujets de l'Ancien et du Nouveau Testament. Je me trouvais fort embarrassé, parce qu'elles m'étaient apportées sans ordre ; je demandai toute la collection, pour pouvoir les expliquer selon l'ordre chronologique, mais on n'eut aucun égard à ma demande. Après en avoir expliqué quelques-unes, et en particulier le frontispice, qui représente la Religion enchaînée au pied de la croix, avec les instruments de supplice des martyrs, et un ange qui lui met une couronne sur la tête, je me déterminai à faire présenter au roi un abrégé de la Bible, rédigé exprès [2] pour les païens qui veulent s'instruire de la religion. Sa Majesté le garda environ huit jours, en arracha les feuilles, les fit copier, à l'exception de quelques chapitres; après quoi, ayant recousu les pages, un chambellan fut chargé de porter le livre aux gouverneurs. »

1. Lettre du 31 janvier 1833.
2. Cet abrégé avait été composé et imprimé par M. Jaccard.

Si Migne-Mang avait été de bonne foi et vraiment désireux de s'instruire de la doctrine chrétienne, il n'aurait dû trouver dans son cœur que des sentiments d'une bienveillante reconnaissance envers son fidèle interprète. Mais, bien loin de là, en envoyant son travail aux gouverneurs, il les chargea de demander raison des hardiesses que le Maître de la religion s'était permises envers Sa Majesté.

« On m'appelle chez les gouverneurs, dit le provicaire : je me présente. — On m'invite à me mettre à genoux : je n'en fais rien d'abord, ne sachant de quoi il était question. Ces messieurs ayant coutume de me traiter avec plus d'égards, je pris cela pour une mauvaise plaisanterie. Mais à la fin le gouverneur civil me dit fort sérieusement : Ce n'est pas une plaisanterie, c'est de la part du roi que je vous parle : mettez-vous à genoux. — J'obéis. — Son Excellence prend mon livre et se lève ; le page se lève aussi. — Je croyais presque qu'on allait me donner l'accolade et me faire chevalier. Cependant le gouverneur reprit : Vous êtes venu dans les Etats de Sa Majesté pour prêcher le christianisme ; vous avez été condamné par le tribunal des causes criminelles ; Sa Majesté vous a fait grâce ; comment osez-vous vous permettre de garder, de lire, et de présenter des livres de cette religion, même au roi ? Vous vous êtes rendu coupable d'un nouveau crime ; cependant Sa Majesté vous fait encore grâce, pour cette fois ; mais n'y revenez pas, je vais brûler votre livre.

» Je me lève à mon tour, écrivait encore le généreux missionnaire, pour soutenir les droits de la religion. — Le gouverneur continue à m'exhorter de son côté, tandis que je le prêche du mien. Enfin il me demande si j'ai d'autres livres traitant de la religion ? — Oui, certainement, j'en ai. — Allez les brûler — Je m'en garderai bien. — Si vous ne voulez pas les brûler, apportez-les moi, je les brûlerai. — Je ne puis pas plus vous les livrer que les brûler moi-même. Quand vous exigerez de moi quelque chose que je pourrai faire sans crime, je l'exécuterai sans réplique ; mais en fait de religion vous n'obtiendrez pas de moi que je fasse rien qui lui soit contraire. — Cachez du moins vos livres, et surtout ne les prêtez pas. — C'est ce que je ne puis pas non plus vous promettre. J'adore Dieu, j'annonce son nom, et je l'annoncerai, tant qu'il me laissera vivre. »

» Or pendant ce dialogue mon livre brûlait sous mes yeux. Comme j'allais me retirer, le gouverneur dit au page : Rentrez au palais, et dites au roi qu'il a obéi. — Dites au roi, repris-je alors, ce que vous voudrez, mais n'allez pas raconter que c'est moi qui ai brûlé mon livre ; vous avez vu que je ne m'en suis pas mêlé.

« J'ignore si le page rapporta toutes mes réponses au roi. Depuis cette époque, c'est-à-dire depuis le 27 novembre, il n'a plus été question de traduire rien qui ait rapport à la religion; mais malgré cela nous voyons de jour en jour plus clairement combien est profonde la haine de Sa Majesté contre le christianisme [1].»

En effet, la haine du roi était grande et d'autant plus vive que la loyauté et l'énergie de son interprète contrastaient davantage avec les habitudes de dissimulation et de despotisme pratiquées au Palais. Et malheureusement cette haine semblait imprégner l'air de son souffle irrité, et se communiquer de proche en proche à tous les païens. Quelques hauts fonctionnaires de l'État continuaient bien à témoigner à M. Jaccard une certaine sympathie, mais c'était un hommage exclusivement rendu à ses qualités personnelles ; en tous les actes publics, ils étaient dominés par la crainte de déplaire au terrible monarque, et devenaient, dans l'occasion, tout aussi cruels que leur maître. Jusqu'ici ils étaient restés indécis, parce que Sa Majesté n'avait pas ouvertement déclaré la guerre au christianisme, et paraissait tolérer, plutôt que commander, les sévérités dont la religion est devenue l'objet. Mais aujourd'hui son dessein est résolûment arrêté, Migne-Mang veut en finir, a-t-il dit, avec les chrétiens, et il fait de tous côtés retentir de sourdes menaces, semblables au grondement précurseur de la tempête.

Un mois seulement s'était écoulé depuis son premier interrogatoire, et voilà que le pauvre missionnaire apprend qu'il recevra prochainement une seconde citation. Peu de jours après, en effet, le 2 janvier 1833, le tribunal des causes criminelles envoya au gouverneur un ordre de la part du roi qui lui enjoignait d'obtenir de son interprète, la remise immédiate de tous les objets composant sa chapelle. Celui-ci, heureusement averti à l'avance, avait déjà pris ses précautions et avait fait disparaître toutes les pièces qu'il importait le plus de sauver, dans le cas où l'on en viendrait à une visite domiciliaire. Le soir du même jour, M. Jaccard fut donc appelé devant le gouverneur, qui lui demanda s'il avait des croix et d'autres objets servant au culte catholique. Comme il y avait quelques semaines seulement que pareille question lui avait été adressée, le missionnaire renouvela sa précédente déclaration, disant qu'il ne manquait d'aucune des choses nécessaires au culte de la religion chrétienne ; mais, ajouta-t-il, j'ai tout mis en sûreté, et d'ailleurs je suis, comme autrefois, dans l'intention formelle de me refuser à tout ce qui blesserait ma conscience ; ainsi je ne livrerai rien de ce qu'on demande.

1. Lettre du 31 janvier 1833.

Cette réponse était loin de satisfaire le gouverneur, qui avait ordre de vaincre les résistances prévues, sans employer la violence. Voulant donc sauver son honneur et passer pour un homme habile, tout à fait digne de la mission délicate dont il est investi, il s'efforça de gagner le Maître de la religion par de bonnes paroles; mêlant tour à tour les exhortations aux menaces mal articulées, il essaya de l'amener au moins à des concessions qui calmeraient la colère du roi. A bout de ressources, et voyant qu'il n'aboutissait à rien, il s'écria avec une familière bonhomie : « Ceci est bon entre vous et moi, qui nous connaissons, mais ce n'est pas ainsi qu'on parle aux mandarins. — Je ne connais pas d'autre langage, reprit M. Jaccard; je professe vis-à-vis des mandarins tout le respect possible, et je ne crois pas que vous ayez rien à reprendre dans ce que je viens de vous dire. — Je vous avertis que vous paraîtrez demain devant le tribunal des causes criminelles, et que ces messieurs ne se contenteront pas de ces réponses; dites que vous avez envoyé tous ces objets en Europe, et que vous ne prêchez plus la religion. — Vous savez que ma religion défend de mentir; je dis les choses telles qu'elles sont, et quant à dire, comme vous me le suggérez, que je ne prêche plus, c'est impossible. J'ai été condamné une fois, en qualité de prédicateur, je ne demande pas mieux que de l'être une seconde fois. En tout cas, je n'ai point cessé, ni ne cesserai de prêcher quand je le pourrai, et ce que je dis ici devant vous, je le répéterai devant tous les tribunaux, et même en présence du roi [1]. »

Ces admirables protestations du missionnaire n'enlevèrent pas au gouverneur l'espoir de triompher de sa fermeté, où il voyait une obstination déraisonnable. Soit bienveillance naturelle, soit douceur simulée, pour faire tomber l'accusé dans le piége imaginé par le roi, il eut recours à tout ce que les conseils de l'amitié et de la prudence peuvent faire entendre de plus persuasif. Ne comprenant rien à l'inflexibilité d'une conscience chrétienne, qui sacrifie tout au devoir et à l'honneur, il s'étonne d'une grandeur d'âme qui ne s'abaisse ni devant les séductions de la vie ni devant la crainte des souffrances et de la mort. A la fin, le malheureux magistrat, faisant un dernier appel au cœur de M. Jaccard, lui dit avec émotion : « Vous ne craignez rien, prétendez-vous? mais moi je crains beaucoup; si le tribunal trouve quelques objets du culte chrétien dans votre demeure, la faute retombera sur moi; si vous avez quelque chose de prohibé chez vous, je vous en prie, faites-le disparaître. »

Cette confidence renfermait probablement le secret des habiletés de

1. Lettre du 31 janvier 1833.

angage déployées par le gouverneur. Il remplissait un rôle évidemment dangereux. Il avait à rompre les résistances du faible Européen, ans que celui-ci eût à se plaindre et sans l'intervention de la puissance royale. Migne-Mang honorait son interpréte tout à la fois de sa aine et de son estime; et, bien qu'il eût envie de se défaire de sa peronne, il ne pouvait fermer l'oreille, le cas échéant, aux réclamations enues de sa part, contre les mauvais procédés des fonctionnaires de État. Aussi le tribunal des causes criminelles, partageant l'embarras du ouverneur, attendait avec impatience le résultat de l'audience. Il vait même décidé que la comparution de l'accusé aurait lieu en pleine uit, soit pour l'intimider davantage, soit pour soustraire au public la onnaissance d'une démarche exposée à un humiliant échec.

Dès que M. Jaccard fut sorti des appartements du préfet, ses réponses ırent aussitôt portées aux mandarins, puis communiquées à Sa Majesté. n recevant cette nouvelle preuve de l'inébranlable fermeté de son inerprète, Migne-Mang parut vivement contrarié, et il dit, d'un ton où ibrait l'accent d'une colère contenue par l'assurance d'un prochain iomphe : *Il est inutile de tourmenter plus longtemps cet Européen: n'y a qu'à le laisser tranquille.*

Dans la pensée de servir plus fidèlement les intentions de son maître, gouverneur décida qu'on garderait à vue le paisible missionnaire.

« Les jours suivants, écrivait-il plus tard, j'ai été *honoré* d'une sennelle, qui avait ordre de ne laisser entrer personne chez moi; et omme j'étais vraiment molesté de cette précaution, j'ai pris le parti 'aller exprimer à *Son Excellence* ma douleur de me voir traité à la faon d'un scélérat. J'ajoutai que si on avait envie de me serrer de si près, n n'avait qu'à me mettre tout simplement dans la prison publique; mais au contraire on est encore retenu par un sentiment de honte, et ı'on n'ose pas en venir là, on pouvait me donner mon congé. »

« Son Exellence, voyant que je prenais un ton haut et assuré, me t des excuses et me promit que dans trois jours il n'y aurait plus de ırde chez moi. [1] »

Le gouverneur tint parole; au jour dit, la sentinelle disparut, et les ırétiens purent recommencer leurs visites à M. Jaccard, dans sa prion. Mais Migne-Mang, qui avait invité ses officiers à laisser tranquille on interprète, se préparait secrètement à porter aux chrétiens un coup écisif. Il avait espéré un instant les amener à l'apostasie, s'il parveait à renverser la colonne principale sur laquelle s'appuyait leur foi; ıais ce plan ayant échoué, il a renoncé aux moyens de persuasion, et

1. Lettre du 31 anvier 1833.

va s'armer de toutes les rigueurs dont peut user le pouvoir souverain contre la faiblesse prise au dépourvu.

Cependant il se fit un peu de calme autour de la capitale, pendant que les mandarins méditaient dans leur conseil les considérants du décret royal. Comme on avait rendu un semblant de liberté au missionnaire et aux fidèles, on ne savait trop que penser. Quelle décision va prendre le roi, se disait-on, pour punir la résistance du Maître de la religion? Portera-t-il tout seul la peine de sa sainte hardiesse, ou bien le jugement dont il sera frappé enveloppera-t-il toutes les chrétientés de l'empire? On ne pouvait répondre à ces questions. En attendant, il régnait une sorte de paix, remplie d'inquiétude pour les chrétiens et de sanguinaires espérances pour les païens. Enfin, vers le huit janvier, sortit une ordonnance qui ne laissait plus de doute à personne; c'était l'explosion de la rage, du mensonge et du despotisme haineux, contre l'innocence et la vérité désarmées.

Voici cette ordonnance, telle que l'a traduite M. Jaccard, pour l'envoyer au séminaire des Missions étrangères.

« Treizième année de Migne-Mang, le 16e jour de la onzième lune; le président du tribunal des causes criminelles, par ordre de Sa Majesté :

» DISCOURS D'EN HAUT.

» La religion chrétienne a été introduite et disséminée depuis longtemps dans ce royaume par les Européens, qui ont séduit, de plusieurs manières, un peuple ignorant et stupide, et l'ont plongé dans un tel aveuglement, qu'il ne sait plus se corriger. Ayant examiné cette religion, nous avons jugé que ce qu'elle enseigne sur le paradis et autres articles n'est que rêverie et superstitions sans nombre. De plus, cette religion ne rend aucun culte aux génies, n'honore point les ancêtres; elle est évidemment contraire à la religion de l'État, au point que ses sectateurs se permettent de bâtir des maisons de rassemblement, où ils l'enseignent... et font différentes cérémonies pour arracher les prunelles des yeux des malades. Ainsi cette religion est non-seulement contraire *à la raison*, mais encore *au droit naturel*, détruit les coutumes, et par conséquent est clairement perverse et fausse. »

Après ces considérants inqualifiables, les mandarins racontaient les châtiments infligés à plusieurs villages chrétiens courageusement attachés à leur foi, et les faveurs accordées à d'autres villages qui avaient apostasié et demandé la démolition de leurs églises. En outre, pour exciter les villages restés fidèles à la religion à imiter l'exemple des ches qui avaient trahi Jésus-Christ, ils annonçaient que le gouvernement aurait recours aux mesures les plus rigoureuses contre les récalcitrants.

« A ces causes, ajoutait le factum du tribunal, nous ordonnons à tous les administrateurs des provinces d'avertir les officiers, les soldats et le peuple de tous les rangs, dans tous les endroits dépendant de leur juridiction, que tous ceux qui ont observé jusqu'ici la religion chrétienne, et qui, réveillant en eux les bons principes de la nature, reconnaîtront leur faute et se corrigeront, aient à se présenter devant leurs gouverneurs respectifs, pour faire publiquement abjuration. Le gouverneur, pour s'assurer de leurs véritables dispositions, leur ordonnera de fouler la croix aux pieds et exigera un billet d'apostasie, après quoi il nous en informera, afin que nous leur fassions grâce. Si dans quelques gouvernements, il y a des églises et des maisons religieuses, les administrateurs devront les détruire absolument... Si, après ces premières instructions que nous daignons leur donner, ils osent s'obstiner, ne se corrigeant pas, et se rassemblent encore malgré notre défense et qu'ils soient découverts, ils seront sévèrement punis, sans pardon possible, afin de détruire le mal jusque dans sa racine. Que chacun observe ces ordres avec ponctualité. Enfin les gouverneurs et mandarins doivent soigneusement prendre garde que leurs subalternes ne s'autorisent de ceci pour vexer le peuple. Si cela arrive, les contrevenants seront punis selon les lois, et les chefs qui ne veilleront pas sur leurs inférieurs seront également mis en jugement, et on ne leur pardonnera pas.

» Tels sont nos ordres; qu'on les respecte et qu'on les observe? »

Les mandarins de tous grades ne furent que trop soumis aux injonctions barbares qu'on vient de lire; et ils cédèrent plutôt à la tentation de les exagérer qu'à la généreuse pensée de les atténuer. Dans toutes les provinces de l'empire ce fut un trouble et une fermentation sans pareille. Les mauvais traitements qu'avaient déjà subis de nombreux chrétiens faisant présager à leurs coreligionnaires le sort qui les attendait, la frayeur s'empara de toutes les familles menacées par l'ordonnance royale. D'un autre côté, le funeste exemple donné par les apostats qui avaient acheté, au prix de leur honneur et de leur conscience, les bonnes grâces de Migne-Mang, provoque bon nombre de néophytes à renoncer à Jésus-Christ. D'ailleurs Sa Majesté encourageant ses fonctionnaires à ramener aux *bons principes*, selon ses expressions, ceux qui étaient susceptibles de conversion, ils emploient ou tolèrent toutes les industries de la méchanceté, pour atteindre ce but infernal.

« Il n'y a pas de petit village, écrivait M. Jaccard, où les païens ne cherchent à faire apostasier nos pauvres chrétiens; là on use de menaces, ici de douceur; partout on cherche à extorquer de l'argent. Nos chrétiens, amollis par une paix de plus de trente ans, prennent partout l'épouvante. Je suis malheureusement dans l'impossibilité d'aller à leur secours pour les affermir.»

Restait, il est vrai, le clergé indigène, qui n'avait pas été compris dans les décrets de proscription fulminés contre les missionnaires français; mais le roi ne tarda pas à envoyer à ses mandarins une circulaire confidentielle, relativement aux prêtres annamites. En vertu de ce mandat spécial, ils seront recherchés à l'égal des Européens, traqués dans les villages, poursuivis dans les bois, dénoncés par les païens, signalés partout; ils ne trouveront nulle part un lieu de sûreté. Sa Majesté ira jusqu'à promettre une charge de grand mandarin à quiconque lui amènera un de ses sujets revêtu de la dignité sacerdotale. Seul, M. Jaccard jouit du peu enviable privilége de n'être pas obligé de se cacher, parce qu'il ne le peut plus. D'un autre côté, réduit à l'impuissance de venir en aide à son troupeau menacé de dispersion ou de mort, il n'a d'autres ressources que de prier, d'écrire quelques lettres d'encouragement aux plus malheureux et de gémir dans l'amertume de son cœur.

« Ces pauvres néophytes, écrivait-il alors, sont donc abandonnés à eux-mêmes; que vont-ils devenir? Vraiment, si la persécution continue encore longtemps, la religion sera exposée à faire des pertes sensibles. Le petit collége que j'avais entrepris de former à Duong-cheune est dispersé. La plupart des religieuses ont été obligées de se retirer chez leurs parents. Il est possible que dans le moment où je trace ces signes, il n'y ait plus une église debout sur toute la région septentrionale de cette mission [1] »

Le sombre tableau que le vénérable provicaire dessinait ici en traits rapides était loin de reproduire le véritable aspect des chrétientés annamites; la réalité des choses était bien plus affligeante, comme nous le verrons dans le chapitre suivant.

1. Lettre du 1er février 1833.

CHAPITRE XIII

LA PERSÉCUTION

'ersécution générale. — Ordre secret donné aux grands Mandarins. — Entrevue de M. Jaccard et de M. de La Motte. — Arrivée de M. Gagelin et du P. Odorico à Hué. — Relations de M. Jaccard avec ses deux confrères. — Correspondance de M. Jaccard avec M. Gagelin.

Du 1er février 1833, au 16 octobre de la même année.

L'ordonnance royale, publiée à Hué dans la première quinzaine de anvier, ne tarda pas a être connue des mandarins, administrateurs des rovinces les plus éloignées de la capitale. A mesure que la volonté de a Majesté était publiée dans une ville ou un village, les païens en ré-lamaient de suite, par leurs applaudissements et leurs dénonciations, a mise à exécution contre les chrétiens; heureux encore quand ils e se portaient pas aux exactions et aux mauvais traitements, prévus du oi, mais pour lesquels ils étaient bien assurés de l'impunité.

Au bout d'nn mois, le décret de Migne-Mang était parvenu aux extré-nités du royaume. Vers la mi-février la désolation était à son comble. 'oute la vallée qui s'étend le long de la mer, du nord au midi, était emplie du tumulte de la persécution; partout les cris de haine et les icanements des païens se mêlent aux pleurs et aux gémissements des hrétiens. Pendant que la peur enchaîne dans leurs chaumières de nombreuses familles attendant le rotin, la cangue et la mort, d'autres abandonnent leurs demeures et s'enfuient dans les montagnes, ou bien endent à vil prix ce qu'elles possèdent, achètent une barque et s'en ont chercher au loin la paix qu'on leur refuse dans leur pays natal. ,es plus courageux s'emparent des objets du culte et les cachent, en spérant des jours meilleurs.

Dans l'espace de deux ou trois semaines, quatre cents églises ont isparu, et quinze communautés religieuses sont dispersées, comme un roupeau de brebis sur lequel viennent fondre des loups dévorants.

Cependant les chrétiens s'étonnaient de ce que l'ordonnance royale ne disait pas un mot des maîtres de la religion; ce qui n'empêchait pas les agents de la police de rechercher activement les missionnaires européens. Ainsi M. de la Motte, arrivé naguère pour secourir le provicaire s'en allait errant de village en village, fuyant les sbires attachés à ses pas. Quand il ne sut plus où aller il vint se réfugier à Duong-cheune, dans l'ancienne maison de M. Jaccard. Celui-ci, qui souffrait depuis longtemps de l'effroyable isolement où la Providence l'a retenu[1], éprouva des tressaillements de joie en apprenant qu'il y avait là près de lui un compatriote, avec lequel il partagerait mieux ses peines et les charges de la mission. Par une faveur inattendue, il obtint plusieurs fois, du gouverneur préposé à sa garde, la permission de retourner au village de Duong-cheune. Tantot sous un prétexte, tantot sous un autre, il se faisait même autoriser à un ou plusieurs jours d'absence. Comme le défaut d'exercice, le chagrin, les inquiétudes et le manque d'air nuisaient à sa santé, on alla jusqu'à lui accorder deux semaines de repos, qu'il eut le bonheur de passer à la campagne, près de M. de la Motte, au commencemeut de l'été.

Mais tout à coup la situation a changé; le vénérable interprète ne peut plus sortir et ses démarches sont attentivement surveillées. Voici ce qui s'était passé. Pendant que les fonctionnaires font dépouiller et renverser les églises et que d'un bout à l'autre de l'empire les fidèles sont livrés à la méchanceté des païens, Migne-Mang, qui n'avait pas voulu effrayer les missionnaires, de peur qu'ils n'échappassent, par la fuite, aux mains des soldats chargés de les arrêter, avait envoyé une circulaire secrète aux grands mandarins, en leur défendant de la publier, mais en leur enjoignant de l'exécuter promptemeut et fidèlement.

Néanmoins deux circonstances vinrent heureusement retarder l'application des ordres de Sa Majesté et favoriser l'évasion des missionnaires disséminés sur le territoire du royaume annamite. La première fut l'arrivée des fêtes annuelles, célébrées pour l'anniversaire du couronnement de Migne-Mang. Tout entiers aux réjouissances publiques, les mandarins n'avaient pas alors le loisir de se livrer aux inquisitions qui leur sont demandées; d'ailleurs, beaucoup d'entre eux se rendaient à la cour en cette occasion; et puis il ne fallait pas troubler les solennités auxquelles toute la nation était appelée à prendre une joyeuse part.

La seconde et providentielle circonstance fut la bienveillante indignation du grand mandarin de Qouang-Ngaï, qui, répugnant à se faire l'exécuteur des injustes poursuites décrétées contre les mission-

1. M. Jaccard n'était plus abordable que pour les prêtres indigènes.

naires, avertit M. Gagelin, en lui permettant même de prendre copie de la circulaire royale, afin qu'il pût en donner connaissance à tous ses confrères. M. Jaccard, en qualité de Provicaire, fut un des premiers informés par la réception de la pièce suivante, transcrite sur la lettre du roi[1].

« La religion de Jésus-Christ mérite toute notre haine; notre peuple imbécile et stupide l'embrasse sans examen, en grand nombre et dans tous les lieux soumis à notre domination. Il ne convient pourtant pas de le laisser s'affermir et s'accroître dans cet abus.

» C'est pourquoi nous avons déjà rendu un édit paternel, afin de lui apprendre ce qu'il doit faire pour se corriger...

» Toutefois il est bon d'agir avec sagesse en cette circonstance, selon la maxime qui dit : *Si tu veux détruire une mauvaise coutume, détruis-la avec ordre et patience;* ou encore : *Si tu veux extirper la race des méchants, prends la cognée et coupe la racine...*

» Suivant donc le conseil des sages, nous ordonnons à tous les premiers mandarins des provinces, et à tous ceux qui gouvernent notre peuple,... d'arrêter les Maîtres de la religion, usant pour cela plutôt de ruse que de violence. Les maîtres européens doivent être envoyés promptement à la capitale, sous prétexte d'y recevoir nos ordres pour la traduction des lettres d'Occident...

» Vous, préfets de province, conformez-vous à notre volonté royale, agissez adroitement, n'excitez aucun trouble ; par là vous vous rendrez dignes de notre confiance.

» Nous défendons de publier ce décret, de peur qu'il ne soulève une agitation fâcheuse. Dès qu'il vous sera parvenu, vous seuls en prendrez connaissance. »

Après la lecture de ce document, qui les édifiait si bien sur les ruses et les intentions de Sa Majesté, dans le cas où ils se laisseraient prendre, les missionnaires durent aviser aux moyens de sauver leur liberté à l'exemple de Notre-Seigneur, qui s'en alla en Égypte quand il était recherché par les soldats d'Hérode, et conformément à la divine recommandation : *Si on vous persécute dans une ville, réfugiez-vous dans une autre*[2]. Mgr. Taberd et plusieurs prêtres français prirent congé de leurs chrétiens, pendant les fêtes nationales, et passèrent sur les terres du Cambodge. Cette retraite des Maîtres européens s'opéra si secrètement que les païens n'eurent pas la finesse de s'en apercevoir. Lorsque les joies publiques eurent cessé et que le dernier coup de tam-tam eut

1. Sans rien changer aux expressions, j'ai seulement supprimé les détails inutiles.
2. S. Math. x, 23.

retenti, les agents de la police voulant s'emparer des missionnaires, pour les conduire à la capitale, n'en trouvaient plus nulle part. Aussi, grande fut la colère des mandarins, quand ils s'aperçurent de la stérilité de leurs recherches ; ils comptaient si bien sur leur proie ! Ne supposant pas que les Européens eussent pu quitter si rapidement les provinces annamites, ils redoublent d'attention, multiplient les inquisiteurs, fouillent les maisons, parcourent les champs et les bois, rien n'est oublié. Malheur à ceux qui n'ont pas été assez expéditifs, dans leurs préparatifs de départ. Au nombre des retardataires se trouva un prêtre italien le P. Odorico. Nature impressionnable et bonne, mais dépourvue de l'énergie française, il perdit la tête au milieu du tumulte qui l'enveloppait et ne sachant où diriger ses pas, il alla tranquillement se livrer au gouverneur de sa province.

Celui-ci, ravi de sa capture, envoya sans délai le pieux missionnaire à Hué où il fut interné avec M. Jaccard, dans la maison des étrangers.

Sur un autre point de la Cochinchine, M. Gagelin prit une résolution à peu près analogue. Comptant d'abord que le grand mandarin de sa province ne le ferait pas saisir, il était resté à son poste. Cependant il apprend que plusieurs villages chrétiens, dont il était très-connu, ont apostasié, et que celui où il réside est tenté de suivre ce funeste exemple. A cette nouvelle, le pauvre missionnaire ne sait quel parti adopter. Demeurer plus longtemps, est dangereux ; fuir, c'est donner peut-être le signal de la défection à ceux qui l'entourent. A la fin, la terreur de la population, au sein de laquelle il est caché, le décide à s'éloigner, pour ne pas attirer sur elle des châtiments redoutables. D'ailleurs, il s'imagine que des apostats lui gardent rancune pour quelques différends qu'ils ont eus avec lui autrefois, et qu'ils vont se venger en le dénonçant à l'autorité. L'esprit obsédé par toutes ces réflexions, il s'échappe furtivement, pendant une des dernières nuits de février, et se dirige à son tour vers les montagnes, espérant s'y mettre à couvert de la malice des hommes, ou les gagner par la compassion qu'inspirera son malheur. Mais, vain espoir ! Les montagnards, à demi sauvages, le dépouillent d'une partie de ses vêtements, lui enlèvent le peu d'argent qu'il possède et lui refusent l'hospitalité. Deux ou trois fois seulement, en cinq jours, ils consentent à lui donner quelque nourriture. Ainsi privé d'abri, exposé à la rencontre du tigre, il lui est impossible de s'aventurer plus loin dans la profondeur des forêts, sans courir à une mort inutile. Épuisé de fatigue et mourant de faim, le pauvre missionnaire n'eut qu'à reprendre le chemin de l'une de ses anciennes résidences. Revenu d'abord à Quoang-Ngaï, il disparaît bientôt de cet endroit, pour aller se fixer au Qoui-Nieune ;

puis saisi de nouveau d'une terreur panique, il quitte ce pays, à la grande et douloureuse surprise des chrétiens, et va se livrer au mandarin du district, qui le fait aussitôt incarcérer[1].

Selon les instructions royales, le missionnaire fut garrotté et conduit à la capitale. « Il est arrivé ici, continue le Provicaire, le 23 août, avec la cangue sur les épaules, laquelle cangue il portait depuis le Qouang-Nâme et qu'on ne lui a pas encore ôtée à la date où je vous écris. » (13 octobre de cette même année.)

A son arrivée à Hué, M. Gagelin fut jeté dans une prison, où l'interprète de Migne-Mang eut presque aussitôt la permission de le visiter.

« Au premier abord, écrit M. Jaccard, je ressentis en moi un vif plaisir de le revoir, mais je fus étonné de le trouver avec un semblable collier. Après l'avoir embrassé, je me mis à le plaisanter un peu ; je lui dis, en lui plaçant mon éventail sur la gorge : « *Il ne vous manque plus que le couteau.* » Il me répondit : « *Mais cela pourrait bien arriver.* »

Les rigueurs particulières exercées contre ce pieux prisonnier, venaient, dit le Provicaire, de ce qu'on avait trouvé dans un coffret, qu'il portait toujours avec lui, une copie de l'ordonnance secrète du roi. Sa Majesté parut tellement irritée de ce fait, qu'on parla tout de suite des derniers châtiments.

« Il est question, racontait M. Jaccard, de le condamner à mort ; je pense toutefois que le roi lui fera grâce, à moins que, courroucé contre quelques chrétiens de Dong-Naï, qui, dit-on, auraient suivi les insurgés, il ne décharge sa colère sur notre confrère. »

En effet, la Providence divine avait voulu introduire une digression dans les projets sanguinaires de Migne-Mang. Avant de répandre le sang des missionnaires européens, il faudra qu'il verse à grands flots celui de ses propres sujets.

Les provinces du Tong-King ont levé l'étendard de la révolte, avec la persuasion que l'heure est venue de secouer le joug du roi de Cochinchine. Par une étrange contradiction, ces pays, où la persécution est presque incessante, croient généralement qu'un trône est condamné à tomber, s'il déclare la guerre à la religion de Jésus-Christ. A cause de cela, l'ordonnance impie de Migne-Mang avait été accueillie avec des transports de joie par les Tonquinois, comme si elle avait annoncé leur prochaine délivrance. C'est pourquoi, dès les premiers jours d'avril, dit M. Jaccard, l'insurrection éclata dans le nord de l'empire. Mais la tentative avorta presque aussitôt. Les chefs principaux s'étant

1. Lettre de M. Jaccard, du 12 octobre 1833.

laissé prendre, les armes à la main, onze furent condamnés à avoir la tête tranchée ; trois autres, regardés comme plus coupables, furent coupés par morceaux, en commençant par les extrémités du corps. Cependant ce triomphe n'était pas définitif.

Les bourreaux de Migne-Mang achevaient à peine leur triste besogne, qu'on vint annoncer l'arrivée des montagnards, qui descendent nombreux et menaçants, égaux en férocité aux tigres de leurs forêts et redoutables par leur adresse à tirer de l'arquebuse.

En quelques semaines, les vallées sont envahies, et les rebelles victorieux s'avancent vers la capitale. Déjà Sa Majesté tremblait au fond de son palais, quand les ennemis rendus trop confiants par leurs premiers succès, sont surpris et taillés en pièces; et dans une seconde rencontre, leur chef ayant été fait prisonnier, ils reculent en désordre, jusqu'aux frontières de la Cochinchine, et rentrent découragés dans leurs montagnes.

La révolte paraissait désormais non-seulement apaisée, mais encore devenue impossible. Cependant, au mois de juillet, se fit un nouveau soulèvement, plus terrible que les autres, dans les contrées méridionales et surtout à Saïgon, chef-lieu de la Cochinchine occidentale, à l'occasion d'une injuste vengeance de Migne-Mang contre un certain nombre d'officiers et de soldats.

Cette troisième insurrection eut aussi de brillants débuts, et tout déjà faisait présager un démembrement de l'empire d'Annam. Mais voici que la discorde s'insinua parmi les chefs de l'expédition, et leurs troupes, aussitôt partagées en deux camps opposés, s'immobilisent dans une ruineuse hostilité. Puis, après la discorde vint la trahison ; un des généraux rebelles fit secrètement la paix avec l'armée du roi et tourna ses forces contre ses anciens partisans.

« Les insurgés, raconte à ce sujet M. Jaccard, poussés des deux côtés, se sont enfermés dans la citadelle de Gia-Digne, au nombre d'environ 2000 hommes, et paraissent décidés à soutenir un siége, qui probablement sera long, car il ne leur manque rien ; on prétend qu'ils ont des provisions de tous genres pour plusieurs années. Le grand malheur de tout cela pour nous, c'est qu'on soutient que plusieurs chrétiens ont suivi les rebelles, et qu'ils sont maintenant encore au nombre de 200, renfermés dans la ville... La conséquence sera que, si Sa Majesté peut faire litière de ses ennemis et raffermir son trône ébranlé, elle tournera sa fureur contre le christianisme. Déjà le bon P. Thouy, mon hôte charitable, est condamné à avoir la tête tranchée[1]. »

1. Lettre du 12 octobre 1833.

Cependant la justice divine continuait à infliger ses terribles leçons au sanguinaire despote, qui rêvait en ce moment l'extinction de la religion dans ses États.

A la guerre civile, qu'une intervention des Chinois est prête à soutenir, viennent se mêler de nombreuses calamités. La famine et la peste, compagnes assidues de la guerre, étaient là hideuses et promenant leurs ravages dans toutes les provinces du royaume. Et au milieu de ces horreurs, retentissaient de toutes parts des plaintes poussées par les parents des victimes tuées sur les champs de bataille ou égorgées, par ordre du roi, après avoir été entassées dans les prisons. Ainsi les maladies et la disette, le deuil et les dangers de mort, les menaces de la persécution ou la crainte d'être envoyés contre les les rebelles, ont répandu la consternation dans toutes les âmes.

Migne-Mang lui-même, qui n'avait écouté jusque-là que les conseils de son orgueil et de sa cruauté, est saisi de frayeur, et à son tour, ne voyant plus d'espoir du côté de la terre, se livre aux œuvres de pénitence et d'expiation. On serait tenté de croire qu'il va fléchir le genou devant le Dieu tout-puissant des chrétiens et qu'il demandera pardon de ses forfaits ; mais non, l'empire d'Annam n'a pas encore produit assez de martyrs et d'intercesseurs, pour effacer les crimes dont il a été souillé, et mériter le règne paisible de l'Évangile. Le fier monarque consent bien à s'abaisser, mais il ne descendrait pas assez bas, s'il ne s'inclinait que devant le Dieu créateur ; il se prosternera donc aux pieds des vaines idoles de bois ou de pierre. Pendant plusieurs jours, Sa Majesté revêt des habits de deuil, se condamne à l'abstinence et au jeûne, se prive de tout plaisir, et couche sur la terre nue à la façon d'un mendiant. Et afin de désarmer le courroux de ses divinités, qui seraient bien égayées de sa dévotion si elles avaient un cœur et des yeux, il descend au fond de sa conscience, en scrute les replis, pour découvrir le nombre de ses crimes et les malheurs qu'ils ont attirés sur ses États. Cet examen terminé, il écrit sa confession, l'envoie à tous les administrateurs des provinces et la fait publier à la face de la nation.

Le royal pénitent ne se doutait pas que cette démarche humiliante, accomplie pour apaiser les remords dont il est déchiré, rendait un éclatant hommage au christianisme, qu'il persécutait avec une stupide malice. En effet, Jésus-Christ n'est-il pas le vrai médiateur, qu'il appelle sans le savoir, et le seul qui puisse réconcilier le pêcheur avec la justice divine? Son cœur n'est-il pas notre refuge assuré, sous les coups de l'adversité? Son sang adorable n'est-il pas l'expiation que cherche le coupable repentant? Et la confession chrétienne n'est-elle pas plus facile et plus honorable que la confession faite au son du tam-tam ? Ne répond-elle pas d'une manière plus efficace aux besoins de l'âme, qui désire verser dans une autre âme les douloureux secrets dont elle est remplie?

Quoi qu'il en soit, Migne-Mang obéissait ici à l'indestructible instinct qui pousse vers Dieu le cœur de l'homme, même avant qu'il connaisse les voies de la miséricorde ouvertes par le sacrifice du Calvaire.

Après l'énumération des épidémies, des inondations, des tempêtes, des cyclones, des disettes et des guerres qui, depuis son avénement, ont ravagé les provinces annamites, il avouait que tous ces maux étaient la juste punition de ses ivrogneries, de sa luxure, de ses folles dépenses et de ses exactions sans nombre, et il promettait, avec l'humble sincérité qu'on lui connaît, de changer entièrement de conduite.

Mais, hélas! Les résolutions de Sa Majesté avaient pour confidents des dieux altérés du sang chrétien, et comme pour sceller la nouvelle alliance qu'elle contracte avec eux, elle signe presque aussitôt la condamnation d'un prêtre indigène, Pierre Thouy, dont on a vu le nom précédemment. C'était le prélude des arrêts qui devaient être bientôt prononcés et exécutés.

En attendant ces tristes jours, M. Jaccard, oublieux de son propre danger, continuait, par ses lettres et ses entretiens, à encourager et à fortifier ceux dont la vie paraissait plus menacée.

« Depuis le 23 août, jusqu'au 11 octobre, écrivait-il, j'ai pu visiter M. Gagelin une ou deux fois par semaine. Plusieurs fois, je suis allé dîner avec lui, dans sa prison, pour l'égayer et le consoler un peu. Personne ne se doutait encore qu'il dût être condamné à mort, j'espérais renouveler mes visites, mais, malheureusement, celle du 11 octobre fut la dernière que je pus lui rendre [1]. »

Trois jours après cette entrevue des deux missionnaires, l'interprète royal apprenait que son cher confrère était définitivement condamné à être étranglé.

Cette nouvelle ne le troubla point, bien qe'elle lui laissât supposer que son tour allait prochainement arriver, car on disait tout haut que Sa Majesté avait formellement assuré qu'elle se déferait le plus tôt possible des Maîtres de la religion.

Cependant, en informant les missionnaires du Tong-King occidental du jugement porté contre M. Gagelin, le Provicaire ajoutait : « J'ai bien peur que nous ne soyons pas dignes du martyre. Je sens, il est vrai, toute ma faiblesse, mais, je me rassure par l'*Omnia possum* de saint Paul. Priez pour nous et surtout pour nos pauvres chrétiens, qui

1. Lettre du 14 octobre 1833.

en verront de rudes. Soyez aussi sur vos gardes, à moins que vous n'ayez envie de vous faire étrangler. Comme j'ai appris que vos courriers avaient été arrêtés deux fois, je vous prie de prendre les plus grandes précautions pour vos envois... Mettez les dates en toutes lettres, parce que le roi se fait lire tout ce qui est écrit en chiffres arabes ou romains. »

M. Jaccard faisait aussi observer que les ennuis causés au prince par les événements politiques allaient beaucoup influer sur le sort de leur confrère. Depuis le onze au soir, la porte de la prison de M. Gagelin est étroitement gardée par des soldats, et le geôlier a reçu l'ordre de ne plus laisser entrer personne, à moins que ce ne soit pour apporter au détenu les choses nécessaires à la vie. L'entrée de la demeure de l'interprète est aussi honorée de plusieurs sentinelles, et il ne peut plus sortir, sans une autorisation spéciale. Cependant, grâce à la liberté laissée à M. Gagelin de recevoir un néophyte chargé de lui porter à manger, les deux prisonniers peuvent correspondre et se communiquer les nouvelles du dehors. Cette faveur, ménagée par la miséricordieuse Providence, donna lieu à un échange de lettres qui, fort heureusement, ont été conservées, et que nous reproduisons ici, pour la gloire de Dieu et l'édification des lecteurs.

Le 12 octobre, M. Gagelin envoya au Provicaire le billet suivant, pour l'informer de la fâcheuse situation qui lui est faite :

« Depuis hier soir, personne ne peut approcher de moi. Durant la nuit, j'ai les ceps aux pieds. Il paraît qu'au premier jour on m'enlèvera pour me mener en exil au Xu-Doaï, province du Tong-King, près de la Chine, selon la plus inique des sentences. N'en dites rien à personne. »

Pourquoi cette recommandation du silence ? Le pauvre missionnaire était-il trompé par un perfide confident chargé de l'empêcher, à l'aide de ces fausses déclarations, de prendre d'autres renseignements? Toujours est-il qu'il se faisait complétement illusion sur la volonté du roi, et sur les motifs de sa condamnation. Néanmoins, il était très-important qu'il connût la vérité sur ces deux points. Pour le préparer à recevoir la fatale nouvelle et redresser ses idées, M. Jaccard lui fit porter, le même jour, les lignes suivantes :

« J'ai reçu votre billet. J'avais déjà appris, par la personne qui vous a porté du riz ce matin, le mauvais traitement qu'on vous fait éprouver. Je pense que je saurai dans la journée ce que vous avez à craindre ou à espérer. A quelque peine que l'on vous condamne, ce ne sera que comme prédicateur de la religion. J'ai célébré ce matin la Sainte

Messe pour vous et récité l'oraison, *Pro in carcere constituto*[1]. Je prie le bon Dieu de vous donner la patience et la résignation dont vous avez si grand besoin, dans la position pénible où vous vous trouvez. »

Mais, persuadé que son affaire n'était pas d'une gravité majeure et que le roi demeurait étranger à sa condamnation, où il apercevait uniquement le résultat déplorable des calomnies dirigées contre lui et de la malveillance injustifiable de ses juges, M. Gagelin répondit aussitôt à son dévoué confrère ces quelques mots :

« Je vous remercie d'avoir célébré la Sainte Messe pour moi. Je vous prie d'adresser au plus vite un placet au *Bô*[2] pour demander raison de l'injuste sentence prononcée contre moi sans que l'on m'ait interrogé ni entendu. »

Mais adresser une requête au *Bô*, c'est-à-dire au ministère, était peine perdue. Il n'était que l'instrument du roi. Autant eût valu demander au glaive d'un assassin pourquoi il frappait des victimes innocentes. D'un autre côté, à quoi bon se plaindre à Sa Majesté de ce qu'elle viole ici les principes élémentaires de la justice ?

Ne les a-t-elle pas tous foulés aux pieds jusqu'à présent ? Puis ce n'est pas de l'exil qu'il s'agit pour le Maître de la religion, c'est de la peine capitale. M. Jaccard, positivement instruit de ce fait et connaissant d'ailleurs les courageuses dispositions de son cher confrère, crut utile de lui transmettre les informations qu'il avait reçues, afin qu'il eût le temps de se préparer à la fatale sentence, dont l'exécution est peut-être imminente. C'est pourquoi, sans plus tarder, il écrivit, le même jour, cette deuxième lettre :

« Je crois devoir vous annoncer sans détour, bienheureux confrère, que nous avons appris que vous êtes condamné à mort pour être sorti de Dong-Naï où le roi vous avait permis de rester, afin d'aller dans différentes provinces prêcher la religion. D'après ce que nous avons entendu, vous êtes condamné à mourir par la corde. Malgré ces données sur votre jugement, j'ai encore de l'espoir ; croyez que je ne suis pas oisif touchant vos intérêts. Je fais tout mon possible pour vous être utile, en toutes les manières. J'espère que si le bon Dieu vous accorde la palme du martyre, que vous êtes venu chercher si loin, vous n'oublierez pas votre pauvre confrère que vous laisserez derrière vous. Si *Son-Thac-taï*, qui vous remettra cette lettre, peut se charger de la réponse, tâchez de faire un petit testament ; si vous ne pouvez pas l'écrire au long, je vous entendrai à demi-mot.

1. Pour un prisonnier. — 2. Le *Bô* est le ministère.

» Mon grand regret est de ne pouvoir aller vous visiter. Je verrai si, avec de l'argent, il serait possible de pénétrer dans votre cachot. Demain, j'écrirai aux Pères annamites pour les prier de dire des Messes pour vous.

» Excusez-moi de ce que la première fois que je vous vis au *Trane-Phou*, je vous mis mon éventail à la gorge, en croyant plaisanter, et ne me doutant guère de l'issue de votre jugement. Le roi n'a pas encore fixé le jour de votre exécution ; si je puis le connaître, je ne manquerai pas de vous le faire savoir. Vous avez parmi vos papiers des lettres de M. de la Motte, remettez-les toutes à votre écolier, afin qu'il les brûle ou me les apporte, de peur qu'elles ne tombent entre les mains de quelqu'un qui les fasse parvenir au roi, et que je ne sois appelé pour les traduire. »

Quelle nuit dut passer M. Gagelin, avec la préoccupation de la grave nouvelle qu'il venait d'apprendre ! Sans doute, il est disposé à tout dans son cœur, mais il ne pouvait se soustraire aux impressions involontaires que produit, sur la nature humaine, le spectre de la mort aperçu de si près. Est-ce qu'à cette vue le Christ n'a pas éprouvé une sueur de sang ? Il est vrai que ce divin Sauveur a épuisé le calice des amertumes, pour adoucir l'agonie de ceux dont il est aimé ; toutefois, il faut que nous subissions plus ou moins ses rigueurs. Fort heureusement, quand la mort s'approche de nous, elle est d'ordinaire suivie d'une aimable compagne qui s'évertue à nous rassurer, et y réussit presque toujours, c'est l'espérance. Elle nous berce des plus douces illusions, et nous endort comme des enfants au refrain consolant de ses belles promesses. Le bon missionnaire prêtait complaisamment l'oreille à la voix de l'habile charmeuse ; il voulait vivre encore, pour réaliser ses projets, dût-il longtemps pleurer sa liberté. Le 13 au soir, il écrivit donc au Provicaire :

« Tou-Trong m'assure qu'il ne sait rien du tout ; comment cela est-il possible ? La sentence que vous m'annoncez est postérieure, et hier au soir j'en ai encore entendu parler. Cependant je ne crois pas la chose absolument décidée, comme vous me le dites. Je désire beaucoup vous rencontrer ; faites tout votre possible, pour venir jusqu'à moi. Je me recommande à vos prières et à celles du P. Odorico, ainsi qu'à celles de M. de la Motte. Je crois très-expédient que vous alliez vous-même parler au Ta-Tri-bo-bigne (assesseur du ministre de la justice). »

Et comme si la sécurité de son avenir dépendait de l'opinion qu'il aurait réussi à faire partager à son confrère, M. Gagelin n'attendit pas la réponse de M. Jaccard. Peu d'heures après lui avoir écrit le précédent billet, il lui envoya la note suivante, convaincu cette fois qu'il était exactement informé des décisions prises à son égard :

« Je crois avoir mieux rencontré que vous; je suis condamné à l'exil, et c'est au Xu-Doaï que l'on doit me reléguer. Quand vous écrirez à M. de la Motte, remerciez-le pour moi, et recommandez-moi à ses prières; je regrette beaucoup de ne pouvoir lui répondre. »

Je ne sais à quelle source le pauvre prisonnier avait puisé ses renseignements. Voulait-on le tromper? craignait-on de lui dévoiler la cruelle vérité? M. de la Motte, induit en erreur après plusieurs autres, contribuait-il par ses lettres à entretenir ses regrettables illusions? Je l'ignore. Mais la situation était bien pénible pour M. Jaccard. D'un côté, il était impossible qu'il fût sciemment complice des récits trompeurs venus peut-être de la cour, et de l'autre il souffrait profondément de remplir le rôle odieux de prophète de malheur. Cependant, l'honneur de Dieu et les intérêts éternels d'une âme prête à quitter la terre élevant ses pensées au-dessus de toutes les considérations humaines, il n'hésita pas à répondre le même jour, en ces termes, à M. Gagelin:

« Je viens de recevoir vos deux billets. Vous pouvez être certain que vous êtes condamné à mort, et cela pour avoir prêché la pure morale de l'Évangile et Jésus crucifié. Vous n'êtes pas condamné à l'exil, mais à la mort sans préambule, à moins que par une espèce de miracle le roi ne change votre sentence. Votre élève, Dâme, se réfugie où il peut; il ne sera jugé que quand on le prendra; il se moque de ses juges, il est bien loin d'eux. Les choses, cher confrère, sont comme je vous les dis; le roi vous condamne comme prédicateur de l'Évangile, il ne veut plus de chrétiens ni de missionnaires. Mon tour et celui du P. Odorico pourraient bien venir aussi. J'ai fait parler au Bô, cinq ou six fois, par les voies les plus sûres; tous ces messieurs ont répondu qu'il n'y avait rien à faire. Je ne puis non plus, à mon grand regret, obtenir la permission d'aller vous voir. »

Des paroles si péremptoires ne permettaient déjà ni doute ni objection. Cependant, une personne, très-bien au courant des résolutions impériales, apporta durant la journée des renseignements encore plus précis, à la maison des ambassadeurs. On donna même des détails circonstanciés sur la manière dont serait exécutée la sentence portée contre le Maître de la religion. Dès le lendemain, 14 octobre, le Provicaire se fit un devoir de transmettre à M. Gagelin ce qu'il venait d'apprendre, afin de dissiper ses dernières illusions, et aussi pour le féliciter de son prochain triomphe.

« Monsieur et cher confrère, nous avons des gardes depuis hier; le jour, nous avons deux soldats qui nous surveillent, et la nuit nous en avons quatre. Nous pourrons vous suivre de loin; votre sentence est prononcée irrévocablement. Lorsque vous aurez subi le supplice de la corde, on vous coupera la tête, pour la porter dans les provinces où vous avez prêché le christianisme. Ainsi vous voilà martyr; que vous êtes heureux!.. Marquez-moi un *lætatus sum in his quæ dicta sunt mihi* (je me suis réjoui des choses que l'on m'a dites) et je célébrerai une messe d'actions de grâces; je n'oublierai cependant pas de demander auparavant pour vous le secours dont vous avez besoin.

» Je vous parle de science certaine; vous êtes condamné à mort comme missionnaire. N'oubliez pas de brûler tous vos papiers; si vous en avez d'importants, remettez-les à votre écolier qui me les apportera ou me les fera passer. J'écris au Tong-King, et même à Macao, ce que je vous ai annoncé, parce que c'est absolument vrai.

» Dans quelques jours vous allez monter au ciel, ne nous oubliez pas. Je n'ai pas encore pu savoir quand vous serez exécuté. Il est possible que, dès cette nuit, je fasse disparaître mes ornements et les autres objets du culte. Le P. Odorico se dispose sérieusement à mourir, comme vous; quant à moi, je suis sur le qui-vive. Lecture faite de ce billet, brûlez-le comme le reste, et croyez-moi, monsieur et vénéré confrère, votre tout dévoué. »

Aux allures troublées de cette lettre, on aperçoit, malgré lui, les émotions de M. Jaccard. Dirigé par une foi profonde et un dévoûment éclairé, il est exempt de tristesse quant à la perte de son confrère; mais il souffre visiblement des malheurs qui vont frapper la religion et amener peut-être de lamentables défaillances parmi les Annamites. En parcourant ces lignes, M. Gagelin sentit tomber tous les voiles qui cachaient à ses yeux les réalités de l'avenir. Cependant ce fut sans frayeur qu'il vit briller devant lui le glaive de la mort; au contraire, l'antienne de la reconnaissance qu'on vient de lui porter provoque dans son cœur une explosion de joie, plus grande que tout autre en eût éprouvé, à l'annonce de sa mise en liberté. On aurait dit que la porte du ciel s'entr'ouvrait, pour laisser apparaître, aux regards du généreux confesseur, le torrent des délices où s'enivrent les phalanges bienheureuses des amis du Christ. Le *juste Juge* lui apparaît aussi, mais sous les traits divins du bon Maître, prêt à réformer la sentence inique des persécuteurs de son nom, et tenant à la main la couronne, qui change en un poids immense de gloire les rapides instants de tribulations endurées par amour pour lui. Tels sont les sentiments qu'on aime à retrouver dans la réponse qu'il fit au Provicaire.

« Monsieur et très-cher confrère, la nouvelle par laquelle vous m'apprenez que je suis irrévocablement condamné à mort me pénètre de joie jusqu'au fond du cœur. Non, je ne crains pas de l'assurer, jamais nouvelle ne me fît tant de plaisir; les mandarins n'en éprouveront jamais un pareil. *Lœtatus sum in his quœ dicta sunt mihi; in domum Domini ibimus.* La grâce du martyre dont je suis bien indigne, a été, dès ma plus tendre enfance, l'objet de mes vœux les plus ardents; je l'ai spécialement demandée toutes les fois que j'élevais le précieux Sang au saint sacrifice de la Messe. Dans peu je vais donc paraître devant mon Juge, pour lui rendre compte de mes offenses, du bien que j'ai omis de faire et même de celui que j'ai mal fait. Si je suis effrayé par la rigueur de sa justice, d'un autre côté ses miséricordes me rassurent; l'espérance de la résurrection et de la bienheureuse éternité me console de tous les travaux que j'ai supportés, de toutes les peines et humiliations que j'ai souffertes. Je pardonne de bon cœur à ceux qui m'ont offensé, et je demande pardon à tous ceux que j'ai scandalisés.

» Je vous prie de dire à Monseigneur notre Vicaire apostolique, que je respecte et aime bien sincèrement, ainsi qu'à MM. nos autres confrères, que je les porte tous dans mon cœur. Je me recommande à leurs prières ainsi qu'à celles des prêtres indigènes, des religieuses et de toutes les âmes pieuses.... La vue de mon bon Jésus crucifié me console de tout ce que la mort peut avoir d'amertume; toute mon ambition est de sortir promptement de ce corps de péché, pour être uni à Jésus-Christ dans la bienheureuse éternité. *Cupio dissolvi et esse cum Christo.* Je n'ai plus qu'une consolation à désirer, celle de vous rencontrer, ainsi que le P. Odorico, pour la dernière fois.» (Hué, ce 14 octobre 1833.)

A la chaleureuse simplicité de cette lettre, il n'y avait rien à ajouter; M. Jaccard est au comble de ses vœux; il n'a plus à s'inquiéter de son cher confrère. Jésus-Christ l'a marqué du signe des élus, on ne peut plus voir en lui qu'un martyr, allant plaider au ciel, au tribunal de la justice divine, par les mérites de sa mort librement acceptée, la cause du peuple annamite. Le lendemain 15 octobre, un écolier lui apporta la réponse suivante, de la part du vénérable Provicaire.

« Monsieur et bien vénéré confrère, nous avons lu votre lettre, avec la plus grande joie; nous ne pouvons que remercier le Seigneur de vous donner tant de courage; le P. Odorico en a pleuré d'attendrissement. Je ne puis encore vous assurer si je pourrai vous rendre une dernière visite. Je ferai tout mon possible pour cela, et dans le cas que je ne puisse y aller, je tâcherai au moins de vous procurer un prêtre annamite.

» J'aurai soin d'exécuter avec la plus religieuse exactitude toutes vos commissions; je ne puis vous en marquer davantage. Quand je saurai quelque chose qui puisse vous intéresser dans votre situation, je vous en ferai part. Adieu, cher martyr de Jésus-Christ, priez Dieu pour nous. »

Le calme, la paix et l'amour de Dieu qui règnent dans cette correspondance des deux missionnaires, en un moment si critique, sont une sensible manifestation du souffle céleste qui l'a inspirée. C'est pourquoi il s'en exhale un parfum de sainteté dont se réjouissent les âmes chrétiennes et leur fait pieusement envier le bonheur que Jésus-Christ répand parfois dans le cœur de ses amis. Fort des garanties de sa foi, en possession d'un avant-goût des joies éternelles, M. Gagelin parle de sa mort, sans effort, sans dédain ni présomption; il s'y prépare avec humilité, mais aussi en toute confiance, comme l'atteste, sa dernière lettre, du 15 octobre :

« Je désire beaucoup vous voir, dit-il encore à M. Jaccard, et je crois que vous pourrez entrer. Vous pourrez parler au capitaine *Ba*, qui nous aime bien, en cas de difficulté. Vous me consolez, en disant que vous ferez tout votre possible pour entrer; je désire me confesser et recevoir le Saint-Viatique, avant d'entrer dans mon éternité. Je crois bien, comme vous me le dites, qu'on ne me condamne qu'*en haine de la religion*, puisque le *Bô* ne m'interroge point. Il serait essentiel d'avoir une copie de ma sentence, et surtout de savoir le jour de mon exécution, car c'est assez ordinaire, je crois, de le cacher aux condamnés. La nouvelle que vous m'avez donnée de ma condamnation ne me fait nulle impression, sinon celle d'un parfait contentement. J'ai dormi cette nuit aussi tranquillement qu'à l'ordinaire, je mange d'un aussi bon appétit; seulement la cangue qui me pèse sur les épaules me fatigue de jour en jour davantage, et j'ai de la peine à rester assis.

» Quand vous écrirez en Europe, je vous prie de faire savoir ma mort à la Propagation de la foi, qui a jusqu'ici témoigné tant de zèle pour les Missions étrangères; je n'oublierai point devant Dieu les membres de l'œuvre, si j'ai le bonheur d'aller au ciel, comme je l'espère. Recommandez-moi aussi aux prières de toutes les âmes ferventes. »

Ce même jour, M. Jaccard apprit que son cher confrère devait être exécuté le lendemain, et on lui faisait savoir en même temps qu'il n'aurait pas la permission de le revoir sur la terre. Cette privation était pénible, mais il se soumet tranquillement à la volonté de Dieu; le cœur d'un missionnaire est habitué à bien d'autres sacrifices. La mort d'ailleurs lui imposant moins de souffrances que la vie, son unique regret est de ne pouvoir suivre le glorieux martyr dans la céleste Jérusalem. Mais si la palme de la victoire lui est refusée aujourd'hui, il en aura du moins entrevu la beauté et la gloire.

Et d'ailleurs, s'il demeure sur la terre, ce sera pour combattre encore, souffrir davantage, grandir dans les voies de la perfection et mériter une plus brillante couronne. Mais en ce moment, il n'a de pensées et de soucis que pour celui qu'il appelle son cher martyr. C'est pourquoi il écrivit encore cette dernière lettre, qui renferme ses adieux, avec les suprêmes encouragements de la religion et de son amitié :

« Monsieur et vénéré Confrère, si l'on diffère votre exécution, nous avons encore une lueur d'espérance de pouvoir vous rencontrer; mais si, comme on me l'assure, elle doit avoir lieu demain, il est probable que nous ne pourrons plus nous voir, parce que les mandarins feignent de ne pas savoir votre sentence et ne répondent que par des défaites. Croyez que si vous ne pouvez non plus voir un prêtre annamite, c'est qu'il n'y a pas moyen de vous procurer cet avantage: heureusement ce n'est pas une chose nécessaire. Nous ne cessons, le P. Odorico et moi, de parler de votre bonheur. Le rév. Père est tout rayonnant de joie et désire partager votre sort. Quant à moi, misérable pécheur, je ne sais souvent ce que je fais, et je ne puis presque pas dormir. Je vous avoue que je serais presque fâché, si le roi vous faisait grâce, étant aussi près que vous l'êtes de remporter la palme du martyre et de monter au ciel.

» Pardonnez-moi, cher confrère, tous les scandales que je vous ai donnés et les peines que j'ai pu vous faire. Je vous ai toujours regardé comme un fidèle ami, un supérieur, j'espère que vous serez bientôt mon intercesseur dans le séjour de la gloire. Adieu! mon cher martyr[1]! »

1. Par précaution, le Provicaire avait recommandé à M. Gagelin de brûler les lettres qu'il recevait de sa main; mais heureusement, Dieu merci! celui-ci les conserva et les renvoya toutes à leur auteur. De cette façon M. Jaccard se trouva dépositaire de toute leur correspondance, et il avait l'intention de l'introduire dans le récit du martyre de son cher confrère. Or le roi ayant peu après condamné son grand interprète à la prison, tous ses papiers furent recueillis par M. de La Motte, et c'est à lui que nous devons la publication des lettres ici mentionnées.

CHAPITRE XIV

M. JACCARD ET LES REBELLES

Notes du vénérable Jaccard sur le supplice de M. Gagelin et de plusieurs autres chrétiens. — Tentatives de Migne-Mang pour amener son grand interprète à écrire aux rebelles. — On annonce au vénérable Jaccard qu'il sera exécuté le 1er novembre. — Intervention de la reine mère. — Lettres de François. — Sa requête à Migne-Mang. — Transfèrement du vénérable Jaccard et du P. Odorico dans une prison plus sévère.

(Du 17 octobre au 1er décembre 1833.)

Une nouvelle ère s'ouvrait évidemment dans la Cochinchine ; la haine déborde du cœur de Migne-Mang, il veut absolument que le christianisme disparaisse de ses États. Les chrétiens auront donc à choisir entre le sacrifice de leur foi et celui de leur vie ; et comme la terreur est l'auxiliaire obligé des despotes, Sa Majesté va frapper un grand coup, pour assurer le succès de ses desseins pervers. Il est à peu près certain que, si les mandarins ne lui avaient pas fourni une autre victime importante, le vénérable Jaccard eût le premier payé de sa tête le crime d'avoir déplu au royal persécuteur. Mais le grand interprète pouvant encore être nécessaire, le prince lui fera grâce provisoirement et déchargera sa colère sur M. Gagelin.

Nous laisserons François nous raconter les circonstances du supplice de son heureux confrère.

« Le 17 octobre, dit-il, un peu après le lever du soleil, on annonce à M. Gagelin qu'il va être transféré au *Thua-Thiéne*. Il venait de réciter son office, n'avait encore rien pris, ni même fait sa toilette. Le prisonnier se revêt aussitôt de sa tunique et de son turban et suit le geôlier. Au sortir de sa prison, il se trouve en face d'environ 40 ou 50 hommes armés de piques et de sabres ; il demande au soldat qui l'accompagne : *M'emmenez-vous pour me trancher la tête ?* Le soldat répondit : *Oh !* ... M. Gagelin reprit aussitôt : *Apprends que je n'ai pas peur*. En sortant de sa prison, sa figure était animée, puis elle pâlit un peu ; mais après quelques instants elle recouvra ses couleurs naturelles. Bientôt le cortége se forma.

» Quatre soldats, le sabre nu d'une main, prennent de l'autre les quatre extrémités de la cangue du martyr; deux autres marchent, l'un devant, l'autre derrière lui. Le reste de la troupe forme deux rangs à droite et à gauche; deux mandarins à cheval, chargés de l'exécution du condamné, ferment la marche. On s'avance jusqu'aux portes de la ville qui aboutissent au pont placé entre la cité proprement dite et le faubourg populeux de Baï-Dâne. Dès qu'on arrive au marché, qui se trouve au bout du pont, un crieur tenant en main la planche où est écrite la sentence du missionnaire, la proclamait au bruit d'une cymbale, tous les cent pas environ. Elle était conçue en ces termes : *L'Européen Tay-hoaï-hoa est coupable d'avoir prêché et répandu la religion de Jésus, dans plusieurs endroits de ce royaume; en conséquence il est condamné à être étranglé.*

» La foule, qui suivait et augmentait à mesure qu'on avançait, déplorait le sort de M. Gagelin et disait : *Qu'a fait cet homme ?... Pourquoi mettre à mort un innocent, un brave homme ? Le roi est-il devenu un mauvais souverain ?* »

N'est-ce pas de cette façon que se passèrent les choses dans les rues de Jérusalem, quand on conduisait le Christ au Calvaire ? Malheureusement cette pitié passagère du peuple, qui réprouve et condamne la sanguinaire tyrannie d'un mauvais roi, n'empêche pas les crimes de s'accomplir en son nom. Lorsque la dépravation publique en est arrivée à ce point, qu'elle peut autoriser la persécution de la vertu, elle a bientôt excusé toutes les cruautés. Migne-Mang, blâmé aujourd'hui, sera demain un grand prince aux yeux de ses sujets, dont il flatte les passions.

« Le martyr, continue M. Jaccard, marchait à grands pas, d'un air tranquille, jetant de temps en temps les yeux sur la multitude qui s'agitait devant lui. On arriva enfin à l'extrémité du faubourg, et aussitôt les bourreaux se disposent à l'exécution. Le pieux patient regarde de tous côtés et demande si on va l'étrangler ou lui couper la tête. Mais pour toute réponse, les gens du roi étendent une natte par terre. M. Gagelin voulait s'y agenouiller, on le fait asseoir, les jambes étendues ; puis il reçoit l'ordre d'ouvrir ses vêtements jusqu'à la ceinture, et aussitôt on lui attache les bras à un pieu derrière le dos. Le missionnaire se prête à tout avec le plus grand sang-froid. Les soldats lui passent ensuite une corde au cou et en lient les extrémités à deux poteaux solidement plantés. Dix ou douze de ces hommes, cinq ou six de chaque côté, serrent le nœud en tirant de toutes leurs forces, tandis que le généreux confesseur de la foi expire sans faire le plus léger mouvement ; son corps s'incline seulement un peu d'un côté. Cependant la corde s'étant rompue, les bourreaux la renouent promptement, la tendent vigoureusement et frappent dessus à grands coups de bâton, et pour s'assurer de la mort de leur victime, ils lui brûlent légèrement la plante des pieds.

» Ces diverses opérations achevées, et les mandarins s'étant retirés, l'écolier du P. Odorico qui avait suivi M. Gagelin depuis sa prison jusqu'au lieu du supplice, demanda aux soldats la permission de dénouer la corde, coucha le corps du défunt, le couvrit d'une natte et demeura auprès. Vers dix heures, les bourreaux, ennuyés de monter la garde, lui permirent de descendre les dépouilles du martyr dans une barque préparée à l'avance, selon mes ordres, par un interprète nommé Michel et par mon écolier. Les chrétiens, n'ayant pas été informés de l'heure de l'exécution, furent d'abord peu nombreux, mais en ce moment ils se trouvèrent là au moins 40 ou 50, qui voulurent la plupart toucher le corps du missionnaire et aider à le transporter sur la rivière. Vous croiriez qu'on va maintenant pouvoir inhumer sans danger ce précieux dépôt ? Mais il n'en sera pas ainsi.

» Le tyran soupçonneux craint qu'on ne fasse ressusciter sa victime, et il met à sa poursuite soldats et mandarins ; cependant elle est secrètement déposée dans un jardin à Phou-Câme, durant la nuit, malgré la surveillance de la police. Très-peu de personnes connaissaient le lieu de la sépulture.

» Or l'écolier du P. Odorico, qui n'était pas même dans la confidence, fut pris, interrogé et conduit dans tous les endroits qu'on supposait recéler le cadavre du Maître européen. N'ayant rien trouvé, les mandarins appelèrent alors l'interprète Michel. Celui-ci, averti du danger que couraient les chrétiens des environs, déterre le corps durant la nuit du 18, le retire de sa tombe et le transporte dans un lieu écarté, où il l'ensevelit enveloppé d'une natte, et se présente aux mandarins le 19 au matin. Questionné à son tour, il indique le lieu de la nouvelle sépulture, qu'il feint de ne pas connaître exactement, mais qu'il trouve après quelques instants de recherches. Cependant les agents du roi ayant constaté juridiquement la mort de M. Gagelin, firent recouvrir son tombeau par des chrétiens de Phou-Câme et leur en confièrent la garde.

» Le 23, vers les cinq heures du soir, Michel vint me raconter que la demeure des *Ba-ong* était en émoi, et qu'on préparait des épées, des piques et des torches ; j'appris ensuite qu'on allait mettre à mort le généreux Paul *Doï-Buongue*. Je l'envoyai donc aussitôt prévenir qu'il n'avait plus que quelques moments à vivre. A cette nouvelle, il alluma tranquillement un cigare, fit ses adieux aux geôliers, leur recommanda les chrétiens détenus avec lui et partit gaiement, ayant la chaîne au cou et les mains liées derrière le dos. On eut la cruaute de le tuer sous les yeux de sa fille, mariée à un de ses compagnons de prison.

» Le roi avait aussi fait demander Michel, mais il ne fut interrogé que le 24 ; après cette comparution, où il confessa courageusement le nom de Jésus-Christ, il fut chargé de la cangue et jeté en prison[1]. »

Pendant que la capitale était témoin des horreurs commises par les ordres de Migne-Mang, les provinces du nord se racontaient avec effroi une nouvelle non moins affligeante. Le grand mandarin, gouverneur du Tong-King, venait d'être condamné à la strangulation, à cause de son titre de chrétien. Le Provicaire, informé du danger qui menaçait ce haut dignitaire, lui écrivit aussitôt une lettre remplie d'affection et de pieux conseils, et fit d'actives démarches auprès des mandarins de la cour, afin qu'ils intervinssent e faveur de leur collègue.

Mais la situation devenait de plus en plus fâcheuse. Depuis la mort de M. Gagelin, le roi faisait surveiller plus sévèrement son grand interprète et le P. Odorico. L'un et l'autre se regardaient déjà comme condamnés au dernier supplice et s'y préparaient chaque jour. C'est pourquoi, vers la fin d'octobre, le Provicaire écrivit à M. de la Motte, caché à Duong-cheune, pour lui tracer sa ligne de conduite, en prévision des prochains événements.

« Je viens de recevoir votre lettre d'hier... Quant à ce que vous deviendrez si nous nous en allons, le P. Odorico et moi, je vous répondrai : 1° que vous devez vous tenir bien caché, jusqu'à ce que le bon Dieu arrange les choses de manière à ce que vous puissiez exercer le saint ministère ; 2° au cas où on me laisserait partir, je reviendrai dans un an, au moins, partager toutes vos misères, et nous serons deux ; 3° d'ailleurs, quoique nous veuillions demander notre congé, ce n'est que pour la forme, afin que Sa Majesté ne pense pas que nous nous trouvons bien ici. Nous sommes persuadés que nous essuierons un refus. Pour tout le reste, abandonnez-vous à la Providence ; elle n'enverra ni à vous ni aux Annamites plus de maux que vous n'en pourrez supporter. Je n'ai pas encore fait de démarche pour solliciter mon renvoi ; mais je crois devoir en faire : 1° à raison des ordres de Monseigneur ; 2° pour l'honneur français ; car il est honteux que Sa Majesté ne tienne pas plus de compte des sujets de Louis-Philippe et les étrangle comme des coquins, après les services qu'ils ont rendus. »

1. Tous ces détails sont extraits de la relation du vénérable Jaccard.

Cependant, le 27 octobre, quelqu'un vint apprendre à François qu'il serait probablement mis à mort, ainsi que le P. Odorico, le jour de la Toussaint, en compagnie d'un des chefs rebelles de Dong-Naï. A la réception de cette nouvelle, les deux missionnaires étaient occupés à leur correspondance.

« J'écrivis encore quelques mots, dit le vénérable Jaccard, mais ça n'allait pas. Je sortis de mon trou, je me mis à fumer une pipe et je demandai au Père, en riant : « Que vous en semble[1] ? » Il continuait toujours à écrire, mais il me répondit en italien : « Ces nouvelles sont singulières, elles me font trembler la main[2]. » Quelques moments après, vers les cinq heures, on m'appelle chez le mandarin *Phou-Doâne*. J'ignorais comment j'en repartirais ; j'eus un long entretien avec lui et son second, le *Phou-Thâne*. »

Un des sujets principaux de cet entretien fut le projet qu'avait le roi de faire écrire, par le Provicaire et le P. Odorico, une lettre aux chrétiens enrôlés par les rebelles de la Cochinchine occidentale, afin de les décider à abandonner le drapeau de la révolte. Cette lettre avait été préparée à l'avance dans le conseil royal, et on voulait que les deux missionnaires la signassent purement et simplement.

Moyennant cette complaisance, on promettait vaguement une amnistie générale aux chrétiens et on laissait entendre aux prisonniers qu'ils recouvreraient la liberté. Cependant le roi n'avait point jugé à propos de s'engager par écrit. Quant à la lettre émanée de la cour, c'était un mélange de mensonges et de vérités, et il apparut de suite aux Maîtres de la religion qu'en y apposant leur signature, ils endossaient une grave responsabilité, sans aucun profit assuré pour personne.

Le vénérable Jaccard répond donc aux gouverneurs : 1° qu'il n'était jamais allé à *Dong-Naï*, et qu'on ne pouvait de ce fait le soupçonner de complicité avec les rebelles ; 2° que Khoï, le chef des révoltés, était païen et qu'il n'en serait pas écouté ; 3° que s'il y avait des chrétiens parmi les rebelles, ceux-ci les avaient contraints à prendre les armes, sous peine de mort ; ou bien que c'était une troupe de mauvais sujets, indociles aux enseignements de la religion, et qu'ainsi toute démarche près d'eux était inutile ; 4° que la fausseté de la lettre serait reconnue ; 5° que cette lettre supposait à tort que la révolte des chrétiens avait été la cause de la persécution, attendu que la rébellion n'avait commencé qu'au mois de juillet, et que l'édit du roi remontait au mois de janvier ou de février précédent.

1. Quid tibi videtur! — 2. Notizie son queste, che mi fanno tremar la mano.

Après avoir laissé aux missionnaires quelque temps de réflexion, on revint à la charge.

« Vers 7 heures 1/2 du soir, raconte le Provicaire[1], les mandarins arrivent chez nous; on recommence les débats. Le P. Odorico leur dit tout rondement qu'il ne voyait en tout cela qu'un piége, où l'on espérait nous prendre; que, du reste, il y avait dans cette lettre des choses vraies et des choses fausses, que nous ne pouvions pas signer sans explication, etc... Enfin l'article le plus embarrassant était cette promesse de pardon, qui n'était accompagnée d'aucun témoignage authentique de la parole royale. »

Mais les mandarins n'étaient pas hommes à s'arrêter devant un si faible obstacle. Avec une bonne foi égale à celle de leur maître, ils écrivent immédiatement une assurance positive de pardon, au nom du roi, afin d'ôter aux missionnaires leur dernier prétexte de refus. Bien qu'ils n'eussent pas confiance en cette garantie accordée si facilement, ceux-ci ne pouvaient plus reculer; il ne leur restait qu'à faire leurs réserves sur la valeur de la pièce présentée à leur signature.

« Nous ne signâmes qu'avec répugnance cette lettre royale, continue François. En tout cas, les raisons les plus fortes nous déterminèrent; la principale était que notre résistance serait pour le roi un prétexte spécieux de dire que nous étions de connivence avec les rebelles, et qu'il en prendrait occasion de se déchaîner avec plus de fureur contre le christianisme, tandis que nos signatures n'offraient pas grand inconvénient. »

Il était dix heures, quand cette lutte fut terminée. Avant que les mandarins ne se retirassent, le grand interprète leur dit que, si le roi désirait réellement qu'il écrivît aux rebelles une lettre, d'accord avec le P. Odorico, ils étaient disposés à le faire. Cette démarche, ajoutait-il, leur conviendrait mieux que de signer un écrit dont ils ne sont pas les auteurs. Informée de cette proposition, Sa Majesté fit répondre aux missionnaires qu'ils eussent à composer leur lettre, et qu'elle verrait ensuite si on devait l'envoyer ou non. Or, durant la nuit du 28 au 29, la lettre proposée fut achevée et envoyée à Migne-Mang, non encore signée, afin qu'il l'approuvât. Mais le 30, vers neuf heures du soir, un mandarin la rapporta, en disant qu'elle ne plaisait pas à Sa Majesté, et la fit brûler devant lui.

« Cette lettre, écrivait François à M. de la Motte[2], aura fourni au roi un prétexte pour nous condamner. *Deo gratias!* Je vous envoie le

1. Lettre du 31 octobre 1833.
2. Le 1er novembre 1833.

brouillon que j'ai sauvé du feu... Nous pouvons dire que nous avons prêché la religion jusqu'à notre dernier jour. »

Or, voici le résumé de cette lettre, destinée aux chrétiens renfermés dans la forteresse de Dong-Naï.

« Mes chers frères, nous sommes affligés d'apprendre que des chrétiens se trouvent parmi les rebelles de Dong-Naï.

» Jusqu'à présent, les missionnaires se sont glorifiés de ce que les fidèles sont les sujets les plus soumis à l'autorité royale; aujourd'hui votre conduite les afflige et compromet la religion. Permettez-nous de vous rappeler nos enseignements, et de vous faire souvenir de vos prières, où vous demandez les bénédictions du ciel pour ceux qui gouvernent ce royaume. N'étiez-vous pas habitués à considérer le roi comme le représentant de Dieu? Vous ne pouvez pas plus changer cet ordre providentiel, que vous ne pouvez réformer la religion établie par Jésus-Christ. N'oubliez pas non plus les exemples et les leçons de l'illustre évêque d'Adran, qui a tant contribué à l'affermissement du trône.

» — Vous nous direz sans doute : Nous nous révoltons, parce que les mandarins ont abattu nos églises et persécutent les chrétiens? Mais nous vous répondons par ces paroles de Jésus-Christ : *Heureux ceux qui souffrent persécution pour la justice, car le royaume des cieux leur appartient.* D'ailleurs vous fuyez un mal pour en essuyer un plus grand, si vous êtes vaincus; et en outre vous encourez les sévères jugements de Dieu. Considérez aussi les calamités que la guerre attire sur vos compatriotes; combien souffrent de la faim et trouvent la mort dans les combats! Vous devenez responsables non-seulement de la souffrance de vos frères, mais encore de leur sang répandu, au mépris du cinquième commandement de Dieu. Pourriez-vous vous croire exempts de péché mortel, en égorgeant *ceux que vous devez aimer comme vous-mêmes*? Plût à Dieu, que vous pussiez entendre les gémissements des fidèles déplorant votre conduite et votre sort. N'êtes-vous pas effrayés du triste état où la guerre a réduit les villes et les campagnes?...

» Enfin, nos très-chers frères, nous vous prions de considérer attentivement ce que nous venons de vous dire, ensuite vous choisirez entre ces deux partis, ou de rester les sujets obéissants du roi, ou d'être les instruments d'une troupe de rebelles. Nous sommes persuadés que plusieurs se repentent déjà de leur égarement; mais ils n'osent plus faire leur soumission dans la crainte d'être condamnés à mort. Or nous vous annonçons que le roi vous pardonne, si vous quittez les rangs des séditieux [1]. »

Au lieu de cette lettre, où l'on reconnaît facilement le véritable esprit du christianisme, Migne-Mang expédia la sienne, inhabile contrefaçon des idées chrétiennes, œuvre d'un apostat, et qui ne pouvait tromper personne parmi les fidèles convenablement instruits de leur religion. Voici l'abrégé de cette pièce :

« S'étant trouvés dans la religion quelques articles contraires à la législation du royaume, on a porté plainte au roi, qui l'a proscrite... Vous êtes les auteurs de cette malheureuse décision. Oui ! ce sont nos propres frères, ce sont les chrétiens eux-mêmes qui portent le souverain à détruire les églises et à verser le sang des missionnaires... Dieu, qui commande avant tout la fidélité dans l'obéissance, a-t-il jamais approuvé la rébellion?... Ciel ! vous n'en serez pas quittes, à cause de ce forfait, d'avoir encouru la disgrâce des hommes; sachez que Dieu vous réprouve aussi... Dans cette extrémité, nous demandons permission de nous rendre près de vous, afin de vous faire comprendre l'indignité de votre conduite. Quoi qu'il puisse en advenir, Dieu nous bénira... Pour vous, nos frères chrétiens, mortels comme nous, loin d'être trouvés prêts au passage de la mort, vos âmes seront plongées dans un gouffre profond et ténébreux, sans espoir d'être jamais délivrés par qui que ce soit.

» Il s'agit donc de rentrer en vous-mêmes, au plus tôt. S'il est possible, exhortez le général Khoïà se soumettre sans retard... Ngou-Yène, grand mandarin, s'était aussi insurgé, mais il s'est ravisé et a fait sa soumission. Si le général Khoï ne se rend pas à vos exhortations, vous, nos frères chrétiens, entendez-vous et désertez la citadelle... Si vous suivez nos conseils, le roi vous fera grâce et vous comblera de présents. Nous et nos églises en retirerons aussi un grand avantage, et Dieu vous bénira d'une action si louable.

» Si au contraire vous méprisez nos exhortations, n'espérez ni secours ni pardon. On raconte d'ailleurs que la citadelle ne résistera pas à l'assaut des troupes royales. Le plus vaillant général d'Europe ne parviendrait pas à les repousser. Les assaillants sont exaspérés, et tandis qu'ils se renforcent chaque jour, les assiégés ne peuvent que diminuer...

» De l'Incarnation du Seigneur, la 1833e année.

» TAY-HOAI-HOA-KI........................ (ODORICO.)

» PHANE-VANE-KIGNE-KI.................. (JACCARD.) »

1. La traduction de cette lettre se trouve dans le journal de M. de la Motte, aux archives des Missions étrangères.

Ces pages trompeuses, confiées à un courrier choisi pour la circonstance, arrivèrent promptement à leur destination. Mais les chrétiens de Dong-Naï devinèrent la supercherie et se réunirent aussitôt en conseil pour délibérer sur la réponse qu'il serait bon de faire aux Maîtres de la religion. Or il fut convenu que, sans laisser apercevoir aucun soupçon, il fallait rendre au roi finesse pour finesse. En conséquence, deux lettres furent écrites; l'une au grand mandarin de l'armée royale, l'autre au vénérable Jaccard.

Au grand mandarin, ils se disaient prêts à rendre les armes, à la condition que ses troupes viendraient à la porte de la citadelle, pour recevoir leur soumission et les soustraire à la vengeance des hordes rebelles.

De leur côté, les chrétiens s'engageaient à livrer passage à l'armée du roi. Effectivement, les portes furent ouvertes à l'heure dite, mais au lieu de recevoir la soumission des chrétiens, les assaillants se trouvèrent en face d'une armée qui les attaqua de toutes parts, en massacra un grand nombre et poursuivit les autres à trois ou quatre journées de distance [1].

Pendant que s'exécutait ce perfide stratagème, Migne-Mang recevait la lettre suivante, qu'il avait fait intercepter :

« Le 10e jour de la 10e lune, de la 14e année de Migne-Mang.

» Les chrétiens de la citadelle de la basse Cochinchine s'unissent pour offrir leurs hommages aux deux Trisaïeux Odorico et Jaccard.

« Les deux Trisaïeux nous ont honorés d'une lettre d'exhortation ; comme ils ignorent encore notre position, en voici l'exposé [2]... Jusqu'ici, chaque fois que les rois d'Orient et d'Occident ont persécuté la religion, les chrétiens résignés n'osaient jamais se révolter. De même nous, aujourd'hui, nous ne prétendons point nous révolter. Notre position s'explique facilement : c'est tout simplement que, la flèche étant toute prête sur l'arc, il ne nous a pas été loisible de ne pas le débander. Si, dociles à vos avis, nous désertons, il faudra nécessairement apostasier ; si même nous sommes assez heureux de pouvoir échapper à la mort dans la citadelle, nous la trouverons aussitôt à notre sortie.

» Supposé même qu'une amnistie royale vînt nous promettre la liberté religieuse, il y aurait encore lieu d'en soupçonner la sincérité... Nous préférons la mort à l'apostasie ; peu nous importe d'encourir la dis-

1. Ce fait est raconté par M. de la Motte, dans son journal.

2. Nous passons ici tous les détails non essentiels, parce que le lecteur ne se soucie guère des querelles qui ont pu s'élever entre Migne-Mang et ses sujets.

grâce des hommes, pourvu que nous conservions l'amitié de Dieu. Le Sauveur du monde a dit : *Si on vous persécute dans une ville, fuyez dans une autre...* »

» Voilà le peu de paroles que nous prenons la liberté de soumettre à la charité de nos Pères, les suppliant de nous aider de leurs prières.

» Dix mille soldats respectueux[1]. »

Quand cette dépêche parvint au roi, elle l'irrita profondément, à cause du refus opposé à ses sollicitations, et plus encore à cause du chiffre auquel elle portait le nombre des chrétiens insurgés. Mais Sa Majesté fut obligée de dissimuler sa colère, pour ne pas mettre le public au courant de ses fourberies et de son déboire. D'ailleurs, il a sous la main des victimes toutes prêtes à porter le poids de sa vengeance.

Son grand interprète a pris ses mesures ; son testament est fait depuis le 27 octobre, et il l'a envoyé à M. de la Motte. « On dit, lui écrivait-il ce jour-là, que Sa Majesté veut nous faire célébrer la fête de la Toussaint dans le ciel ; c'est un bien beau jour ! *fiat !* Or le jour approche, il faut faire un petit testament, non pour léguer mon avoir, mais bien mes dettes. »

Après avoir rappelé qu'il avait administré les biens de la communauté depuis cinq ou six ans, il demande pardon des erreurs qu'il aurait pu commettre involontairement, au milieu des temps difficiles qu'il a traversés. Il donne ensuite un détail clair et précis de l'état de ses affaires ; il indique ce qu'il doit et les sommes qui lui sont dues, et il trace sagement les moyens de régler ses comptes et de faire un bon emploi de tout l'argent disponible. Enfin il ajoute : « Je vous fais passer un cahier où vous trouverez des notes importantes, conservez-le bien... Espérant vivre encore quelques jours, je pense que je pourrai vous communiquer d'autres notes. Je n'ai rien à vous léguer, vous prendrez dans mes livres ce qui vous conviendra ; il faut bien que mon exécuteur testamentaire ait quelque privilége. »

Ses intérêts personnels réglés, il déclarait ensuite que M. Bringol, un des plus anciens missionnaires dans le royaume d'Annam, lui succéderait en qualité de Provicaire apostolique, en attendant la décision de Mgr Taberd.

Trois jours après, le 30 novembre, à 10 heures du soir, François traçait encore ces lignes : « Mon cher Monsieur de la Motte, je vous prie de m'exhorter à me préparer à la mort. Je crois pouvoir dire : *Je souhaite tomber en poussière et m'unir au Christ* (Cupio dissolvi et

1. Les rebelles disaient être 10 000, pour décourager Migne-Mang.

esse cum Christo); cependant je vous avoue que la pensée de la mort m'émotionne de temps en temps. Quel compte à rendre au Souverain Juge! Nous avons parlé de cela, ce soir, avec le P. Odorico, comme nous en parlons souvent, et nous avons conclu que le comble de la miséricorde divine serait de nous associer à ceux qui ont donné leur sang pour Jésus-Christ. Puis le P. Odorico a entonné le *Te Deum* et nous l'avons chanté jusqu'à la fin...

» L'autre jour, Sa Majesté étant ivre, et apprenant que des chrétiens étaient mêlés aux rebelles, s'emporta contre nous au point qu'on a fait courir le bruit de notre mort prochaine. Si on nous fait mourir en haine de la religion, nous souffrirons volontiers les derniers supplices; mais si on invente contre nous des calomnies, en nous impliquant dans des questions de guerre ou autres, nous proclamerons bien haut notre innocence et nous ferons plus de bruit que les crieurs qui annonceront notre sentence. »

Cependant le divin Maître ne jugea pas à propos de rappeler à lui ses généreux athlètes; et afin de prolonger leurs combats, il fait parvenir aux oreilles de Migne-Mang une voix respectable qui modifiera ses dispositions. Cette médiation fut l'œuvre de la reine-mère. Étrangère aux impies desseins de son fils, émue de compassion à la vue des maux dont les chrétiens sont accablés, elle essaya de mettre un frein aux injustices du monarque et de l'empêcher de tremper ses mains dans le sang des missionnaires. Malgré sa répugnance à recevoir des conseils, le prince consentit cette fois à écouter les remontrances de sa mère, et révoqua la sentence de mort portée contre son grand interprète et le P. Odorico; la peine capitale fut pour eux commuée en celle de la détention, durant un temps illimité, dans la forteresse d'Aï-lao. Toutefois les deux pauvres condamnés restèrent une quinzaine de jours dans l'attente prochaine de leur dernière heure.

En effet, convaincus qu'ils seraient étranglés, comme M. Gagelin, ils s'étaient préparés, la veille de la Toussaint, à paraître devant Dieu le lendemain. Aussi, le 1er novembre, François écrivit à M. de la Motte ces quelques lignes : « Ce matin, nous avons célébré la messe de très-bonne heure; nous nous attendions à mourir ensuite, mais il paraît que ce ne sera que pour cet après-midi ou demain. Je regarde ces deux mots comme les derniers que je pourrai vous écrire. Ainsi, adieu! cher confrère. Je vous embrasse affectueusement, en attendant que, par la miséricorde infinie du bon Dieu, nous ayons le bonheur de nous revoir dans le ciel. »

Ne sachant rien de ce qui s'était passé à la cour, le vénérable Jaccard et son compagnon sont très-étonnés de se trouver au nombre des vivants le soir de la Toussaint. Ils espéraient ce jour-là livrer leur dernier combat, ceindre la couronne de la victoire, prendre place parmi les élus dont ils avaient célébré la gloire avec toute l'Église catholique, et les voilà toujours chargés de leurs chaînes et partageant le sort des malfaiteurs de bas étage. Cependant leur sacrifice est bien résolûment fait, ils consentent à boire le calice jusqu'à la lie. Si Dieu se contente de leur bonne volonté, sa justice ne peut plus leur refuser la palme du martyre.

Mais déjà se ralentissent les concerts de louanges, la nuit est venue, la fête des saints est finie, les trépassés appellent à leur secours et les prisonniers de Migne-Mang sont encore là. A la première heure, le Provicaire écrivit à son ami, le lendemain :

« Cher M. de la Motte, rien de nouveau, si ce n'est que nous vivons encore. Ce soir ou demain nous allons monter à l'échafaud. Nous avons déjà récité les prières des agonisants. Néanmoins, nous sommes, grâce à Dieu, aussi gais qu'à l'ordinaire. Je crois que je serais fâché si on nous annonçait notre grâce. Adieu, cher ami. Je prie nos confrères d'agréer mon respect et mes derniers adieux. »

Cette douce résignation, cette inaltérable confiance en Dieu, et je dirai cette amicale bienveillance envers la mort, sont un des plus beaux spectacles que puisse offrir la vertu. Depuis le supplice de M. Gagelin, et surtout à partir du 27 octobre, les deux missionnaires se sont tellement remis entre les mains de Dieu, que tous les liens terrestres sont brisés dans leurs cœurs. Ils n'ont plus qu'une pensée, qu'un désir : le martyre, et ce dénouement leur apparaît comme le lever triomphal du jour sans fin de l'éternité bienheureuse.

Pour nous, pauvres voyageurs, qui cheminons péniblement sous le poids de notre faiblesse, il fait bon se reposer des combats et des tristesses de la vie dans la méditation de ces fortifiants exemples! Et qu'il y a de bonheur à partager la foi et les espérances de ces héros du christianisme! Les aveugles ennemis de notre religion devraient justifier leur incrédulité en nous donnant de tels signes de grandeur et de perfection morale.

Cependant on dirait que le ciel se complaît à la vue de cette longue et patiente agonie. On est déjà au 8 novembre et les deux prisonniers sont toujours dans la même attente. Ce jour-là, François écrivait encore ces lignes, à cinq heures du soir : « D'après les bruits qui courent, nous allons être enchaînés ou expédiés dans l'éternité. Sa Majesté aurait-elle envie de voir si nous avons peur? »

Une heure plus tard, les missionnaires apprirent enfin que leur sentence avait été commuée. Voici la lettre que le vénérable Jaccard envoya à cette occasion à M. de la Motte, le 13 novembre:

« Vers six heures du soir, dit-il, à peine votre élève m'avait-il quitté, que nous avons été appelés chez les gouverneurs, où nous avons trouvé deux belles chaînes toutes prêtes. Nous savions déjà, avant d'entrer, ce qui nous attendait. Nous en avons pris chacun une, l'avons baisée et nous la sommes passée au cou, avec plus d'empressement que le plus riche collier de perles. Après qu'on a eu rivé les clous, nous sommes partis pour une autre prison, dite *Nhâme-Duong*; car, étant chargés de chaînes, il ne nous fut plus permis d'habiter à la maison des étrangers. Nous sommes arrivés à la tombée de la nuit. Jamais empereur romain n'entra triomphant dans Rome avec plus d'allégresse que nous n'entrâmes dans notre nouvelle demeure. Nous y trouvâmes les cinq généreux compagnons de Paul Doï-Buong. Ce fut une grande joie pour eux et pour nous d'être ainsi réunis; nous sommes demeurés dans le même logement un jour et deux nuits, puis ils ont été transférés dans un appartement voisin. Malgré cela, nous pouvons encore nous voir et communiquer par-dessus l'espèce de cloison qui nous sépare. Vous devinez que c'est une consolation bien grande pour eux et pour nous.

» Après midi, nous avons été visités par les gouverneurs, qui nous ont fait comparaître avec tous les autres prisonniers. On a fait l'appel nominal, et j'ai eu *l'honneur* d'être le premier en tête et le P. Odorico le second. Le 12, nous avons encore eu la même visite, accompagnée du même cérémonial. L'appel terminé, le principal de ces Messieurs nous a fait asseoir à ses pieds, sur des planches, et nous a interrogés sur la cause pour laquelle nous portions nos chaînes. Nous lui avons répondu que nous n'en savions absolument rien, attendu que personne ne nous l'avait dit; mais, selon toute apparence, nous pensions être si bien traités en qualité de missionnaires. Il nous a ensuite questionnés sur la barbe des Européens, leur grande taille et leur long nez, etc Comme il me demandait si on ne nous l'allongeait pas, durant nos premières années, à force de le tirer, je lui ai répondu qu'il disait une *ânerie*; mais il a fait semblant de ne pas m'entendre. Il nous a aussi demandé s'il y avait des femmes en Europe? A mon tour, je lui ai demandé, dans le cas où il n'y aurait pas de femmes en Europe, de quel animal pourraient bien naître les hommes? — Tout le monde est alors parti d'un éclat de rire. — Puis il est revenu à son point de départ, et nous a demandé si nous étions ministres de la religion. — Nous lui avons répondu affirmativement. « Mais que n'enseignez-vous la religion à vos compatriotes? — Nos compatriotes sont chrétiens; nous avons voulu venir prêcher le bonheur éternel à ceux qui ne le connaissent pas. — Quel profit tirez-vous de vos courses à travers le monde? Retournez en Europe recevoir la récompense de vos travaux. — Nous n'ambitionnons aucune récompense temporelle ; toute notre espérance est dans le ciel. Quant à retourner en Europe, si le roi ne veut plus nous laisser prêcher la religion, nous le prierons de nous renvoyer. Du reste, nous aimons autant mourir ici qu'ailleurs. »

» Après plusieurs discours de ce genre et d'autres encore, sur la lithographie et les travaux que j'ai faits pour le roi, ces Messieurs ont décerné des éloges à mon esprit. « C'est sans doute parce que j'ai de l'esprit que je porte ces chaînes? » A ces paroles, ils s'en sont allés en riant.

» Nous sommes alors rentrés dans notre prison, dont vous serez peut-être bien aise d'avoir une petite description. Je la ferai un autre jour. » (13 novembre.)

« 14 novembre. Il faut commencer par vous dire que nous avons les ceps aux pieds, depuis deux nuits, ce qui incommode singulièrement le P. Odorico, parce que le pied, enchâssé par cet instrument n'étant pas couvert, il en ressent de violents maux de tête. Mais venons à notre logement.

» C'est un rectangle, long d'environ sept pieds et large de six, formé par sept colonnes auxquelles sont liées quatre grandes nattes, qui servent de cloison et ont quatre pieds en hauteur. Voici notre ameublement: 1° ce sont nos ceps, faits de deux planches percées de trous d'environ deux pouces de diamètre; 2° deux lits de camp, élevés de terre d'environ quatre pouces et assez grands pour s'y tenir assis ou couchés ; 3° deux nattes étendues sur nos lits, sur lesquelles nous prenons nos repas et recevons nos visiteurs ; 4° un petit coffre où nous enfermons les provisions que nous ne voulons pas partager avec les rats ; 5° un panier où nous tenons la batterie de cuisine. Je crois que c'est tout, à moins que vous ne désiriez savoir que le P. Odorico possède un *magnifique* couvre-pieds. C'est un habit de franciscain, emporté de Rome en 1817, et un peu défraîchi, comme vous voyez.

» Il n'est pas à propos de vous parler de la société qui nous entoure ; ce sont des voleurs et autres gens de cette espèce. Cependant, à les en croire, ils sont gens honnêtes. Cette troupe nous regarde, nous examine, nous questionne et nous fait politesse, autant que possible... »

Ainsi, les pauvres missionnaires, qui avaient un instant cru toucher le but et recevoir la couronne du martyre, n'ont désormais en vue que la perspective des malfaiteurs vulgaires. Cependant, au milieu de ces tristes circonstances, le vénérable Jaccard reçut une bien douce consolation, qui dissipa la seule inquiétude dont il souffrait en son cœur.

Depuis longtemps il ne lui arrivait plus un mot qui lui parlât de son pays natal et surtout de sa mère. Enfin, une lettre sur laquelle il n'osait plus compter fit pénétrer un rayon de joie dans l'enceinte de sa misérable prison, et aussitôt il y fit la réponse suivante :

«J'ai été près de deux ans sans recevoir de vos nouvelles, ma chère et toujours plus chère mère ; je craignais d'apprendre que vous n'étiez plus de ce monde. Grâces soient rendues au bon Dieu de ce qu'il vous y laisse encore, afin de prier pour votre François et faire pénitence. Depuis mes dernières lettres, j'ai été condamné comme prédicateur de la religion chrétienne, je n'ai plus de liberté... Notre roi, fou d'idolâtrie, a déclaré la guerre à la religion, il ne veut plus tolérer de chrétiens dans ses États...»

Abordant ensuite les points de détail, qui intéressent vivement le cœur d'une mère, il ajoutait :

« Depuis neuf mois que je suis prisonnier, ma santé s'est un peu dérangée. Ce changement provient en partie de l'humidité de mon logement et de la vie sédentaire que je suis obligé de mener. Si cela dure, je demanderai au roi la permission de quitter ses États, et puis j'y rentrerai en cachette, afin de pouvoir exercer le saint ministère... Je suis venu en Cochinchine dans l'espérance d'y trouver des croix ; mes désirs s'accomplissent peu à peu, et si je vis longtemps, j'en verrai bien d'autres ; heureux si je puis à la fin obtenir la récompense promise à ceux qui souffrent persécution pour Jésus-Christ. »

Toute l'âme du vénérable Provicaire et toutes les vues de Dieu sur lui sont renfermées dans cette dernière phrase : M. Taberd avait prophétisé, quand il annonçait qu'il serait un *grand missionnaire*, c'est-à-dire un parfait imitateur des Apôtres et de Jésus-Christ.

Or, pendant que François tenait ce magnifique langage au fond de l'Orient, sa mère, restée en prière dans son humble maison, au pied des Alpes, prononçait des paroles où l'on rencontre tout autant de foi et de grandeur d'âme. Elle avait appris que son fils était prisonnier et que bientôt, probablement, il serait condamné à mourir pour Jésus-Christ.

« Oh ! quelle bienheureuse nouvelle ! s'écria-t-elle. Quel bonheur pour notre famille de compter parmi ses membres un martyr ! Quel bonheur surtout pour moi d'avoir été sa mère ! »

Selon la pensée de Migne-Mang, les vœux admirables de la mère et du fils ne devaient pas tarder à être exaucés. Il est bien vrai que Sa Majesté avait en apparence pardonné à son grand interprète ; mais le décret de commutation portait qu'il fallait laisser le coupable mourir de faim dans sa prison. C'est dans ce but que le pieux missionnaire avait été chargé de chaînes et tiré de la maison des étrangers. Cependant, malgré les ordres du roi, son prisonnier ne mourait toujours pas, grâce à la compassion ou à la cupidité des geôliers, qui lui vendaient quelque nourriture. Or Sa Majesté, soupçonnant que les missionnaires trompaient la vigilance des gardes, pendant la nuit, leur fit mettre les ceps aux pieds, comme nous l'avons dit. Au bout de dix jours, espérant que la souffrance aurait dompté le courage des serviteurs de Jésus-Christ, Migne-Mang essaya de les amener à un acte de faiblesse et fit sonder leurs dispositions par un de ses mandarins.

« Aujourd'hui, 21 novembre, écrivait François, nous avons reçu la visite des *Do-chate-vai* ; le principal s'est trouvé être un homme de ma connaissance, nous avons beaucoup causé. Nous lui avons présenté une requête par laquelle nous prions le président de ce tribunal de dire au roi que, puisqu'il ne veut plus nous laisser prêcher la religion, il nous permette de nous en retourner par un navire français. Il nous a traités assez poliment. Il nous a fait plusieurs questions au sujet de notre demande, et en particulier si nous ne pourrions pas abondonner la religion. Vous sentez quelle a été la réponse. Il a répliqué : « Mais, dans ce cas, si le roi ordonne de vous couper la tête, que ferez-vous ?— S'il veut nous couper la tête, qu'il la coupe !. »

» Le résultat de notre demande est tout à fait incertain ; il est plus que probable qu'elle n'aura d'autre effet que de servir de protestation contre l'illégalité de la conduite du roi à notre égard. »

Néanmoins, le vénérable Jaccard avait pris toutes ses précautions, comme si Migne-Mang eût été prêt à lâcher sa proie. Dans ce but, il s'était entendu avec un négociant français, M. Borrel, dont l'esquif mouillait à Tourane. Celui-ci écrivit en même temps au pieux missionnaire, en lui annonçant qn'il allait le réclamer, en qualité de sujet étranger, auprès du gouvernement annamite. Cette démarche fut effectivement réalisée, mais elle demeura stérile. Le roi fit la sourde oreille et menaça même le représentant de la France, qui dut écouter et se taire, n'étant pas en mesure de faire respecter sa nationalité.

Et au lieu de laisser partir son grand interprète par le navire français, Sa Majesté le condamna à une sévère détention dans la forteresse d'Aï-lao.

CHAPITRE XV

AÏ-LAO

Départ du vénérable Jaccard pour Aï-lao. — Péripéties du voyage. — L'arrivée et la réception. — Les inspecteurs de la prison. — Nouveaux ordres de laisser mourir de faim les missionnaires. — On leur enlève leurs livres. — Compassion des autres prisonniers. — Révolte des Laossiens. — Visites des chrétiens à Aï-lao. — Mort du P. Odorico. — François décrit sa prison. — Le chef des brigands. — Travaux du vénérable Jaccard. — Sa maladie. — Son héroïsme.

Du 1er décembre 1833 aux premiers jours de septembre 1835.

Suivant les conseils de son hypocrite sagesse, Migne-Mang avait pensé qu'il n'était pas à propos de laisser mourir de faim deux prisonniers dans la capitale de son royaume; il lui semblait bien préférable de les envoyer loin de la cour, dans une contrée malsaine, de manière à ce que l'odieux de cette cruauté retombât sur des fonctionnaires subalternes et facilement excusables, à cause des mœurs sauvages de leur pays. C'est pourquoi il avait décidé que le vénérable Jaccard et son compagnon de souffrances, le P. Odorico, seraient conduits sous bonne escorte dans le forteresse d'Aï-lao.

La prison ainsi nommée est située sur les confins du Laos, à cinquante lieues environ au nord-ouest de Hué, au milieu d'une chaîne de montagnes habitées par une population barbare; et cet endroit était choisi à dessein, dans l'espoir qu'il serait le dernier théâtre des angoisses des deux missionnaires. Toutefois, dans le but, sans doute, de mieux sauver les apparences, les officiers du roi mirent quelques ménagements dans l'exécution de ses ordres et eurent presque des égards pour les infortunés voyageurs. Comme la route qu'ils devaient parcourir était longue et très-mauvaise, et que des privations nombreuses les avaient affaiblis, les deux prisonniers furent autorisés à louer des hommes qui les porteraient en filets [1]. Plusieurs soldats païens étaient

1. Ces filets sont attachés à une perche posée par chaque bout sur les épaules des porteurs.

chargés de les accompagner, mais à ceux-ci s'adjoignirent deux soldats chrétiens qui ne voulurent pas abandonner les Maîtres de la religion. Enfin le jour du départ est venu, et il faut affronter les rigueurs de la saison ; François nous racontera ce pénible voyage, qu'il a su rendre presque charmant en l'embellissant à force d'humilité, de patience et de franche gaieté. Il est impossible de mieux prendre son parti.

« Le 1er décembre, dit-il [1], sur les neuf heures, malgré la pluie et la boue, nous fûmes obligés d'aller chez les gouverneurs avec nos chaînes. Aussitôt que nous arrivâmes, on nous les brisa. Le serrurier maladroit faillit m'étrangler en coupant le collier de la mienne. Mais nous ne pûmes partir ce jour-là, à cause du mauvais temps. Nous avions cependant loué des porteurs. Or, le lendemain, il pleuvait encore plus fort que la veille. Nonobstant cette circonstance, nous partîmes à la pointe du jour. Je sortis de la ville à pied ; c'est pourquoi je fus trempé comme une soupe, sans parler de l'eau que j'avais jusqu'au-dessus des genoux. Nous déjeunâmes dans une maison chrétienne, aux portes de la ville, où beaucoup de fidèles étaient accourus pour nous faire leurs adieux. La plupart nous suivirent jusqu'au bac de Phou-oc... Ces rassemblements me rappelaient d'une manière sensible les adieux des Éphésiens à S. Paul. Malheureusement, il y avait bien de la différence entre lui et moi. La pluie et un vent du nord très-froid nous fouettèrent toute la journée. Le soir, je ressentis les premières atteintes d'un flux de sang qui me fait encore souffrir. Le 3, nous arrivâmes à *Da-hane* ; le 4, nous fûmes présentés aux mandarins, qui nous retinrent un jour. Le 5, nous nous remîmes en route vers midi, et nous vînmes coucher au Trame (relai de poste), près de la chrétienté de Dong-giame. Le lendemain, dans la matinée, nous entrâmes dans la ville de Qouang-tri. Ayant été présentés au mandarin, il nous reçut fort mal, nous disant avec hauteur : « Comment des criminels osent-ils se servir des moyens de transport réservés aux citoyens honorables ? Ce que vous avez payé à vos porteurs sera perdu pour vous ; d'ici vous irez à pied. » Pour toute réponse, je fis observer à ce personnage que les Maîtres de la religion ne font de mal à personne.

» Ce même jour, vers midi, nous arrivâmes à Came-lô. Nous repartîmes le 8. Le 9, il nous fallut payer huit ligatures (8 francs) aux soldats pour leur faire porter nos hardes et nos provisions. Nous voyageâmes à pied, comme la veille, parmi les montagnes, les forêts et les précipices, jusque vers deux heures de l'après-midi. Nous étions arrivés à un petit village appelé Cay-mis, le dernier endroit habité par des Co-

1. Ce récit fut adressé à M. de la Motte, le 16 décembre.

chinchinois. Nous y mangeâmes un peu de riz, et il fut résolu que nous aurions des éléphants jusqu'au lendemain. Ces montures nous avaient déjà été promises pour le matin; c'est pourquoi, ne les voyant pas venir, nous nous attendions à nous traîner comme nous pourrions jusqu'à Aï-lao.

» Cependant, sur le soir, nos éléphants arrivèrent. Pour mon compte, j'en fus bien aise, car j'étais excessivement fatigué.

» Le 10 de grand matin, nous voilà sur les reins de nos immenses quadrupèdes, assis dans des espèces de paniers carrés, avec nos bagages, ceux des mandarins et des conducteurs des éléphants. Nous marchâmes environ une heure dans une vallée où nous n'étions pas trop ballottés; mais ensuite, escaladant des ravins, franchissant les plus affreux passages, nous nous serions crus perdus, si nous n'avions eu confiance en nos sauvages, qui s'amusaient de notre frayeur... Pendant toute la matinée, nous parcourûmes une immense forêt où nous n'apercevions aucun signe de culture. Vers midi, nous arrivâmes sur le bord d'un fleuve qui descend à *Da-hane;* nous vîmes des deux côtés quelques maisons de sauvages, au milieu de semis de riz et de chanvre, sur les penchants des deux montagnes... Après nous être désaltérés au courant du fleuve, nous le remontâmes continuellement sur la rive droite; tantôt nos éléphants marchaient dans l'eau, tantôt à travers les énormes blocs de rochers que roulent les inondations. Le cahotement me fit encore plus souffrir que durant la matinée. Le soir, nous vînmes coucher dans les chaumières de nos guides. Leurs maisons sont très-différentes de celles des Annamites.

» Des arbres, dont l'écorce est à peine enlevée, forment les colonnes, qui sont plus ou moins nombreuses, selon la longueur. — Il y a un rez-de-chaussée destiné aux porcs et aux poules; l'étage supérieur, haut de huit à neuf pieds, est habité par les maîtres. Le plancher est composé de bambous placés en travers les uns des autres et soutenus par de chétives solives grosses comme le bras. Le tout est si peu solide que je ne pouvais faire un pas sans risquer de tout défoncer et de me trouver à terre, bras et jambes rompus. En guise d'escalier se trouvait une échelle, à l'avenant de ce palais. Elle n'a pas plus de six pouces de largeur; et je ne pouvais y placer mes pieds l'un à côté de l'autre. Cependant les sauvages, chargés ou non, y grimpent comme des singes.

» Cette race est la même que celle des Annamites. Leur figure et leurs yeux n'ont rien de sauvage. Ils ont l'air bons et simples. Ils font un peu de commerce avec le Laos et la Cochinchine; c'est de là qu'ils tirent les lambeaux de coton ou de soierie dont ils se couvrent. Ils ne savent travailler ni le fer ni les autres métaux. Je ne crois pas qu'ils cultivent le coton. Une de leurs industries est de tresser des filets pour la pêche, et de pétrir des vases de terre qui supportent bien le feu.

» Quant à leur religion, elle paraît se borner au culte des ancêtres. La polygamie est chez eux une exception. Leur fortune consiste dans le nombre de leurs buffles, de leurs cochons, de leurs poules et de leurs éléphants. Mais ces derniers animaux ne se voient que chez les riches, et ils se vendent jusqu'à 8 ou 9 barres d'argent, c'est-à-dire sept ou huit cents francs.

» Le 11 décembre, nous traversâmes le fleuve, dans la matinée, et nous remontâmes la rive gauche, en gravissant une montagne au sommet de laquelle nous arrivâmes vers quatre heures du soir. Il y avait deux maisons semblables à celles que j'ai décrites plus haut. Notre présence y attira quelques individus très-désireux de nous voir. A la tombée de la nuit, nous entendîmes dans le lointain un instrument de musique dont le son nous charmait; quelque temps après, il se rapprocha sans rien perdre de sa ravissante douceur; mais quand nous fîmes appeler le musicien, il avait disparu. Nous le revîmes cependant le lendemain, et déjà il avait commencé une mélodie lorsqu'on vint lui déclarer, pour je ne sais quelle raison superstitieuse, qu'il ne lui était pas permis de jouer ce jour-là devant cette maison; il nous fallut donc partir sans avoir joui ni de son Pan ni de sa flûte. Le jeune artiste, qui désirait néanmoins beaucoup nous faire entendre ses accords, portait à peu près dix-huit ans, et avait une figure intéressante et spirituelle. Son instrument, que je ne pus voir que de loin, était composé d'un assemblage de bambous montés comme les tuyaux d'un orgue; mais il ne me fut pas possible de savoir comment il l'embouchait.

» Dès la veille nous avions cessé d'entendre gronder le torrent qui forme le fleuve de *Da-hane*. Après une heure de marche, un autre cours d'eau fit arriver son murmure jusqu'à nous... Nous commencions à redescendre, mais par une pente plus douce que celle des jours précédents. Fatigué par le cahotement de ma monture, je descendis et gagnai le torrent dont nous avions entendu le bruit, puis nous en traversâmes un second qui n'avait guère qu'un pied de profondeur. J'éprouvais un certain plaisir à franchir ces rivières dont les eaux fuient la terre où il m'est arrivé tant d'aventures. Enfin, ce même jour 12 octobre, vers une heure de l'après-midi, nous arrivâmes à Aï-lao.

» Nous voilà au bout de notre voyage, mais nous ne sommes guère qu'au commencement de nos peines. Les chrétiens ne pourront nous être utiles sans s'exposer peut-être à l'apostasie [1]. »

1. Lettre du 16 décembre.

A leur arrivée, les missionnaires furent salués par les détenus installés avant eux dans la prison, et en reçurent mille politesses, auxquelles ils se prêtèrent de la meilleure grâce possible. Ces prévenances étaient autant de moyens d'obtenir quelques gratifications. Cependant, le vénérable Jaccard tira un habile parti de la cupidité de ces gens, et en obtint, à prix d'argent, tout ce qui était nécessaire à la vie durant plusieurs semaines. Les trois premiers jours furent les plus malheureux. C'est à peine si les deux apôtres purent se procurer quelques feuilles de moutarde et un peu de pommes de terre.

« Plus nous semblons lancés comme des brebis au milieu des loups, écrivait François à cette occasion [1], plus nous comptons sur la divine providence, qui nous a mis où nous sommes. La chair et le sang murmurent bien un peu, mais je puis vous assurer que de ma vie je n'ai éprouvé plus de tranquillité d'âme, ni peut-être plus de contentement. »

D'ailleurs le misérable état du Provicaire et de son confrère, en entrant à Aï-lao, avait ému de compassion le directeur de la prison, qui leur avait assigné une pièce assez spacieuse et leur laissait la liberté d'acheter ce qu'on viendrait leur offrir.

Quant aux sauvages, ils s'intéressaient beaucoup aux deux Européens, les uns par peur, les autres par sympathie. Les premiers pensaient que ces étrangers étaient porteurs de quelques maléfices secrets, et pourraient nuire à ceux dont ils auraient à se plaindre. Les autres, au contraire, émerveillés de leur physionomie et de tout leur extérieur, s'approchaient d'eux avec curiosité, les palpaient, les questionnaient, puis leur donnaient des fruits et autres denrées utiles. Bientôt ils se prirent à les aimer et disaient : Comment le roi peut-il exiler de si beaux hommes? — La bienveillance dont ils étaient l'objet fit même espérer aux missionnaires qu'ils pourraient conquérir quelques-unes de ces âmes, où ils trouvaient une si heureuse disposition à pratiquer la charité chrétienne; et cet espoir adoucissait notablement les souffrances de leur détention. Mais les peines personnelles s'effaçaient devant la douleur que causait à l'âme du Provicaire la vue des maux prêts à fondre sur le troupeau confié à sa garde. Aussi, du fond de sa triste prison, il pousse vers ses fidèles des cris d'alarme et de désolation. Voici quelques passages d'une lettre circulaire qu'il leur adressa le 24 décembre de cette année [2] :

1. Lettre du 16 décembre 1833.
2. Le texte latin de cette circulaire est conservé aux archives des Missions étrangères.

« Au milieu des tribulations que la miséricorde divine a daigné me faire endurer pour la défense de la foi, j'ai éprouvé une grande joie; mais, d'un autre côté, je ne suis pas moins affligé en vous voyant exposés si longtemps au danger d'un troupeau de brebis environnées de loups affamés. Durant la paix, il y en avait déjà parmi nous... qui négligeaient leur salut; mais aujourd'hui ils oublient même leur titre de chrétiens... Qui pourrait compter ceux qui exposent ainsi leurs âmes à la damnation?...

» Ces années dernières, j'ai exhorté les parents et les maîtres à instruire leurs enfants et leurs domestiques, et cependant combien de ces infortunés ne savent aucune prière! M. F., c'est aux parents à enseigner les éléments de la foi à leurs enfants, dès qu'ils commencent à parler. Or vous avez laissé croupir les vôtres dans l'ignorance; c'est un grand malheur pour eux, et un plus grand encore pour vous; car vous êtes coupables devant Dieu. Hélas! M. F., qui vous donnera des larmes assez abondantes pour pleurer ces maux qui nous affligent? Je vois vos âmes malades, et il n'y a personne qui les puisse guérir!

» Elles souffrent de la faim et de la soif, et nul ne vient les rassasier et les désaltérer.

» Plût à Dieu, M. B. C. F., que nous connussions nos misères et que nous en vissions l'origine! Autrefois, Dieu punissait le peuple d'Israël quand il l'abandonnait; nous servons le même Dieu, qui nous punit parce que nous l'offensons. Humilions-nous donc et devenons plus fidèles.

» Souvenez-vous de Jésus-Christ qui a donné son sang pour le salut de nos âmes; songez à tout ce que les saints ont souffert pour conquérir le ciel... Vous ne pouvez compter sur la récompense qu'en remportant la victoire... L'année dernière, l'apostasie d'un certain nombre d'entre vous me rendit malade; et cependant j'ai encore appris avec plus de douleur que plusieurs familles s'étaient livrées à des pratiques païennes... Écoutez ces paroles de Jésus-Christ: *Je renierai devant mon Père, qui est au ciel, ceux qui m'auront renié devant les hommes...* Je vous rappelle brièvement ces choses, en vous conjurant de prier pour moi. Je demande en outre à tous les prêtres indigènes d'envoyer une copie de cette lettre à chaque chrétienté; que les chefs, parmi les fidèles, ne la tiennent pas secrète, mais qu'ils la communiquent à tous ceux qui peuvent la lire ou l'entendre.

» De la prison d'Aï-lao, le 12e jour de la 11e lune (24 décembre 1833). »

Comme nous l'avons observé plus haut, le vén. Jaccard et le P. Odorico se procuraient difficilement les choses nécessaires à la vie, dans leur prison ; les chrétiens ayant pressenti cette extrémité, essayèrent de leur porter du riz. Un jeune homme, élève du Provicaire, fit toutes les démarches possibles dans le but d'obtenir la permission de pénétrer jusqu'à son respectable maître. Mais ni lui ni d'autres chrétiens, animés des mêmes sentiments, ne furent autorisés à se rendre à Aï-lao. Bien plus, on apprit sur ces entrefaites, le 28 décembre, que le roi avait envoyé des mandarins chargés de s'assurer si ses ordres étaient fidèlement exécutés. On faisait même courir le bruit que les deux missionnaires allaient être étranglés. C'est pourquoi M. de la Motte fit expédier un homme qui devait s'informer de tout, recueillir les objets ayant appartenu à ses confrères et marquer le lieu de leur sépulture. Effectivement, les agents de Sa Majesté arrivèrent le 6 janvier, et se présentèrent avec le titre d'inspecteurs de la prison. Ils s'attendaient probablement à trouver deux cadavres ; car en apprenant que les Maîtres de la religion vivaient encore, ils firent paraître un vif mécontentement. Mais bientôt ils se ravisent et font appeler les deux prisonniers.

Après un semblant de compassion sur leur misérable état, ils leur adressent des paroles pleines de dévouement et leur promettent, au nom de Migne-Mang, un élargissement immédiat, la jouissance de toutes ses bonnes grâces, s'ils ont la sagesse de renoncer à la religion de Jésus-Christ. Voyant l'insuccès des flatteries, ces pauvres gens essayent un autre moyen de persuasion, et articulent les menaces les plus terribles devant les deux serviteurs de Dieu. Cependant l'échec des mandarins fut aussi complet sur un point que sur l'autre : Notre vie, répondit François, est entre les mains du roi ; mais nous subirions mille fois la mort plutôt que de commettre la trahison que vous nous demandez. Nous sommes venus dans les États de Sa Majesté uniquement pour prêcher la religion de Jésus-Christ ; ne songez pas à nous la faire renier...

Profondément blessés de cette résistance inattendue, qui déjoue encore une fois les espérances du roi et humilie aussi leur présomption, les mandarins congédièrent avec des signes de mépris nos deux missionnaires. Puis déchargeant sur le directeur de la prison une partie de leur colère, ils lui adressent des reproches amers, des recommandations sévères, avec des menaces de révocation suivie des plus rigoureux châtiments, s'il néglige l'exécution des ordres du souverain. En conséquence de cette visite, les Maîtres de la religion sont tirés de la chambre qu'ils occupaient et relégués dans un coin, comme deux animaux mis côte à côte dans une basse et étroite écurie ; et si les mandarins ne restent pas là jusqu'à ce que leurs victimes soient mortes de faim, on ne leur épargne néanmoins aucune des privations possibles. N'osant leur enlever violemment la vie du corps, on voudrait les tuer moralement, en les abreuvant d'ennuis, de dégoûts et de vexations de toutes sortes. On eut même la volonté de les empêcher de prier.

« On nous a ôté nos livres, écrivait François le 13 janvier[1] ; ainsi plus de récitation de bréviaire, plus de lectures, depuis la veille de l'Épiphanie. C'est la plus grande privation que je connaisse. Aussi je vous avoue que je me suis passablement ennuyé tous ces jours. Je ne sais si on m'empêchera d'écrire. Ce serait le comble du désagrément. En attendant, je prends des précautions, de peur que cela ne leur vienne encore à la tête. »

A ces mesures pénibles vinrent s'en ajouter de plus humiliantes. Les missionnaires seront confondus avec les scélérats, à l'exemple du divin Sauveur, et mis dans l'enclos commun de la prison, au milieu des criminels et des plus ignobles débauchés.

« Notre présence, disait à ce propos le vénérable Jaccard, ne gêne guère les autres prisonniers, mais la leur nous gêne beaucoup ; de cette façon, nous sommes les moins libres de tous les détenus[1]. Ces misérables, racontait plus tard un prêtre indigène à M. Masson, confrère et compatriote de François, allaient jusqu'à voler ouvertement les maîtres de la religion, et ils auraient mangé leur chair, s'ils n'avaient craint une sévère répression. »

Si du moins les confesseurs de la foi étaient sur le pied d'égalité avec les autres prisonniers, ils seraient moins à plaindre. Mais les choses ne se passaient pas ainsi.

« On ne permit à personne, écrivait François[2], ni aux étrangers, ni aux soldats, ni aux prisonniers de communiquer avec nous, surtout de nous vendre la moindre bagatelle. Nous trompons, heureusement, la vigilance de nos gardes d'une manière ou d'une autre, et nous nous procurons sous main une chétive nourriture que nous sommes obligés de cacher comme si nous l'avions volée... Il faut avouer que Sa Majesté a trouvé le moyen de nous faire pratiquer la vie apostolique... Nous sentons la dureté de notre position, mais la confiance en Dieu nous suffit. Puissions-nous correspondre à la grâce et faire bon usage des tribulations que le ciel daigne nous envoyer. »

Le vénérable Jaccard et son confrère ignoraient encore que le directeur de la prison d'Aï-lao avait ordre de les laisser mourir de faim, et ils ne s'expliquaient pas comment on leur refusait la ration de riz

1. A M. de la Motte.
2. A M. de la Motte, février 1834.

accordée à tous les détenus. Aussi le Provicaire écrivait-il avec étonnement, le 13 janvier, à M. de la Motte :

« Hier soir, le directeur a fait la guerre aux prisonniers qui nous vendent quelques aliments; les mandarins ont défendu de nous rien vendre, et m'ont menacé de ne plus nous laisser apporter ni bois ni eau. Je pense que ce ne sera que du bruit; mais quoi qu'il en soit, nous sommes réduits à n'avoir de confiance qu'en la Providence. Je crois être résigné à tout ce qu'elle permettra. Cependant je passe de bien vilains moments, puis le calme se rétablit. Il n'est rien que ne dissipe le souvenir de Jésus agonisant au jardin des Olives, quand il prononce le consolant *Non mea voluntas, sed tua fiat !* Demandez-bien au bon Dieu que ce soit toujours là notre refuge dans toutes nos tribulations... On ne nous questionne plus sur la religion, seulement on prétend nous empêcher de réciter des prières. »

Mais il était plus commode de priver de riz le pieux missionnaire que de rompre ses relations avec Dieu; on pouvait bien charger d'entraves ses bras désarmés, mais la liberté de son âme échappait à la contrainte. A la place de son bréviaire, il reste au prisonnier le souvenir de Jésus-Christ attaché à sa colonne et cloué sur sa croix. Ce livre-là ne peut être ravi par aucun bourreau, et c'est le livre des élus.

Le généreux apôtre n'avait-il pas d'ailleurs trouvé ce qu'il était venu chercher en Cochinchine?

Malgré les mauvais moments que tant d'épreuves faisaient passer au vénérable Jaccard, il ne perdait pas la paix du cœur ni la gaieté habituelle de son caractère.

Il se soumettait volontiers, pour l'amour de son divin Maître, à l'obligation de tendre la main et de recevoir l'aumône. Il trouvait même le moyen d'égayer son compagnon de captivité, le P. Odorico, en lui lisant des petits poëmes qu'il composait à ses heures d'inspiration.

Cependant les serviteurs de Dieu obtinrent de la Providence un adoucissement à leurs peines. Migne-Mang rétracta tout à coup l'ordre qu'il avait donné de les laisser mourir de faim. Ils en furent informés le 23 janvier. A partir de ce jour, ils devaient recevoir leur ration de riz comme tous les prisonniers, et on ne leur défendit plus d'acheter des provisions, soit au dedans, soit au dehors de la citadelle. Ce revirement dans les idées de Sa Majesté est assez surprenant. Le prince prévoyait-il que son grand interprète lui serait encore nécessaire? ou bien espérait-il par cette faveur se concilier l'appui des chrétiens pour réprimer une révolte récemment éclatée parmi les montagnards du Laos? On ne saurait le dire, et il est possible qu'il ait obéi à ces deux raisons simultanément.

Le Provicaire eut un instant l'espoir que ses chaînes seraient brisées; les Laossiens, disait-on, avançaient en grand nombre du côté d'Aï-lao, et on pensait qu'ils délivreraient les prisonniers pour s'en faire des partisans. Mais déjà le roi avait envoyé des troupes à la rencontre des rebelles, et leur mouvement s'était ralenti.

« Quelle sera la suite de tout ce tumulte par rapport à nous? disait François; c'est ce que l'on ne peut guère prévoir. L'opinion générale est que nous serons rappelés. » Néanmoins les prisonniers furent provisoirement maintenus dans leur misérable cachot. Du reste, la levée de boucliers des montagnards avait complétement échoué. Le seul profit qu'en retira le vénérable Jaccard fut de recevoir la visite du chef d'une chrétienté chargé de conduire des provisions à l'armée royale, et qui emporta plusieurs lettres adressées à M. de la Motte et à d'autres personnes. On apprit par cette voie qu'à la date du 27 février, malgré les ordres officiels, nos deux missionnaires n'avaient encore reçu aucun aliment de la part du gouvernement. Des recommandations secrètes enjoignirent probablement de faire tout le contraire de ce qui avait été publié. On leur avait seulement rendu leurs bréviaires et leurs autres livres.

Le retour de ses livres fut pour François comme l'apparition d'un ange consolateur. Les pages qu'il avait le mieux aimées dans sa jeunesse lui semblaient en ce moment bien plus riches de lumières et de douceurs. La sainte ivresse qui s'emparait de son âme, à la lecture de l'*Imitation* et de l'Évangile, lui faisait oublier les tristesses du présent et le sombre horizon de l'avenir.

Vers la même époque, c'est-à-dire à la fin de février, M. de la Motte put faire passer à son cher confrère un peu de linge, de l'argent, du vin annamite et quelques médicaments; il y ajouta plusieurs lettres arrivées par la voie du Tong-King, et une autre venue de Paris et écrite par M. Langlois.

De son côté, le vénérable Provicaire remit un certain nombre de lettres aux chrétiens qui eurent le bonheur de le visiter durant le mois de mars; il envoya surtout une ferme et touchante exhortation aux fidèles renfermés dans la prison de *Came-lô*. Mais plusieurs de ces infortunés étaient déjà allés jouir d'une vie meilleure, et bon nombre d'autres eurent à peine le temps d'apprendre que leur père spirituel priait pour leur salut et les conjurait de rester inébranlables dans la foi. C'était d'ailleurs pour eux un puissant encouragement, que de savoir avec quelle héroïque patience le saint missionnaire supportait les plus douloureuses privations! Il fallait en effet que les épreuves du Provicaire fussent grandes, car plusieurs soldats chrétiens, admis à le visiter, bien qu'ils fussent habitués à un genre de vie très-pénible, ne purent s'empêcher de pleurer en le voyant dans un si triste état [1].

Mais voici que, vers le 6 avril, on apprend un nouveau soulèvement des Laossiens, aidés par les Siamois.

Les rebelles et leurs alliés rassemblaient, disait-on, de nombreuses troupes dans les environs d'Aï-lao, et ils pillaient tout à leur aise la contrée, massacrant ceux qui tentaient de s'opposer à leurs brutalités.

Dès qu'il fut averti, Migne-Mang fit partir son armée, avec ordre d'attaquer à son foyer et d'anéantir l'insurrection. Profitant de cette échauffourée qui mit en mouvement les soldats annamites, le chef d'un village chrétien accourut à Aï-lao avec l'espoir de pénétrer jusqu'au vénérable Jaccard ; mais il fut arrêté par les officiers du roi, et ne put recouvrer sa liberté qu'à prix d'argent. Il eut toutefois le bonheur de se mettre en rapport avec François et de prendre ses lettres pour les porter à M. de la Motte.

Or, pendant cette seconde expédition, les deux missionnaires restèrent à peu près seuls dans leur prison, l'espace d'un mois ; les autres prisonniers avaient été momentanément incorporés aux milices royales, et ne furent remis à la chaîne que dans la semaine de la Pentecôte. A leur arrivée, le père Odorico était très-souffrant et très-affaibli. La saison des chaleurs lui avait été fatale. Atteint d'une fièvre qui parut d'abord sans gravité, il eut inopinément un violent accès d'un caractère alarmant. Peu de jours après, malgré les soins dévoués qui lui furent prodigués, autant du moins que le permettaient les circonstances, il rendit son âme à Dieu, le 23 mai, entre les bras du Provicaire. Ce bon prêtre était tendrement aimé de son compagnon d'infortune, et sa mort lui causa un profond chagrin. Désormais François n'entendra plus ses encouragements ; il ne verra plus sa main sacerdotale se lever pour le bénir et faire descendre dans son âme la rosée fortifiante de la grâce.

« Ainsi, écrivait-il [2], me voilà seul encore une fois et dans la position la plus critique qu'il soit possible de se figurer, absolument livré à la Providence. La seule consolation humaine qui me reste, c'est qu'avec des précautions je puis écrire et recevoir quelques lettres. »

Ces lignes trahissent déjà l'affliction dont le cœur de notre pauvre exilé est rempli à la vue de son affreuse solitude ; mais elles contiennent moins de douleur que ces mots adressés à M. de la Motte pour lui annoncer la mort du P. Odorico : « Hélas ! ajoutait-il, moi seul je

1. Lettre de M. de la Motte.
2. 11 juin, à MM. les directeurs.

suis à plaindre! Devrai-je mourir ici, privé de la bénédiction suprême d'un prêtre de Jésus-Christ? A quoi le bon Dieu me réserve-t-il?

« Priez toujours pour moi, mes jours sont pleins de tristesse. Il faut être où je suis pour sentir toute l'amertume de mon isolement... Je ne me console et je ne me rassure qu'en pensant que la volonté de Dieu s'accomplit en moi. »

Comme c'était à craindre, les peines morales et l'immobilité minaient la santé de François; aussi, dans une lettre du 3 juin, se plaignait-il des malaises et de la faiblesse qu'il ressentait depuis plusieurs semaines: « Il me faudrait de l'exercice, disait-il encore; mais je ne sortirai peut-être d'ici que pour suivre le P. Odorico. »

En vue de le distraire un peu, M. de la Motte lui avait demandé la description de sa prison; il en reçut donc les détails suivants, le 6 juillet: « Ma prison n'a rien qui la distingue des habitations ordinaires, si ce n'est une solide cloison de pièces de bois jointes ensemble et que renforce en dehors une faible muraille de terre. C'est là que nous étions enfermés, au nombre de plus de cinquante individus, jusqu'à la deuxième lune [1], époque à laquelle la moitié des prisonniers a été envoyée contre les Laossiens. Nous étions vingt-huit avant le décès du P. Odorico; je suis maintenant le vingt-septième. J'ai dans ce réduit, qui mesure environ vingt pas de long sur une largeur de onze ou douze, un coin, pour ma part, qui a bien huit pieds carrés. Heureusement pour mes hardes, la muraille de deux côtés et une palissade sur les deux autres font que je suis chez moi. Une porte fermée par une espèce de claie, et qu'on lie quelquefois pendant la nuit, me défend contre les voleurs. Placez là mon lit, une batterie de cuisine, l'eau, le bois, enfin toutes mes provisions et une colonne au milieu, et vous verrez qu'on y trouverait difficilement une salle de bal. Les autres prisonniers couchent pêle-mêle sur deux rangs. Lorsqu'ils se comportent bien, on ne les met pas ordinairement aux ceps; mais quand ils font du bruit, ou que les gardes veulent se donner des airs d'importance, on les y tient depuis sept ou huit heures du soir jusqu'au jour le lendemain. A voir ces malheureux, la chaîne au cou et aux pieds, nus pour la plupart, couverts de gale et de vermine, n'ayant pas de riz à satiété, décharnés par la fièvre et semblables à des spectres, on ne peut se défendre d'un sentiment de pitié. Mais quand on les connaît bien, on y fait moins attention. Voici un trait qui m'est arrivé dans la saison très-froide, quand souffle le vent du nord-est.

» Un de ces malheureux, tout nu et malade, n'ayant pas de riz à man-

1. Mois d'avril.

ger et rien pour se réchauffer, me demanda un vêtement; je ne pus le lui refuser. Vous croyez sans doute qu'il va soigneusement s'en couvrir et le conserver? Ah bien oui! Mon homme ayant reçu les quelques oboles que le roi donne aux prisonniers, n'eut rien de plus pressé que de se livrer au jeu; il y perd son argent et engage ensuite l'habit dont je lui avais fait cadeau.

» Inutile de vous dire quels propos ils tiennent habituellement, quelles chansons obscènes ils chantent, quelles malédictions ils vomissent les uns contre les autres. »

Malgré la répugnance que devait inspirer au pieux Provicaire la société de tels gens, il fut obligé de les traiter comme s'ils avaient eu droit à son respect.

La charité et l'humilité l'invitaient naturellement à cette chrétienne conduite, mais c'était de plus le moyen de les empêcher d'être trop insupportables. Sa douceur et sa patience lui gagnèrent le cœur de plusieurs de ces misérables, et il en obtint tous les services qu'il désirait. Il confia même l'entretien de son cachot à un chef de brigands qui jouissait parmi ses camarades d'une renommée peu rassurante. Ce vaurien, flatté de la distinction dont il était l'objet, prit en affection le Maître européen et lui donna les soins les plus assidus. Les ligatures avaient sans doute un grand empire sur lui, toutefois il obéissait à un autre mobile, car il écoutait volontiers les conseils et les instructions de François. Il devint si docile, qu'à la fin il se soumit entièrement à la voix de la grâce, renonça à ses désordres et s'attacha fidèlement à la foi chrétienne.

Cette heureuse conversion parut au zélé missionnaire comme les prémices de l'œuvre hardie qu'il rêvait depuis quelques mois, pour le cas où Dieu le rendrait à la liberté. Il ne s'agissait de rien moins que de l'évangélisation des Laossiens. La pensée de cette grande entreprise lui fut suggérée par ses relations avec les montagnards qu'il avait rencontrés dans la prison d'Aï-lao. Et dans le but de se préparer à la réalisation de ce projet, il recueillit, parmi ses codétenus, tous les renseignements possibles sur le climat, le langage, la religion et les mœurs du Laos.

Il eut même la patience de composer un vocabulaire de la langue des sauvages appelés *Tiames*, tribu parlant un dialecte formé d'emprunts faits au chinois et à l'annamite. Et il envoya toutes ses notes à M. de la Motte, juste au moment où la sacrée congrégation de la Propagande conseillait aux missionnaires de la Cochinchine de diriger leurs efforts du côté du Laos et du Thibet, en attendant que Migne-Mang eût rendu la paix à la religion.

Cependant ces travaux de surérogation n'entravaient point chez François l'accomplissement des devoirs de sa charge. Sa correspondance avec les chrétientés du vicariat était incessante. J'analyserai seulement ici une longue instruction envoyée à M. de la Motte, au sujet des difficultés soulevées par un couvent des *Amantes de la croix*. Ces dames, établies à Niu-ly, prétendaient à la jouissance de toute une propriété, cédée aux missionnaires, pour établir une maison religieuse. François, informé de ce fait par son ami, le chargea de régler l'affaire en son nom, et fixa la quantité de terre à laisser à la communauté, et l'usage qu'il faudrait faire du reste. Et à ce propos, il encourageait le jeune missionnaire, tenté de vifs dégoûts en face de toutes ces luttes intestines, et il lui faisait observer que les Annamites tiennent beaucoup à être crus sur parole, même quand ils essayent de tromper.

Deux obstacles pourtant s'opposaient au commerce épistolaire de l'infatigable prisonnier; c'était d'une part son état maladif, de l'autre la crainte d'être surpris à écrire, soit par le directeur de la prison, soit par les mandarins envoyés pour le surveiller. Migne-Mang voulait être assuré que ses ordres étaient bien exécutés. Ne sachant pas qu'ils avaient été adoucis par la compassion de quelques grands fonctionnaires, il ne s'expliquait pas comment le vénérable Jaccard pouvait encore exister. Il finit même par croire que cet habile Européen possédait le secret de vivre sans manger, et il était entretenu dans cette persuasion par ses inspecteurs, gagnés à prix d'argent ou trompés par les gardiens du prisonnier.

Un missionnaire au Tong-King, M. Rouge, en racontant ces particularités à ses supérieurs, ajoutait : « Bien que ce cher confrère ait obtenu, à force d'argent, quelques adoucissements à ses maux, il n'est pas pour cela fort à son aise. C'est ce qu'on appelle marcher dans la voie du Calvaire. S'il y finit sa carrière, ce ne sera pas comme un homme frappé de la foudre et qui n'a pas eu le temps de souffrir, mais comme un infortuné en qui on a brisé peu à peu tous les ressorts de la vie, en lui faisant épuiser le calice de toutes les amertumes. »

En effet, sans compter toutes les douleurs morales, François est de nouveau en proie à la terrible maladie dont il avait tant souffert à l'époque de son arrivée en Cochinchine. Du reste, il ne pouvait attendre un meilleur résultat de l'humidité de sa prison et de sa mauvaise nourriture. Mais ce qui rend sa position encore plus fâcheuse, est l'impossibilité de recevoir les secours nécessaires. Il n'a pas même l'assistance d'un praticien annamite, pour lutter contre la fièvre qui le dévore. Toutefois, grâce à la bonté de Dieu, il ne se laisse abattre ni par les infirmités ni par le délaissement; il ne souhaite pas même la cessation de ses maux, tant il est soumis aux décrets de la Providence. Enfin, au bout de six mois de langueur, de souffrances et d'efforts surhumains, il arrive à une sorte de convalescence qui restera l'état ordinaire de sa santé. Le long silence qu'il avait été obligé de garder, durant cette seconde moitié de 1834, donna lieu au bruit de sa mort. Cette triste nouvelle paraissait même si vraisemblable, qu'elle fut acceptée comme certaine à Singapour et à Pinang, où résidait Mgr Taberd; et ce prélat en écrivit à son tour à Paris, et crut devoir en informer la propagande, à Rome.

Au milieu de ces rumeurs lointaines, dont il ne se doutait pas, le vénérable Jaccard reprenait tranquillement ses habitudes de travail et se livrait à toute l'activité que réclamait le soin des chrétientés annamites. Mais les lettres écrites alors se rattachant à des intérêts du moment ont été perdues ou ne méritent pas d'être relatées ici. Je citerai seulement la fin de celle qu'il écrivit à Mgr Taberd, le 29 avril 1835 :

« En vous traçant ces lignes, dit-il, mon cœur se dilate, mes larmes coulent abondantes, et j'ai peine à retenir mes sanglots... Ah ! monseigneur, mon père en Jésus-Christ, qui est-ce qui nous réunira ? Surtout, quand est-ce que la paix sera rendue à ce pauvre petit troupeau éperdu et dispersé loin de son pasteur ? »

Trois semaines plus tard, au mépris de la détresse à laquelle il est réduit dans sa prison, le Provicaire songe à la manière de soutenir les œuvres pieuses du vicariat ; et ne pouvant plus travailler en personne au recrutement du clergé indigène, il abandonne à son évêque le modique traitement qui lui est alloué, en faveur du séminaire que Sa Grandeur a fondé à Siam [1].

Mais rien ne donne une plus juste idée des travaux qui absorbent la vie de François à Aï-lao que la lettre adressée, le 19 mai 1835, à son vieil ami et compatriote M. Voisin :

« Je viens de faire un certain nombre de lettres, lui dit-il, celle-ci est au moins la trentième ; je n'en puis plus de fatigue, aussi je serai bref avec vous. Du reste, je n'ai pas la moindre nouvelle à vous marquer. Et ici je ne fais rien, je n'entends rien, que pourrais-je vous dire ? La seule chose que j'aie faite depuis la mort du P. Odorico, c'est d'avoir reçu la confession d'un fameux chef de brigands tonquinois, qui est prisonnier avec moi. »

L'humble Provicaire comptait pour rien de souffrir, de lutter contre les défaillances de la nature et d'expédier silencieusement une multitude d'affaires qui accablaient ses forces languissantes. Il ne porte pas

1. Lettre du 15 mai 1835, à M. Légrégeois, procureur des Missions à Macao.

un jugement moins modeste sur sa personne que sur ses œuvres; et il y a d'autant plus de sincérité dans ses appréciations que, parvenu à la hauteur où le place sa vertu, il aperçoit mieux les sommets de la perfection. C'est pourquoi il ajoutait : « Vous trouverez que mon écriture a changé? Vous pensez que je dois avoir changé aussi. Je suis parfaitement de votre avis pour la main; mais c'est l'intérieur qui est toujours le même. J'ai bientôt trente-six ans; j'ai déjà bien souffert, je devrais être un homme fait et je ne suis qu'un enfant. Priez donc pour moi, et croyez-moi toujours tout à vous en Notre-Seigneur. »

A voir dans le vénérable Jaccard cette patience, cette sérénité d'âme au milieu de tant de tribulations, on se croirait aux premiers siècles du christianisme, en présence de ces glorieux confesseurs de la foi dont la magnanimité étonnait les empereurs romains. Et il faut bien espérer que, au jour où la religion chrétienne aura définitivement planté son drapeau sur la terre annamite, les peuples, objet de son amour, se souviendront qu'il a été un de leurs plus grands apôtres, et qu'il possède des droits éternels à leur reconnaissance.

En attendant ces jours heureux qui dédommageront l'Église des larmes qu'elle a versées sur ses enfants, ne nous lassons pas d'admirer le vén. Jaccard, pour la patience avec laquelle il a supporté tant de douleurs morales et de privations physiques, durant les interminables heures de sa barbare détention. Ce n'est pas une courte narration qui conviendrait à l'exposé de telles épreuves, qu'on entrevoit à peine en les méditant; il faudrait, pour s'en rendre compte, un récit qui en ferait sentir au lecteur toute la cruelle dureté. Mais celui-là seul connaît les amertumes dont nous parlons, qui a bu à longs traits le calice des souffrances; nous ne serons donc instruits de ces ineffables mystères d'afflictions, que par la splendeur de la couronne qui sera déposée un jour sur le front de notre glorieux martyr [1].

1. Le Vén. Jaccard sera désormais connu sous le nom annamite de Phane-Vane-Kigne.

CHAPITRE XVI

CAME-LO.

Le vénérable Jaccard est transféré à Came-lô. — Emprisonnement de M. Marchand. — Correspondance avec Mgr Cucnot. — Migne-Mang envoie des élèves à son interprète. — Projet de fuite. — Renseignements sur les sauvages. — François règle ses affaires de famille. — Lettre à sa mère. — Plaintes à ses amis. — Ses conseils à M. Borie. — Désir du martyre. — Nouvelles accusations. — Départ pour Qouang-tri.

Du 6 septembre 1835, au 7 juin 1838.

Voici qu'après trois ans d'emprisonnement, le vénérable Jaccard fut enfermé dans la forteresse de Came-lô, au commencement de septembre 1835 [1]. Il avait passé vingt mois et plus sur les montagnes d'Aï-lao. Le seul avantage de ce changement de prison, fut de lui procurer un air meilleur et des communications un peu moins difficiles avec les chrétiens des environs. Cependant, selon la consigne donnée à ses gardiens, personne ne devait aborder le prisonnier ; mais les soldats se laissaient gagner par quelques pièces d'argent et lui transmettaient complaisamment les provisions et les lettres qui venaient du dehors.

Cette sévérité des ordres de la cour faisait craindre que le roi ne méditât de mettre à mort son interprète, en même temps qu'un autre missionnaire, M. Marchand, sur le point d'entrer chargé de chaînes à la capitale.

Voici, en deux mots, ce qui était arrivé.

M. Marchand, qui évangélisait la Cochinchine occidentale, avait été pris par le chef des rebelles et enfermé à Saïgon. Or, peu de temps après, Migne-Mang ayant reconquis cette ville, le Maître de la religion se trouva entre les mains de Sa Majesté. Pour comble de malheur, le roi intercepta une lettre, écrite à dessein par le général ennemi, où il était parlé du concours très-efficace apporté à l'insurrection par les

1. Came-lô est à 20 lieues environ au nord de Hué.

chrétiens. On espérait que cette lâche accusation ferait tourner la colère de Migne-Mang contre les fidèles et leurs prêtres et que les séditieux seraient peut-être oubliés. Cette perfide manœuvre réussit du moins à précipiter la condamnation de M. Marchand, qui fut mis dans une cage en bois, transporté à Hué, et exécuté le 30 novembre de cette même année.

Le Provicaire, informé, vers le 15 octobre, de l'arrivée de son confrère, pensa que leurs procès s'instruiraient simultanément et qu'ils seraient tous deux conduits au supplice le même jour. C'est pourquoi il écrivit à son évêque et aux missionnaires du vicariat pour leur faire ses adieux. Et s'adressant ensuite à Mgr Cuenot, retiré au Tong-King, il disait : « Dans le cas où cette lettre serait la dernière qu'il me soit donné de vous écrire, veuillez bien agréer mes adieux; et si je meurs de mort violente, je vous prie, monseigneur, de ne pas me placer sitôt au nombre de vos protecteurs dans le ciel, mais de conjurer le bon Dieu de me faire miséricorde, et surtout, si ces lignes vous arrivent de mon vivant, de m'obtenir par vos prières la grâce d'une sainte mort [1]. »

Mais la sage et infinie bonté de Dieu, qui voulait élever très-haut François dans les voies de la perfection, le mettait sans cesse en face de la mort, et retardait toujours son heure dernière. Aussi, malgré les interrogatoires successifs de M. Marchand, il écrivait, le 13 novembre, qu'il ne voyait, de son côté, aucun signe d'une mort prochaine.

« Qui sait, ajoute-t-il, si Dieu ne me destine pas à la composition du dictionnaire de la langue laossienne. En attendant, monseigneur, écrivez-moi le plus souvent possible. Mon seul plaisir en ce monde est de recevoir et d'écrire quelques lettres, surtout en français. »

Cependant depuis quelques jours il n'a plus guère le temps d'écrire à ses amis. Sa Majesté a recommencé l'envoi d'une multitude de lettres, de cartes et de brochures, et le grand interprète est occupé, du matin au soir, à traduire toutes ces paperasses. Aussi, dès le 21 janvier 1836, il faisait cet aveu [2] : « Je n'ai pas le temps de réciter mon office le jour; j'ai à peine quelques minutes le matin pour déjeuner, et je ne prends mon deuxième repas qu'à la tombée de la nuit. Que la sainte et aimable volonté de Dieu soit accomplie! Malgré mes misères, il me fait la grâce d'être absolument résigné à tout ce qu'il lui plaira d'ordonner. »

Non-seulement le bon serviteur de Dieu est résigné, mais on pressent déjà que les souffrances ont pour lui de l'attrait. La gaieté de son

1. Lettre du 22 octobre 1835. — 2. A M Cuenot.

cœur semble s'affermir et se développer, à mesure que grandissent ses épreuves.

Bien qu'il ne recueille des énormes travaux accomplis pour Sa Majesté qu'une souveraine ingratitude, il n'en dit pas un mot de plainte; c'est à peine s'il se permet de rire des ridicules largesses de son royal seigneur. Un jour, dans un moment de bonne humeur, Migne-Mang voulut être magnifique avec son interprète, et lui fit remettre une gratification qui fut aussitôt volée par ses compagnons de détention. Une autre fois, raconte aussi le vénérable Jaccard, au commencement de janvier, le prince lui envoie cinq onces d'argent (environ cinquante francs) par un de ses pages, en lui disant : *Je te donne à toi, et tu lui donneras.* Sa Majesté ne voulait pas s'abaisser jusqu'à offrir un cadeau à ce vil étranger. Mais le jeune officier s'acquitta mal de sa commission; il révéla le secret du roi, puis afin de se faire payer cette indiscrétion, il demanda au Provicaire de lui prêter la somme apportée au nom de son maître. De cette façon, le pauvre prisonnier se trouva n'avoir rien reçu du tout.

« Le brave homme, disait François en parlant du roi, craint assurément que je m'enorgueillisse de ses générosités! »

Mais il pouvait se tranquilliser, son grand interprète avait d'autres pensées. Écoutons plutôt les humbles paroles qu'il adressait à monseigneur Cuenot, le 21 janvier.

« Rappelez-moi, s'il vous plaît, monseigneur, de temps en temps, ce que je devrais être sur ce calvaire où il a plu au bon Dieu de me placer. Saint Jérôme écrivait, je ne sais plus à qui, que ce n'était pas d'être à Jérusalem qui sanctifiait, mais d'y *vivre saintement*. Il en est de même des cachots d'Aï-lao et de Came-lô. J'avais un ami qui me disait l'équivalent! C'était M. Rouge, mon compatriote. En me tenant le même langage, monseigneur, vous remplirez un devoir d'amitié et de charité. »

Vers ce temps-là, Migne-Mang imagina de faire des perquisitions dans la maison que le Provicaire avait habitée, à *Douong-cheune*, pour s'assurer qu'elle ne contenait aucun objet prohibé par les lois du royaume. On ne trouva guère qu'une bibliothèque renfermant quatre cents volumes. Ces livres furent emportés et presque tous brûlés; un très-petit nombre seulement retournèrent à leur ancien maître. Une pareille concession fut la faveur la plus notable que le vénérable Jaccard ait reçue de la part de Sa Majesté, pour prix de tous les services qu'il lui avait rendus précédemment. Elle valut à l'infortuné prisonnier, non-seulement l'avantage de lire, mais encore la facilité d'écrire avec plus de liberté. Malheureusement, on ne consentait pas à ce qu'il dît la messe. Il avait pourtant avec lui, grâce à l'incurie ou à la bienveillance des mandarins, tout ce qui était nécessaire à la célébration des saints Mystères. Mais on lui interdisait toute espèce de prière. Aussi était-il obligé, en récitant son bréviaire, de prendre des précautions pour qu'on ne supposât pas qu'il s'entretenait avec Dieu. « Si le roi savait que j'ai un livre de prières, disait François, il me l'ôterait sûrement. S'il savait surtout que je vous écris et qu'en Europe on connaît particulièrement ses *hauts faits*, je serais bien assuré de n'avoir pas longtemps à vivre [1]. »

Cependant si Sa Majesté ignorait ce que faisait son interprète, à l'ombre de la prison de Came-lô, ce n'était pas faute de soupçons et de surveillance. Mais, par une permission de la Providence, les inspecteurs royaux, gagnés par les affables prévenances du prisonnier et surtout par son argent, revenaient toujours satisfaits de leur tournée et tout allait pour le mieux. Grâce à cette vénalité des fonctionnaires, de tous les grades, le Provicaire pouvait facilement correspondre avec ses confrères et continuer à diriger les chrétientés du vicariat. Il ne cessait particulièrement d'envoyer les plus pressantes et les plus paternelles exhortations aux fidèles, qui gémissaient de divers côtés dans les fers, pour l'amour de Jésus-Christ [2].

Mais voici que Migne-Mang lui trouve un autre genre d'occupation; aux honneurs d'interprète il ajoute la dignité de maître d'école. Dans les premiers jours de mars 1836, il lui envoya une huitaine de jeunes gens, de 16 à 18 ans, pour recevoir des leçons de français. « Me voilà, écrivait François à cette occasion, professeur de *B*, *a*, *ba;* qu'en dites-vous? Et ce qu'il y a de plus piquant, c'est que mes nobles disciples reçoivent chaque mois une mesure de riz et une ligature et demie (1 franc 50), et que le pauvre magister reçoit une ligature seulement. »

« *Non andarà semprè cosi ;* il n'en sera pas toujours ainsi, comme disait Sixte-Quint aux brigands, en leur faisant rôtir une volaille [3]. »

Ce préceptorat forcé procura toutefois une véritable consolation au vénérable Jaccard. Ses écoliers ne tardèrent pas à l'entourer d'une respectueuse affection, qu'ils témoignaient ostensiblement par leur tenue en sa présence et par le titre de maître qu'ils lui décernaient. Mais cette fois, Migne-Mang, très-fidèlement informé de cette particularité, pensa qu'on faisait trop d'honneur à un Européen en le traitant de cette façon, et il ordonna aux élèves de son interprète de ne

1. Lettre à M. Voisin.
2. Témoignage de Mgr Cuenot.
3. Lettre du 31 mars à Mgr Cuenot.

plus l'appeler que par le nom de *Phane,* abréviation de François. Cette mesquine boutade de Sa Majesté touchait peu l'humble missionnaire ; il savait fort bien que Dieu seul est notre Maître et en mérite vraiment le titre. Mais l'ombrageux monarque lui chercha une querelle autrement grave. Il avait chargé le commandant de la forteresse d'exiger de son interprète l'engagement formel de ne jamais parler de religion aux jeunes gens confiés à ses soins. Or, comme on le suppose bien, le Provicaire répondit qu'il ne pouvait pas accéder à une proposition de ce genre. Ce refus renouvelé pour la vingtième fois ne surprit pas les gouverneurs, mais il irrita vivement le roi, auquel ils conseillèrent de ramener près de la cour cet homme indomptable. Néanmoins l'heure de la Providence n'étant pas encore sonnée, le prisonnier fut provisoirement maintenu dans son cachot, et on ne prit contre lui aucune mesure répressive. Les gardes en conclurent qu'ils n'avaient pas besoin de le surveiller non plus de très-près et lui laissaient une certaine liberté.

Plusieurs fois, dans ces circonstances, il eut la tentation de profiter de l'inattention de ses gardiens et de s'enfuir pendant la nuit, et toujours il renonça à ce projet. Il écrivit même à monseigneur Cuenot les graves motifs qui l'empêchaient de suivre le conseil que Sa Grandeur lui donnait à ce sujet [1].

« Vous me parlez d'évasion, monseigneur ! Je crois qu'elle serait possible ; mais cette possibilité n'est fondée que sur l'intime persuasion où l'on est que je ne m'enfuirais pas pour tout au monde. On n'a pas tout à fait tort de penser ainsi ; car le roi mettrait, n'en doutez pas, des armées entières à ma poursuite ; et pour me sauver, sans parler des vexations auxquelles seraient exposés les chrétiens, je ferais peut-être prendre trois ou quatre confrères !... Les mandarins de Came-lô ne manqueraient pas de payer ma fuite de leurs têtes, et ceux de la province n'en seraient pas quittes à bon marché. Je vous assure que j'aurais un petit scrupule de causer tant de mal à des gens qui ne m'en font point ; car, tout en se soumettant aux ordres de leur maître, ils ne les exécutent pas à la rigueur. Ils savent bien que j'ai des communications avec le dehors, etc., etc., et ils gardent là-dessus le silence et me traitent assez humainement. Il faudrait des circonstances bien favorables et des raisons que je ne connais pas encore, pour me déterminer à un pareil coup d'Etat. »

Pourtant, il ne comptait guère sur le retour du roi à de meilleurs sentiments. Il avait au contraire laissé entendre, dans une lettre écrite à sa mère, vers la fin de février, que les révoltes qui avaient ensan-

1. Lettre du 31 mars.

glanté le royaume d'Annam étant partout apaisées, Sa Majesté profiterait sans doute de ses loisirs pour combattre plus énergiquement le christianisme.

« Dans ce moment, disait-il, le roi semble ne pas s'occuper de nous; mais c'est par des motifs politiques, non par amitié ou compassion. Enfin, Dieu est le souverain Maître, nous n'avons d'autres ressources que de nous confier entièrement aux soins de son aimable providence. D'ailleurs, je me consolerais facilement si j'étais seul à souffrir; mais, hélas! je suis presque le mieux traité. »

Mais pendant qu'il offrait quelques consolations à sa pieuse mère, la vérité est que François souffrait des afflictions des chrétiens annamites plus que de ses propres maux; car les adversités personnelles n'étaient pas capables de l'abattre. Ainsi, nonobstant le mauvais état de sa santé, ses travaux et ses dégoûts, il écrit à Mgr Cuenot des lettres où l'on croirait lire les observations d'un touriste qui raconte gaiement à son ami ses impressions de voyage.

On se souvient qu'il avait rêvé de porter le flambeau de la foi aux montagnards du Laos; or voilà qu'il apprend que le vénérable prélat a tenté, à son départ de Siam, d'arriver au Tong-King [1] par le Laos. « Je crois, lui dit-il, que la voie de Came-lô et d'Aï-lao est la plus courte et la moins périlleuse. S'il plaisait à Dieu de nous rendre la paix si désirée et de briser mes fers, je ne craindrais pas d'entreprendre ce voyage. J'irais volontiers à la découverte. D'abord je suis familiarisé avec les *esprits* et les *fantômes* qui président au pays; puis je suis acclimaté à Aï-lao. Quand je ne ferais qu'un méchant dictionnaire, je n'aurais pas perdu mon temps. Viendraient ensuite les apôtres.

» Ayant rencontré ici un prisonnier annamite qui a passé sept ans à Siam, j'ai acquis la certitude que la langue laossienne est un dialecte du siamois. »

Puis il ajoutait les remarques suivantes :

« Les sauvages de ces montagnes se livrent à l'agriculture, à la chasse et à la pêche. La mauvaise foi et la duplicité sont peu connues chez eux, mais ils sont fort superstitieux. Pendant mon séjour à Aï-lao, j'ai reconnu que le plus sûr moyen de pénétrer dans leur région serait d'y aller sous prétexte de commerce. Avec du zèle et du courage, celui qui voudrait se dévouer à l'entreprise aurait chance de succès.

» La tribu des *Tiames*, asservie par Migne-Mang, paye aujourd'hui un impôt au gouverneur annamite. Chaque district est gouverné par un

1. En attendant qu'il pût rentrer en Cochinchine.

chef de leur nation, qui a pouvoir de vie et de mort, et transmet sa charge à ses enfants, à la condition d'un diplôme signé du roi.

» Les *Tiames* sont mous et indolents, mais ils ont de la bonté de cœur.»

Ces renseignements, que j'ai résumés aussi brièvement que possible, furent envoyés aux missions étrangères à Paris, par Mgr Cuenot, afin de servir de guide aux prêtres qui, dans des temps plus heureux, pourraient entreprendre la conquête spirituelle des pauvres montagnards du Laos. — En effet, si l'apôtre qui pénétrera dans ces contrées inexplorées n'y trouve pas la trace du vénérable Jaccard, si désireux de l'arroser de ses sueurs, il sera du moins soutenu par le souvenir de son infatigable ardeur et dirigé par ses renseignements.

Tout en nourrissant l'espoir de visiter les sauvages et de jeter parmi eux les premiers germes de la civilisation chrétienne, François crut prudent de régler ses affaires de famille, afin d'assurer, autant que possible, la tranquillité de sa mère, dans le cas où il serait condamné à mort par le roi d'Annam. — A cet effet, il fit à Marie Monge donation absolue de tous ses biens, en y ajoutant un testament en faveur d'un de ses parents, pour le cas où la mort de sa chère mère aurait frappé de nullité le premier acte. Mais heureusement celle-ci vivait encore, et la donation, qu'elle accepta, eut bientôt force de loi, après avoir été légalisée par Charles-Albert, roi de Sardaigne [1].

Peu de jours après, le prisonnier de Migne-Mang apprit une triste nouvelle qui vint encore appesantir sa croix et ajouter une amertume de plus à son agonie. Le jeune parent laissé autrefois à sa place, celui-là même qu'il instituait son légataire universel, avait été rappelé à Dieu; les larmes de sa pauvre mère coulaient donc là-bas sur une tombe, et son fils ne pouvait pas la consoler. Tout ce qu'il put faire, après avoir prié, ce fut de lui écrire; mais, hélas! quand cette lettre arrivera-elle?

« Ma chère mère, lui disait-il, la perte de cet excellent cousin que je croyais vous devoir servir de fils, m'a été bien sensible. Cependant disons avec Job: Dieu nous l'avait donné, Dieu nous l'a ôté; que son saint nom soit béni! Vous voilà donc toute seule; mais puisque cette épreuve plaît à Dieu, supportez-la avec votre résignation accoutumée...

» Quant aux biens que je vous ai abandonnés, je serais bien aise de savoir que je ne dois plus m'en inquiéter. Dieu m'a donné le centuple...

» L'essentiel est que nous nous retrouvions dans le séjour des bien-

1. En visitant le pays natal du vénérable Jaccard, en 1877, j'ai trouvé cet acte de donation à Onnion, dans les archives du presbytère.

heureux, où il n'y aura plus de séparation, plus d'ennuis, plus d'épreuves. »

Ces peines de famille ouvrirent dans le cœur de François une large voie à la tristesse qui l'inonda de toute part. Il ressentit plus que jamais les horreurs de son isolement ou plutôt de l'ignoble société au sein de laquelle il est obligé de languir, depuis la mort de l'excellent P. Odorico. Son souvenir se reporte alors sur les belles années de sa jeunesse, sur le temps du collége et du grand séminaire, où les amicales causeries répandaient sur sa vie tant de charme et de gaieté. Il nomme parmi ses anciens camarades ceux dont il recevait les témoignages d'un cordial attachement, et ne pouvant plus les entendre, il veut du moins leur parler. Depuis de longues années, cependant, l'oubli paraît avoir ruiné toutes ces amitiés d'un autre âge, et Dieu l'a ainsi permis pour être l'unique consolation de son fidèle serviteur. Je crains d'ailleurs que ces amis, auxquels le pieux missionnaire adresse en ce moment de si tendres reproches, n'aient pas été dignes de sa belle et constante affection.

« Cher ami, écrivait-il à l'un deux, voilà bien cinq ou six ans que je n'ai eu le plaisir de recevoir de vos nouvelles. J'ai attendu longtemps la réponse à ma dernière lettre. Pour ne pas m'exposer à une attente éternelle, je recommence et je ne m'arrêterai que quand notre correspondance sera rétablie sur le pied d'autrefois. J'ai besoin du secours de l'amitié chrétienne, pour supporter avec moins de tristesse les maux dont Dieu se plaît à m'affliger dans l'intérêt de mon salut. »

J'ignore si les cris du pauvre captif de Jésus-Christ ont trouvé un écho dans le cœur de cet ami dont il est question ici; mais quelque blâmable que soit son indifférence, il s'en rencontra une autre que je trouve plus coupable parce qu'elle vient d'une âme marquée du caractère sacerdotal. Celle-ci est sans excuse devant les exemples des saints qui ont le plus honoré le sanctuaire; n'ont-ils pas su, après avoir sacrifié la part inférieure des attachements de ce monde, élever l'amitié au rang des plus belles vertus chrétiennes? Ils avaient appris du Sauveur des hommes, selon l'expression de saint Augustin, qu'*on aime Dieu comme un ami, en l'aimant dans la personne de ses amis.*

« Mon cher ami, lui disait donc François, je vous ai écrit, depuis mon arrivée aux Indes et en Cochinchine, plusieurs lettres, et je n'ai pas eu le plaisir de recevoir une réponse... J'espérais toujours un signe de vie, et puisqu'il n'arrive pas, je l'appelle de nouveau. Dédommagez-moi, cette fois, de votre dur et éternel silence; ayez pitié d'un pauvre malheureux en butte aux persécutions, prisonnier depuis plusieurs années, séparé de ses chrétiens et de ses élèves, absolument sans consolation humaine autre que celle de recevoir quelques lettres. Il me semble que mon cœur se dilate déjà à cette pensée.

» Adieu, cher ami; prions l'un pour l'autre; croyez au plus entier dévouement et à l'inviolable attachement de votre ami[1]. »

A voir le nombre et la variété des lettres écrites par le vén. Jaccard, durant ses longs mois de reclusion à Came-lô, on serait porté à croire que Migne-Mang lui laisse un peu de répit. Cependant il n'en est rien. François prenait ordinairement, sur son repos de la nuit, le temps d'écrire et de prier. La journée était entièrement absorbée par les leçons données aux écoliers venus de la cour, et par les travaux dont le roi exigeait impérieusement l'exécution.

Sa Majesté avait conçu un plan qui aurait fourni de la besogne à dix écrivains; elle voulut avoir un précis historique sur tous les peuples de l'Europe et de l'Amérique, avec des détails suffisants sur leur religion, etc. Il fallait y ajouter une étude particulière sur les nations de l'Asie, spécialement sur le Japon, dont les lois lui plaisaient beaucoup. Et à ce propos, l'infatigable historien fut pris en défaut par son royal disciple. N'ayant pas signalé la ruine presque totale de la religion chrétienne chez les Japonais, après les glorieuses conquêtes qu'elle y avait faites autrefois, Migne-Mang voulut savoir pourquoi le christianisme avait été persécuté dans cette contrée. Il lui fallut une explication; et malgré toute la sagesse de la réponse, il se défia tout autant des aveux que des réticences. *Nous sommes*, disait-il, *sourds et aveugles avec cet étranger, il peut nous conter tout ce qui lui plaît, nous n'avons pas moyen de le contredire.*

Soit défiance, soit lassitude, la curiosité du prince se calmait peu à peu; fatigué ou non d'apprendre, il perdait le goût des questions, et désormais le travail qu'il impose à son grand interprète revêt presque le caractère d'une corvée ou d'un pensum. Du reste, il était grand temps qu'il s'arrêtât, les forces de son prisonnier diminuent à vue d'œil et la mort ne tardera pas à lui ravir la palme du martyre, si on diffère beaucoup sa condamnation.

C'est à peine s'il peut suffire à la correspondance que nécessite l'administration du vicariat; les lettres à ses amis deviennent rares. De la fin de juillet 1836 au commencement de l'année suivante, il n'en reste que trois ou quatre. La dernière est adressée à sa mère, le 24 octobre.

« Il me tarde de savoir ce que vous devenez, lui disait François, et si le frère de ce bon Joseph prendra soin de vous. Quoi qu'il en soit,

1. Lettre à M. Ch..., le 4 mars 1836.

ma chère mère, la vie de l'homme sur la terre est un champ de bataille sur lequel il faut vaincre ou mourir. Vaincre, c'est ne se laisser abattre par aucune tribulation et tout souffrir pour l'amour de Jésus-Christ, qui a lui-même remporté la victoire en mourant. Plus le bon Dieu nous envoie de croix, plus il nous donne de marques de son amour. En cela, ma mère, vous avez été assez bien partagée... Eh bien! dites avec Job: Que son saint nom soit béni. Après tout, ma chère mère, le peu de jours qui nous reste à vivre sera bien vite passé; à quoi bon s'inquiéter du lendemain? Espérons que bientôt nous serons réunis à nos chers défunts, dans notre véritable patrie. »

Vers le même temps, une idée, où il y avait plus d'audace que de vraie sagesse, naissait dans l'esprit de M. Borie, missionnaire au Tong-King. Cet ardent héraut de l'Evangile, voyant les funestes effets produits par divers édits portés contre le christianisme, avait formé le dessein de se rendre à la capitale et d'aller jusqu'au palais présenter au roi une apologie de la religion. Un de ses confrères, consulté à ce sujet, prévit de suite que ce nouvel apologiste aurait le sort de saint Sébastien, et il chercha à le dissuader. Il ajoutait que si quelqu'un avait chance de succès auprès de Sa Majesté, c'était le Provicaire; lui seul d'ailleurs pouvait parler sans nuire aux autres missionnaires. Ces judicieuses observations déterminèrent M. Borie à écrire au vénérable Jaccard pour obtenir son avis. Celui-ci répondit, le 21 janvier 1837, la lettre suivante :

« ... Puisque vous désirez que je vous dise mon sentiment touchant les moyens à employer pour que votre pièce arrive jusqu'au trône, je vous avouerai que je n'en connais point de sûrs. D'abord, tout mandarin qui oserait se charger de la commission serait bien assuré de ne pas avoir la tête sur les épaules au bout de huit jours, à moins qu'on ne prolongeât son existence pour lui faire subir la question... Ainsi, il ne faut pas seulement songer à prendre cette voie...

» J'imagine cependant deux manières de parvenir. La première serait qu'un chrétien déterminé allât s'adresser au premier tribunal du royaume, et présentât l'apologie en son propre nom; peut-être serait-il tout seul compromis; car, si vous vous présentiez vous-même, cela ferait un bruit épouvantable. Que d'inquisitions pour savoir où vous avez été jusqu'à présent, etc., etc.

» Une seconde manière plus expéditive, mais non moins périlleuse, serait de vous rendre vous-même à la ville capitale... Vous seriez arrêté, on vous questionnerait, bien entendu; l'apologie ferait sensation, et les mandarins la présenteraient au roi. Le grand embarras serait de savoir d'où vous venez, à moins que vous ne vous annonciez comme tombé du ciel... Ce serait un miracle si vous n'étiez d'abord torturé pour ces questions àccessoires, tandis qu'on s'occuperait peu de votre papier. Migne-Mang connaît d'ailleurs assez la religion pour savoir le cas à faire des calomnies qu'il débite contre elle. »

Devant des raisonnements si concluants, M. Borie renonça à son projet, sans insister davantage.

Cettre lettre est la seule qui nous reste de François, pour la première moitié de l'année 1837, avec une page écrite au procureur des Missions à Macao, pour lui demander quelques médicaments, si les docteurs de l'endroit en connaissent d'efficaces contre le squirrhe. Après ce long silence, imposé probablement autant par la maladie que par ses nombreuses occupations, il renouvela ses adieux à sa mère, en prévision d'une fin peut-être prochaine :

« Voilà quinze ans, ma mère, que je vous fis mes adieux. Ces quinze ans me semblent un songe; pourtant j'ai beaucoup souffert. Mais qu'importe! C'est passé. Mes forces diminuent; j'espère que bientôt je ne souffrirai plus, et que mes souffrances endurées pour l'amour de Jésus-Christ m'obtiendront miséricorde et la vie éternelle. Je continue de former, et toujours avec plus d'ardeur, le désir de mourir martyr; pendant que je demande cette faveur à Dieu, demandez-la aussi pour moi [1]. »

En attendant que se lève le jour du dernier combat et de la suprême victoire, le pieux athlète se préparait à la lutte en nourrissant son âme du *pain des forts*. Privé, depuis plus de trois ans, de dire la messe et de faire la sainte communion, il a finalement trouvé le moyen de se procurer cette précieuse consolation.

Grâce à ses fonctions de professeur, François avait quitté son misérable cachot et habitait une prison plus spacieuse où il était moins surveillé. Il profita de cet adoucissement pour organiser une chapelle et offrir le saint sacrifice. Une chétive alcôve, pratiquée dans le fond de sa cellule, lui servit de sanctuaire, et une planche posée sur deux corbeilles formait un autel digne des temps apostoliques. Mais afin que nul regard indiscret ne le surprît dans l'accomplissement des saints Mystères, il fallàit que tout signe religieux eût disparu avant le retour du jour. Il jouissait, moyennant ces précautions, du bonheur de faire descendre Jésus-Christ dans son humble demeure. Cet asile, que le miséricordieux Sauveur visita pour la première fois le jour de Pâques, était bien misérable, toutefois il ravissait son cœur, parce qu'il

1. Lettre du mois d'août 1837.

y trouvait un véritable ami à consoler, des larmes d'amour à recueillir et une vertu sublime à récompenser.

Heureuses chaînes, qui méritèrent d'être bénies par la tendresse du divin captif de l'Eucharistie ! Heureux calice, où le pieux apôtre offrit au ciel, avec ses généreuses souffrances, le sang répandu pour le salut du monde ! Heureux cachot, où l'Agneau de Dieu établit son trône au milieu des Anges qui s'apprêtent à célébrer ses noces immortelles avec l'âme de son fidèle serviteur ! Quelle fête, pour le cœur de François ! quelle fête, pour la charité toute compatissante de Jésus-Christ !

Cependant M. Jaccard dut imposer à sa piété une mortification conseillée par la prudence. De peur de s'exposer à tout perdre, si on venait à découvrir qu'il a rendu quelque honneur au Dieu des chrétiens, il se bornait à dire la Messe une fois ou deux par semaine. Cet état de choses se maintint à peu près jusqu'à la fin de février 1838. A cette époque, la défiance et la haine de la cour furent de nouveau mises en éveil par plusieurs dénonciations portées contre un missionnaire français, M. Candalh, qui avait eu la hardiesse, au printemps précédent, d'ouvrir une école non loin de la prison de Came-lô, dans la chrétienté de Jy-loane, où il s'était installé. Après des enquêtes réitérées et infructueuses, le roi dirigea ses investigations du côté de Came-lô, et il y envoya dans ce but des mandarins chargés de s'informer des relations que le Provicaire pouvait entretenir avec le dehors.

Un jour, c'était le 7 mars 1838, on vit donc arriver le premier mandarin de la province, suivi d'un cortége de deux cents personnes. Il fit son entrée solennelle dans la localité, reçut d'abord les compliments des autorités civiles et militaires, puis envoya chercher le vénérable Jaccard, occupé en ce moment à traduire des cartes géographiques, sous les yeux de ses élèves.

« L'audience était très-nombreuse, écrivait-il plus tard [1]; dès que je parus, le mandarin me fit avancer à travers la foule, en me disant : Approche de moi, je dois t'interroger. — Me voici. — Y a-t-il encore ici des chrétiens? — Je suis le seul chrétien dans ce lieu; mais je ne puis répondre sur les autres endroits. — Enfin, consens-tu à abandonner la religion ? — Je n'abandonnerai jamais la religion ; le temps ne fait qu'augmenter mon estime pour elle et ne contribue qu'à me la rendre plus chère. — Il n'est pas permis de garder cette religion, le roi l'a proscrite, et les ordres du roi sont ceux du ciel ; si tu t'obstines encore, tu mourras. C'est un grand bonheur pour toi d'avoir jusqu'à ce jour échappé à

1. Lettre du 18 mars 1838 à MM. les directeurs.

la mort. — Mais je ne crains pas la mort; je serai au comble de mes désirs si on me fait mourir pour la religion; et le plus tôt sera le mieux. — Qui peut donc t'aveugler de la sorte? — Je ne suis point dans l'aveuglement; au contraire, la religion enseigne la vérité, et c'est pour cela que je l'aime et que je l'observe. — Mais quel profit peut t'apporter cette religion? Quand tu seras mort pour l'avoir observée, quel avantage en retireras-tu? — Quand on meurt pour la religion, on est assuré d'aller au ciel. Si donc le roi veut que j'aille promptement jouir de la gloire, il n'a qu'à me faire trancher la tête; un instant de souffrance me mettra en possession d'un immense bonheur et satisfera tous mes désirs. — Quand on est mort, par quel moyen peut-on monter au ciel? A-t-on jamais vu quelqu'un monter au ciel après avoir eu la tête tranchée? Tout est fini pour celui auquel on a coupé la tête. — L'âme ne devient libre que par la mort, et ne peut monter au ciel qu'en se séparant du corps. A cause de cela, non-seulement je ne désire pas vivre, mais je désire ardemment que le roi me fasse trancher la tête, le plus tôt possible. — Certes ton aveuglement est toujours bien profond! — Je ne suis point dans l'aveuglement, et le grand mandarin me permettra de lui faire observer que je professe une religion tout à fait conforme à la raison. — En quoi est-elle corforme à la raison? — La religion enseigne qu'il faut adorer le créateur du ciel et de la terre; or cela est conforme à la droite raison. Et ce Seigneur que je me fais gloire d'adorer... — Assez, assez! Il nous parle de ciel, de terre, de Seigneur...; qui peut comprendre toute cette doctrine?... Je ne sais plus quelles paroles lui adresser pour lui faire entendre raison; c'est assez, conduisez-le chez lui... »

« Deux lettrés docteurs, qui avaient assisté à mon interrogatoire, sont retournés le surlendemain à Hué, et quelques jours après est arrivé un ordre du ministère prescrivant de me surveiller et de me serrer de plus près. L'ordre s'exécute, cependant on voudrait me faire croire qu'on me donne des gardes, pour ne pas me laisser tout seul. De mon côté, je fais semblant de ne pas soupçonner les ruses de leur conduite. Les lettrés qui viennent me voir tâchent de faire bonne contenance, et j'en fais autant à leur égard; mais dans nos entretiens, j'ai soin d'amener la conversation sur la religion et de leur prodiguer les preuves en sa faveur... Je ne crains pas de leur dire que le roi devrait rougir, d'imputer aux missionnaires et aux chrétiens les horreurs dont le récit dégoûtant et volumineux salit les pages de ses ordonnances contre la religion... Cependant, je ne sais si ce n'est pas une espèce de présomption de ma part d'agacer ainsi le tigre. »

Présomption ou non, M. Candalh écrivait, le 30 mars, que « tout portait à croire, que le *tigre* était prêt à donner des preuves nouvelles de sa haine implacable contre la religion et ses ministres. » Selon les habitudes cochinchinoises, le roi procède avec une heureuse lenteur. Malgré les perfides accusations relatives à l'école de Ji-loane et aux rapports secrets du Provicaire avec les chrétiens, ce ne fut que le 6 et le 7 juin que la police reçut ordre d'arrêter les missionnaires et leurs généreux complices.

« Ces jours-là, écrivait M. Borie [1], les mandarins vinrent former le blocus du village de Ji-loane ; mais M. Candalh et un prêtre indigène purent s'échapper et s'enfuir dans les montagnes avec six de leurs écoliers. Deux seulement furent surpris. L'un deux, entre les mains duquel on trouva des livres, dit faussement les tenir du vénérable Jaccard.» Le même jour, on captura un chrétien portant les saintes huiles au Provicaire. Il en fallait beaucoup moins, puisqu'on avait manqué les autres missionnaires, pour que François fût accusé d'être de connivence avec les chrétiens de Ji-loane. Les mandarins ayant informé le roi de ces divers incidents, reçurent la mission de ramener à la capitale les jeunes gens confiés à son interprète, et en outre ils devaient user des dernières rigueurs pour s'assurer s'il y avait d'autres prêtres européens dans ses Etats. François fut donc soumis, coup sur coup, à plusieurs interrogatoires, accompagnés des plus sévères menaces. Mais comme disaient des chrétiens annamites, en leur langage figuré : *Comment des aveugles peuvent-ils vouloir tromper ceux qui sont clairvoyants ; et comment de faibles étincelles veulent-elles l'emporter sur la lumière du soleil ?*... Les tentatives du roi échouèrent en effet complétement de ce côté, il ne put obtenir aucun éclaircissement. On se retourna, faute de mieux, vers le détenu qui servait de cuisinier au vénérable Jaccard, mais on n'en tira non plus aucune réponse satisfaisante.»

« Dans cette circonstance difficile, écrivait Mgr Cuenot, le vénérable Jaccard avait montré cette grandeur d'âme, ce noble courage et cette sainte liberté qu'on admire dans les premiers chrétiens paraissant devant les proconsuls romains. A la suite de son interrogatoire, il se hâta d'écrire une lettre à tous ses chers confrères de la Cochinchine et du Tong-King, pour les avertir que de nouveaux nuages, gros de tempêtes, se formaient à l'horizon, étant persuadé que le roi méditait une vengeance contre notre religion. Mais son cœur sensible, tout en déplorant les malheurs qui menaçaient des missions déjà si désolées, ne pouvait s'empêcher de saluer par de saints désirs l'aurore du beau jour qui devait éclairer son triomphe. Il ne s'était pas trompé [2]. »

1. Lettre du 2 octobre 1838.
2. Lettre du 6 novembre 1838.

Furieux d'avoir été tenus en échec par la prudence du Maître de la religion, qu'ils considéraient comme un homme de rien, les agents du roi portèrent contre lui de nouvelles accusations; c'est pourquoi, le 18 juillet, le premier mandarin se rendit encore à Came-lô, chargea de la cangue le vénérable Jaccard et l'emmena à la prison de Qouang-tri, chef-lieu de la province.

CHAPITRE XVII

LES TORTURES ET LE TRIOMPHE

Le vénérable Jaccard dans la prison de Qouang-tri. — Surveillance et rapport du président du tribunal des crimes. — Nouvel interrogatoire. — Tortures. — Fermeté et constance de François. — Ses consolations. — Thomas Thiène. — Dernières tortures. — Projet de jugement. — Réponse et sentence de Migne-Mang. — Arrivée du prêtre Th. Ane. — François est mis à mort. — Sa sépulture. — Pressentiment de sa mère.

Du 18 juillet au 21 septembre 1838.

En arrivant à Qouang-tri, le vénérable Jaccard fut enfermé dans un cachot humide et obscur de la maison commune, à côté de la prison publique, et reçut aussitôt une cangue plus pesante que la première [1]. On défendit ensuite à tous les prisonniers et à tout le personnel dépendant du gouvernement, de faire cuire ses aliments ou de lui rendre n'importe quel service. Les soldats préposés à sa garde ont ordre pareillement de ne lui acheter que le riz le plus commun, dans les auberges voisines. Cette privation des soins indispensables qu'aurait exigés sa santé, très-altérée déjà par de longues maladies, le défaut d'une nourriture convenable, l'absence de sommeil occasionnée par la cangue, réduisirent le pauvre détenu à un état de fatigue excessive. Néanmoins il ne laisse pas échapper une seule plainte contre qui que ce soit.

Malgré ce silence, on dirait que plus il est malheureux, humilié et faible, plus le roi semble le craindre et redouter son influence sur les chrétiens. En effet, les atrocités dont il est l'objet et la sainte égalité de caractère avec laquelle il les endure, ont élevé à François un piédestal qui le grandit à mesure que Sa Majesté cherche à l'abaisser. Contre son gré, la cangue infâme des criminels attache déjà au front de sa victime une auréole de gloire. Plus leur Maître est maltraité,

1. Les détails qu'on va lire sont extraits des lettres de Mgr Taberd, de Mgr Cuenot et de M. de la Motte.

plus les chrétiens l'aiment, le vénèrent et recueillent ses paroles avec respect. Que Migne-Mang achève donc son œuvre ; à son insu, il est l'instrument de la grâce qui ajoute aux vertus du pieux missionnaire le dernier trait de la perfection, et il dresse de ses propres mains un monument impérissable en l'honneur du christianisme. D'ailleurs, il ne cherche plus aujourd'hui à dissimuler la méchanceté de ses sentiments. Il expédie des ordres très-sévères aux mandarins de Qouang-tri, c'est-à-dire au mandarin gouverneur et au président du tribunal des causes criminelles, et leur confie la mission spéciale de faire surveiller son ancien interprète et de s'assurer s'il ne reçoit aucun secours du dehors et ne conserve aucune relation avec les chrétiens.

Le grand mandarin, digne en tous points de la confiance dont il est revêtu, ne se borna pas à une simple inspection, il renouvela fréquemment ses visites sans être attendu, et il chargea plusieurs espions de recueillir des renseignements et d'avoir l'œil sur les abords de la prison du Maître de la religion.

Nonobstant cette double surveillance, la bonté de Dieu trouva moyen de soulager son fidèle serviteur. Une pieuse chrétienne, femme d'un officier, et dirigée par les conseils de M. de la Motte, parvint, grâce à la connivence d'un soldat, à procurer au vénérable prisonnier un peu d'argent, des lettres, des médicaments et quelques provisions. Elle remettait toutes ces choses au soldat, et celui-ci les faisait passer à François. Malheureusement il ne pouvait pas écrire, c'est à peine s'il lui était permis de donner des commissions verbales à la charitable pourvoyeuse. Cette courageuse émule de sainte Véronique remplit, pendant près de deux mois, au risque de sa vie, la périlleuse mission de secourir le Provicaire et de lui servir d'intermédiaire auprès des missionnaires et des fidèles. C'est par son témoignage qu'on savait la parfaite résignation et l'inaltérable patience du fervent disciple de Jésus-Christ. Quand elle revenait de sa prison, elle répétait avec admiration les paroles saintes qu'elle avait entendues ou qui lui étaient rapportées. Il s'écriait souvent : *Notre Père, que votre volonté soit faite !... Pardonnez-leur, car ils ne savent ce qu'ils font !*

Mais voici que l'heure des ténèbres approche. Un rapport signé du président du tribunal des causes criminelles a été envoyé à Migne-Mang. Nous allons citer de ce travail les passages qui peuvent jeter quelque lumière sur notre récit. Les voici en quelques mots :

« Pour obéir au commandement formel du roi, nous, membres du tribunal, avons envoyé un homme à Came-lô pour espionner Phane-Vane-Kigne... A son retour, voici le rapport qu'il nous a fait :

« Je suis allé au lieu où il demeure, j'ai espionné avec soin, mais il m'a été impossible de m'assurer au juste s'il a des relations avec le dehors ou s'il nourrit de mauvaises intentions. Tout ce que je puis dire, c'est que beaucoup de personnes circulent autour de sa prison, qu'il a de l'argent et tout le nécessaire ; il est dans l'abondance et il est splendidement nourri [1], son aspect extérieur paraît fier et très-orgueilleux. Il a l'air de ne rien craindre. »

» Nous envoyâmes une seconde fois notre espion pour examiner ses faits et gestes, afin de le faire arrêter. Sur ces entrefaites, arriva dans cette province l'affaire de Ji-loane... Il y a toutes raisons de croire qu'il a entretenu des relations avec les chrétiens de l'endroit... L'espion que nous avons envoyé nous a rapporté que, depuis l'arrestation de ces derniers, Phane avait vécu d'une manière tout à fait isolée... Voici donc la pensée que nous nous permettons d'émettre :

» L'Européen en question, qui continue à observer la mauvaise doctrine de Jésus, a osé venir dans ce royaume en cachette et y a infatué beaucoup de personnes ; il a déjà subi une condamnation pour ce fait. Cependant, malgré ce crime qui méritait la peine de mort, il a été comblé des faveurs du ciel, car Sa Majesté ne daigna pas souiller son épée ni sa hache dans son sang... Mais il n'a conçu aucun repentir de son ancienne faute ; au contraire, il prêche comme auparavant sa mauvaise religion. Quand on changea le lieu de son exil en le ramenant à Came-lô, il ne sut pas craindre la sévérité des lois, il y enseigna bon nombre de personnes qui croient encore à sa parole. Plusieurs même ont préféré souffrir plutôt que de fouler aux pieds la croix ; or comme Phane était là, il est probable qu'il fut la cause de cette obstination.

» Il conviendrait de le soumettre à une question rigoureuse pour s'assurer de ce fait ; mais n'ayant encore reçu aucun ordre de Votre Majesté à ce sujet, nous vous supplions d'ordonner qu'il nous soit permis de nous faire amener Phane-Vane-Kigne, qui se trouve entre les mains des mandarins de Qouang-tri, pour le soumettre à une rigoureuse question... C'est avec crainte que nous avons détaillé toutes ces raisons, pour les faire connaître à Votre Majesté. La face prosternée contre terre, nous attendons ses ordres sacrés. »

Peu de jours après, le roi daigna écrire, avec son pinceau rouge, qu'il approuvait la demande.

Aussitôt reçue la décision souveraine, le mandarin, d'accord avec le président des causes criminelles, fit transférer le Maître européen

1. Cette splendeur serait ridicule chez un prisonnier qui vivait si misérablement, si elle ne contenait pas une exagération dans le but d'irriter le roi contre le vénérable Jaccard.

dans la prison du tribunal. Dès le lendemain, le grand mandarin manda à sa barre François et le soumit à un interrogatoire minutieux sur tous les points à éclaircir. Cependant l'accusé ne répondant pas comme on s'y attendait, il fut accablé d'injures et de coups de bâton. Mais les finesses et les brutalités du grand mandarin échouèrent également devant la courageuse patience et la présence d'esprit de son interlocuteur.

L'orgueilleux commissaire du roi, irrité et honteux de n'avoir pu obtenir les aveux qu'il désirait, résolut de se venger pour rétablir le prestige de son autorité amoindrie par cet éclatant insuccès. C'est pourquoi il avertit le vénérable Jaccard qu'il sera cité prochainement à une audience solennelle. Au jour indiqué, il se rend à son tribunal, et pour donner à la séance un aspect plus effrayant, il fait étaler près de lui les instruments ordinaires de supplices chez les Annamites.

Quinze lances sont d'abord plantées autour de la place réservée à l'accusé ; puis, d'un côté on voit un faisceau de rotins[1] dont se serviront six ou sept bourreaux qui n'attendent que le signal ; d'un autre côté sont rangés des sabres, des pieux et des maillets ; enfin, dans un coin, un forgeron souffle sur un vaste brasier de charbons au milieu desquels rougissent d'énormes tenailles.

Le magistrat, qui comptait beaucoup sur l'efficacité de ce formidable appareil, fait alors avancer Phane-Vane-Kigne, et lui demande d'un ton menaçant s'il ne consent pas à abandonner la religion proscrite par le roi. Le confesseur, surpris de ce qu'on s'opiniâtrait encore à lui proposer une lâche apostasie, répondit avec une sainte indignation : *Ma religion n'est pas un don du roi, elle est l'Œuvre de Dieu; je ne puis pas l'abandonner à la volonté du roi.* Ces paroles, bien plus énergiques, paraît-il, dans la langue annamite, déconcertèrent le mandarin, qui n'insista pas.

« Il faut brûler vos livres, dit-il. — Je ne dois pas les brûler. — Pourquoi avez-vous donné ces livres aux chrétiens de Ji-loane ? — Je suis un Maître de la religion, et mon devoir est d'en faire lire les livres. — Brûlez ces livres, de peur que le roi ne punisse les mandarins, s'il en connaît l'existence. — Je ne puis pas obéir au roi quand il commande des actes contraires à la vraie religion. — Où avez-vous prêché la religion ? — Partout où j'ai trouvé des chrétiens. » On fit encore à François plusieurs autres questions auxquelles il répondit avec la même assurance. Il ne prononça pas une parole qui pût blesser la vérité ni compro-

1. Le rotin est un petit bâton fait d'un bois souple comme une jeune plante d'osier, et dur comme un jonc ou une lame de baleine.

mettre quelques membres de la famille chrétienne dans le royaume. On lui demanda, par exemple, s'il était le père d'un jeune homme né avant son arrivée en Cochinchine, mais qui lui donnait le nom de *père*. « Je reconnais pour mon fils, répondit-il, celui qui me reconnaît pour son père. » Une si grande prudence arracha des cris d'admiration aux assistants, mais elle exaspéra le grand mandarin; et, cédant alors à son dépit de ne pouvoir rien découvrir, il ordonna de soumettre le confesseur aux épreuves de la torture.

Aussitôt les bourreaux se saisissent de lui, le dépouillent de ses vêtements jusqu'au bas des reins, l'étendent par terre couché sur le visage, malgré sa cangue et ses chaînes, lui attachent les bras en croix et les jambes à des pieux solidement plantés; puis, s'armant d'un rotin, ils le frappent cinq fois de toutes leurs forces. Au quatrième et au cinquième coup, le sang jaillit avec abondance. A ce moment, le mandarin simulant la pitié, s'adressa au patient et lui demanda s'il était décidé à renoncer à la religion. Celui-ci répondit qu'il ne devait pas s'y attendre. Alors le juge ordonna de lui appliquer cinq nouveaux coups de rotin, après lesquels il réitéra ses questions. Le généreux apôtre reçut ainsi quarante-cinq coups, entremêlés de poses huit fois renouvelées; à chacune le mandarin recommençait ses interpellations, ses conseils, ses reproches, ses injures et ses menaces. A la plupart des questions François n'opposa qu'un humble silence, et quand il répondit, ce fut en peu de mots.

Cependant, dirent les chrétiens témoins de ce déchirant spectacle, chaque coup, dès la deuxième reprise, faisait ruisseler le sang du courageux martyr. Et on peut se faire une idée de la violence avec laquelle on le frappa, en pensant que douze rotins furent cassés durant cette horrible exécution, restée sans égale dans les souvenirs des Annamites, puisque, d'ordinaire, un seul rotin est employé dans ces sortes de supplices. Néanmoins, l'intrépide soldat de Jésus-Christ, ajoutent les chrétiens, ne jeta pas un seul cri, ne laissa pas échapper une plainte. Quelques témoins dirent seulement que la douleur fit couler ses larmes. A la fin, malgré son énergie de volonté, il est tellement affaibli par les coups et la perte du sang qui a coulé de ses plaies, qu'au moment où ses pieds et ses mains sont détachés, il ne peut pas se relever. A cette vue, loin d'en être ému de compassion, le mandarin se mit à l'insulter, et disait : *Il ne veut pas se relever!... il désire sans doute une nouvelle flagellation!...* En entendant ces paroles menaçantes, quelques chrétiens s'approchèrent et l'aidèrent à se relever sur les genoux. Alors il resta quelques instants appuyé sur les coudes, se recueillant et offrant ses souffrances au divin Maître, le remerciant de lui avoir donné cette première victoire, le priant d'agréer son sacrifice et de soutenir son courage jusqu'à la fin du combat. Il était midi et l'interrogatoire avait commencé à neuf heures du matin.

En présence de ce sanglant spectacle, il est difficile de dire ce qui étonne le plus, ou de la grâce de Dieu qui communique à son fidèle serviteur tant de force et de patience, ou de la cruauté du mandarin et de ses bourreaux. Car si le martyr s'élève au-dessus de la nature humaine, par un effort de son cœur uni au cœur de Jésus flagellé et crucifié, le mandarin dépasse également la férocité des bêtes fauves, qui ne prolongent pas à plaisir les douleurs et l'agonie de leur proie.

Quand le gouverneur jugea à propos de clore cette horrible séance, les soldats, qui avaient aidé le vénérable Jaccard à remettre ses vêtements, l'exposèrent d'abord aux ardeurs du soleil, pour lui infliger un autre genre de souffrance; puis, à la fin de la journée, ils le reconduisirent dans son cachot, toujours chargé de sa cangue et de ses chaînes. Mais son corps est tellement broyé qu'ils sont obligés de l'aider à marcher; et d'ailleurs il a tellement répandu de sang, que la terre en est rougie partout où il s'est arrêté, et que son pantalon, sa ceinture et sa tunique en sont baignés.

Toutefois, écrivait Mgr Cuenot, il ne faudrait pas croire que les douleurs, et les tortures, et la perspective des maux qui semblent lui être réservés aient abattu sa constance. Non, les tourments ne sont rien pour lui; le seul objet de ses pensées, c'est le ciel et la persévérance des chrétiens. Or, en ces jours-là, son cœur patient fut profondément affligé en apprenant l'apostasie d'un jeune homme et d'une religieuse qui, après avoir généreusement confessé Jésus-Christ dans les tortures, l'avaient renié en apprenant qu'ils sont condamnés à mort et que leur jugement a été soumis à l'approbation du roi.

D'un autre côté, grâce à Dieu, les consolations ne lui manquèrent pas; ses confrères et les chrétiens s'appliquèrent à l'envi à lui témoigner leur attachement par leurs prières, leur fidélité à la religion et par les soulagements qu'ils purent lui procurer. La pieuse femme qui avait eu le courage de le visiter et de le secourir naguère, fut encore choisie cette fois pour pratiquer la même charité, au mépris de dangers plus grands encore.

Elle lui apporta donc quelques médicaments pour empêcher la gangrène d'envahir ses plaies, ainsi que des linges et d'autres provisions convenables à son pitoyable état.

Mais la plus grande joie du vénérable confesseur en ces heures lamentables, où tant de chrétiens déshonoraient leur baptême, fut l'inébranlable fermeté d'un jeune néophyte connu sous le nom de Thomas Thiène, âgé de dix-huit ans, né dans la province de Qouang-bigne (haute Cochinchine). Orphelin dès l'âge de huit ans, il avait été élevé par le soin des missionnaires, près desquels il contracta de bonne heure des goûts de réflexion et de piété. Doux et grave, il fuyait la dissipation, et plaisait à tout le monde par une aimable modestie. D'une maturité précoce, il évitait toute légèreté et se livrait au travail avec ardeur. Avantageusement doué au point de vue des qualités intellectuelles et physiques, il faisait l'admiration de tous ceux qui le connaissaient. Aussi un missionnaire français, M. Vialle, auquel il avait été momentanément confié, craignait que cet enfant ne fût un jour victime de la séduction qu'il exerçait sur les autres. Mais non : Dieu veillait sur cette belle âme qu'il avait créée pour son amour.

Envoyé depuis peu à Ji-loane pour apprendre le latin sous la direction de M. Candalh, Thomas eut à peine le temps de recevoir quelques leçons. Rencontré par les soldats qui étaient venus investir le village avant le premier interrogatoire du vénérable Jaccard, il fut arrêté comme complice des missionnaires. On ne tarda pas à le mettre à la torture, dans l'espoir de lui arracher des aveux compromettants pour les Maîtres de la religion; mais toutes les violences restèrent impuissantes contre lui.

A l'exemple de François, il souffrit tout en silence. Sa patiente fermeté parut même tellement extraordinaire, que le mandarin, écrivant au roi, disait qu'il fallait mettre ce jeune homme au premier rang parmi les héros de la religion de Jésus. Il avait comparu vers le 16 du mois d'août; et, comme on le voit, le commissaire royal n'avait pas lieu de s'applaudir de ses succès. Cependant, avant de rentrer à la capitale, le mandarin voulut livrer un dernier assaut à la constance du vén. Jaccard. Il le traduisit donc à sa barre pour lui faire subir une nouvelle épreuve. Après les questions posées déjà les jours précédents, et ayant épuisé les menaces et les outrages, il fit appliquer au généreux confesseur le supplice des tenailles rouges. Ce jour-là, raconte un témoin, pendant qu'on pressait les chairs nues du Maître de la religion, au côté droit et au côté gauche, avec des tenailles rouges, j'ai entendu les crépitements de sa brûlure et on sentait l'odeur de la chair rôtie. Ceci se passait dans la matinée et au milieu de la place. Et en retournant à sa prison, il disait au jeune Thomas : *Souffrons de bon cœur et courageusement jusqu'à la fin.*

Ce troisième échec, plus humiliant que les précédents, découragea totalement le grand mandarin, et alors, au lieu d'essayer encore les effets des supplices, il condamna le jeune Thomas aux chaînes et à la cangue, et le fit jeter dans la prison du Provicaire. Il espérait du moins punir ainsi ce dernier, en lui montrant le fruit de ses conseils. Mais le juge ne pouvait pas avoir une plus heureuse pensée; et assurément celle-ci venait du ciel. Les deux prisonniers se saluent comme deux frères d'armes, après une bataille où ils ont gagné une glorieuse victoire. Ce jour était beau pour le jeune chrétien, qui retrouve la tendresse de celui qu'il appelait son père; et il n'était pas moins beau pour François, ravi de l'invincible fidélité de son disciple, qu'il voit déjà en possession de la couronne du martyre.

Encore un mois de souffrances, de saints désirs et de luttes, puis le triomphe, puis Dieu et ses éternelles délices!

Cependant la procédure, qui avait réuni les deux martyrs dans le même cachot, fut suspendue tout à coup. La rumeur publique prétendait que le roi temporisait, dans l'espoir de s'emparer d'un autre missionnaire et de le confronter avec le Provicaire; mais il est vraisemblable que les prisonniers durent ce sursis au changement du grand mandarin, qui fut nommé à un autre poste.

Le successeur de ce haut personnage ayant pris connaissance de l'état du vénérable Jaccard, lui fit enlever sa cangue provisoirement, disant qu'il ne méritait pas une punition si barbare. Puis, quand il procéda à la vérification des interrogatoires, au lieu de renouveler les premiers supplices, il lui fit seulement appliquer cinq coups de rotin. Persuadé d'ailleurs qu'il était inutile d'insister auprès des deux prisonniers, prêts à tout souffrir plutôt que d'apostasier; et étant sans doute assuré d'avance du bon plaisir de Migne-Mang, il prononça de suite leur condamnation à mort.

C'est pourquoi il soumit à la signature royale un projet de sentence. Voici ce qu'il disait touchant le vénérable Jaccard :

« Pour Phane-Vane-Kigne, c'est un Européen déjà reconnu coupable dans la province de Hué, à cause de Co-lao, pour l'affaire de la religion chrétienne, et qui a déjà été condamné à être étranglé, et dont Sa Majesté bienveillante a commué la peine en celle du service militaire; mais qui, n'ayant pas su se repentir, au contraire prêchant la nuit comme le jour sa fausse religion, a été exilé à Aï-lao, puis rappelé à Came-lô. Ici il n'a pas su se corriger et a laissé les personnes du dehors communiquer avec lui. Il est vrai qu'ayant été mis plusieurs fois à la question, il n'a pas reconnu sa faute. Il est constaté qu'il a prêté des livres de religion, et que plusieurs chrétiens ont été en relation avec lui. D'où il suit que Phane-Vane-Kigne a eu certainement avec le public des relations secrètes et particulières.

» Je propose donc de le condamner à avoir la tête tranchée, pour détruire, par ce moyen, le germe d'une mauvaise semence qui pourrait renaître.

» Quant à Thomas Thiène, coupable aussi de s'être laissé endoctriner par la religion de Jésus et de s'être refusé à apostasier, malgré les tortures, il est considéré comme digne de haine et doit subir la même peine que le Maître de la religion [1]. »

En apprenant l'heureuse nouvelle du jugement soumis à l'approbation de Sa Majesté, les deux prisonniers furent au comble de la joie. Ils n'avaient plus devant les yeux que Dieu et ses immortelles couronnes. Bientôt, enfin, ils verront ce Jésus pour lequel on va les faire mourir. Mais en se félicitant l'un et l'autre, ils ne cessaient de prier Dieu et de le remercier. Bien que très-faible et souffrant à cause de ses plaies, François conserve sa physionomie gaie et tranquille; jour et nuit il exhorte son jeune compagnon à la persévérance et lui adresse des paroles brûlantes de charité, pour l'exciter à mourir avec toute la générosité possible. De son côté, l'âme du jeune chrétien s'enivre de joie à la pensée du ciel, et il en parle sans cesse. *O mon père,* disait-il souvent, dans un saint transport d'amour, *ô mon père, on nous laisse vivre bien longtemps! Oh! pourquoi nous priver de voir notre Dieu et de nous unir à Lui pour toujours?..* Quand il supposa qu'on allait les conduire à la mort, il demanda à faire une dernière confession au vénérable Jaccard et en reçut l'absolution, qui devait lui tenir lieu de viatique.

C'etait le 20 septembre. Le même jour, les sentences des deux condamnés revinrent de la cour, datées du 17 septembre 1838, mais avec des modifications que les ministres y avaient apportées au nom du roi. Celle du vénérable Jaccard était ainsi conçue [2] :

« La 19e année de Migne-Mang, le 29e jour de la 7e lune ;

» Le coupable Phane-Vane-Kigne est un homme d'Europe, d'une race différente de la nôtre, qui s'est introduit dans cé royaume. Il y a d'abord employé la religion perverse de Jésus pour tromper le peuple. Ayant été reconnu coupable de ce crime, nous lui avons fait grâce de la vie... mais méprisant les lois, il a osé communiquer en secret avec les chrétiens et leur a donné les livres de sa fausse religion. Il est vrai que, mis à la question, il n'a pas voulu le reconnaître [3]; mais les dépo-

1. V. le rapport de Mgr Cuenot, 1843.
2. V. le rapport de Mgr Cuenot.
3. Le vénérable Jaccard repoussa les fausses allégations, mais il ne nia jamais la vérité dans ses interrogatoires.

sitions des témoins en sont des preuves suffisantes. Ainsi le coupable *Phane-Vane-Kigne* ne sera pas mis à mort d'une autre manière; il sera *étranglé*.

» Quant à l'adjudant-Maître de la religion Tran-Van-Thiène (l'élève Thomas Thiène), c'est un indigène qui ne sait pas se convertir... Il est vraiment digne de haine. C'est pourquoi il sera aussi étranglé. »

Au moment où le Provicaire apprit le retour du courrier qui avait apporté ce double jugement, on lui fit aussi savoir qu'un prêtre indigène, arrivé à la préfecture de Qouang-tri, s'offrait à venir entendre sa confession. Mais, malgré son grand désir de se confesser et de communier, il ne jugea pas prudent d'admettre dans sa prison ce dévoué confrère, nommé *Thomas Ane*. Il convint seulement avec lui que le lendemain, jour de son exécution, à l'entrée de l'auberge, où s'arrêtent les condamnés en allant au supplice, il se frapperait trois fois la poitrine, pour indiquer le moment où il devrait lui donner l'absolution.

Enfin le grand jour s'est levé, et l'heure de la délivrance, si impatiemment attendue des deux serviteurs de Dieu, va sonner.

Le troisième jour de la huitième lune, c'est-à-dire le 21 septembre, fête de l'apôtre saint Mathieu, peu après le lever du soleil, le son de la trompette retentit aux abords de la prison. Quand tout fut prêt, les geôliers ouvrirent les portes, et on aperçut un mandarin lieutenant-colonel, et un mandarin capitaine, qui entrèrent et firent sortir le vénérable Jaccard et son compagnon par la porte du côté droit, où aussitôt ils sont entourés par le cortége. En avant marchent deux soldats portant la sentence des condamnés; deux autres tenaient à la main des cordes roulées en couronne; à la suite viennent les officiers sous leurs parasols.

Les deux serviteurs de Dieu avaient passé la nuit en prière; du reste, comme l'avaient remarqué les païens eux-mêmes, François priait toujours. Aussi allaient-ils au supplice d'un pas assuré et portant sur le visage les signes visibles de la joie de leur cœur. Le Provicaire surtout paraissait heureux de l'attitude de son jeune compagnon et jetait sur lui des regards pleins de satisfaction et de tendresse. Le peuple le voyant aller ainsi au-devant de la mort, avec un air si calme et si content en était profondément ému, et beaucoup ne purent retenir leurs larmes.

Mais le mandarin défendit aux personnes présentes de s'apitoyer, n'importe comment, sur le sort du Maître de la religion, et il menaça de punir ceux qui contreviendraient à ses ordres.

Le même personnage avait donné à l'avance la valeur d'un franc cinquante centimes à une femme qui tenait un cabaret près duquel on devait passer, afin qu'elle préparât un repas convenable pour le Maître de la religion et son jeune compagnon. Mais au moment où on était sur le point d'entrer, Thomas Thiène, s'adressant au vénérable Jaccard, lui dit avec gaieté : *Père, prendrez-vous quelque chose? — Non, mon enfant. — Ni moi non plus; au ciel donc, mon père!* Au même moment, le pieux missionnaire se frappa trois fois la poitrine, et le prêtre *Ane*, mêlé à la foule des curieux, lui donna l'absolution.

Le mandarin commandant fit néanmoins entrer François en lui disant: « Je vous ai commandé à déjeuner, entrez et mettez-vous à table. » Il était environ huit heures. « Je vous remercie, répondit le serviteur de Dieu, je ne prendrai rien. » Alors l'officier, élevant une cruche qui contenait du vin, lui en offrit et s'en versa une tasse tout le premier; mais le vénérable Jaccard ne voulut pas boire. C'est pourquoi l'on se remit en route en se dirigeant du côté de la rivière, que François et son élève passèrent dans la même barque.

Le cortége longea le cours de l'eau, puis gravit une colline à pente douce, en suivant un chemin poudreux qui traversait des champs couverts de sable et de chétives broussailles, et au bout d'un kilomètre, à peu près, le mandarin chargé de présider à l'exécution fit arrêter les condamnés.

Dans le parcours, il n'avait cessé de les exhorter à renoncer à la religion de Jésus, pour qu'on leur fît grâce, mais ceux-ci se bornaient à répondre qu'ils aimaient beaucoup mieux mourir. En ce moment, le vénérable Jaccard demanda quel serait son genre de mort. « Vous serez étranglé, lui fut-il répondu. — Pourquoi ne me coupez-vous pas la tête? — Pour que votre corps reste dans son entier. » Le missionnaire reprit en souriant: « Ce genre de supplice est inconnu dans ma patrie. »

Déjà on lui mettait la corde au cou quand les habitants du village voisin accoururent tout effarés et prièrent les mandarins de faire cette exécution plus loin. C'est pourquoi on conduisit les deux confesseurs soixante pas au delà, à un endroit nommé *Thac-hane*. Alors, sans perdre de temps, les bourreaux font les préparatifs nécessaires, les uns déroulent les cordes et les autres plantent six poteaux. François demanda et obtint que son jeune compagnon de souffrances fût placé en face de lui. Ensuite on fait asseoir le vénérable Jaccard sur une natte verte apportée par une femme païenne, et on le lie fortement à trois poteaux; à l'un sont attachés ses pieds, et aux deux autres sont fixés ses bras tendus en croix. Thomas Thiène est assis également sur une natte et attaché de la même façon.

Aussitôt les cordes sont enlacées autour de leur cou et trois hommes les saisissent de chaque côté. Cependant, les bourreaux qui étranglaient le vénérable Jaccard avaient peur et se tenaient écartés de lui autant que possible; ce que voyant, le mandarin se mit à les frapper pour les obliger à prendre la corde plus près du patient. Puis, au signal donné, les soldats serrent vivement les nœuds, par trois efforts violents et successifs; et tendent les cordes de toutes leurs forces, pendant douze minutes environ; mais au bout de quelques instants les glorieux confesseurs avaient rendu le dernier soupir et leurs âmes étaient à jamais réunies dans le sein de Dieu[1].

Il était neuf heures[2]. Pour s'assurer de la mort de François, un des soldats le frappa trois fois à la tête avec un bâton; ensuite, l'ayant délié, ils étendirent son corps sur le visage et le foulèrent aux pieds le long des reins, et, l'ayant retourné, ils lui piétinèrent également la poitrine. Cela fait, ils le prirent par les deux pieds, le traînèrent quelques pas la face contre terre, et l'abandonnèrent, ainsi que son crucifix, qu'ils lui avaient enlevé. Peu après, sur l'ordre des mandarins, les païens vinrent prendre les deux cadavres, les roulèrent dans leur natte et les inhumèrent, à quelque distance du lieu de leur exécution, dans une fosse creusée non loin de la rivière.

Puis tout rentra dans le silence, au bord de la rivière et sur la colline témoins de ce double crime. Les chrétiens consternés restaient inconsolables du malheur qui venait de les atteindre. Ils se demandaient s'ils pourraient conserver quelques-uns de leurs prêtres, ou si tous devaient subir le sort du vénérable Phane-Vane-Kigne.

Cependant les païens n'étaient guère plus rassurés. Les bourreaux avaient fui précipitamment, saisis de frayeur; les mandarins eux-mêmes n'étaient pas sans inquiétude, ils savaient que le Dieu du Maitre de la religion est capable de venger d'une façon terrible son honneur outragé par leur conduite. Les calamités, messagères de sa légitime colère, peuvent fondre sur le royaume et semer partout la mort et la désolation.

Migne-Mang, de son côté, après cette ivresse de cruauté, n'est pas plus tranquille que ses dociles ministres; il a condamné les justes dont

1. Thomas Thiène mourut le premier; le vénérable Jaccard eut la consolation d'assister à son triomphe.

2. Le même jour, et à l'heure même où le vénérable Jaccard rendait son âme à Dieu, sa mère, qui était assise près du feu, au retour de la messe, dit à son neveu, G. Gevaud, qui me l'a raconté en 1877 : *Bien sûr, mon fils est mort!* Et dès lors, convaincue de la vérité de son pressentiment, elle attendait à chaque instant la nouvelle fatale. Aussi, quand au bout de plusieurs mois on lui fit part de ce grand événement, elle n'en éprouva aucune surprise, elle s'écria seulement : *Désormais, je n'ai plus rien à craindre ; Dieu soit béni !* Et malgré la crainte d'être critiquée, elle ne voulut pas se revêtir d'habits de deuil. Sa foi vive et ferme ne lui laissait voir que les beautés et les joies infinies du ciel accordées à François.

la vertu l'offusquait, mais par cet odieux abus de pouvoir, il a comblé la mesure de ses crimes. Sa sentence est portée par le juste Juge, qui rend à chacun selon ses œuvres. Son châtiment s'apprête, et il sera le signal des miséricordes que le ciel réservait à ses infortunés sujets.

Aussi la terre annamite peut tressaillir d'espérance! Qu'elle prête l'oreille à la voix de ses martyrs devenus ses anges protecteurs! Ils demandent grâce pour elle au pied du trône du Dieu sauveur, au nom de leur larmes et de leur sang répandu. Touché des supplications de leurs cœurs, le Seigneur a dit :

« Je sauverai le peuple que j'ai dans la terre d'Orient. Il sera mon peuple, et moi je serai son Dieu, dans la vérité et la justice, il sera l'objet de ma bénédiction, comme il l'a été de ma malédiction; car de même que j'avais promis de le frapper, quand ses pères provoquaient mon indignation, j'ai résolu aujourd'hui de le combler de mes bienfaits; il m'appellera par mon nom et je l'exaucerai. Je lui dirai: Tu es mon peuple, et lui à son tour me dira: Seigneur, vous êtes mon Dieu [1] ».

Cette consolante prophétie s'accomplit effectivement par la paix accordée aux chrétientés de la Cochinchine et par les progrès de la religion. Si le pouvoir continue à respecter la liberté religieuse des Annamites, ils seront probablement la première conquête de l'Évangile dans l'extrême Orient. La France aura pris une très-large part au progrès de la foi et de la civilisation dans ces lointaines contrées. Puisse son drapeau vainqueur y flotter toujours à côté de la croix, comme celui du soldat du Christ! fasse le ciel qu'elle se souvienne à jamais que Jésus-Christ l'a faite grande, en liant sa prospérité à celle de l'immortel royaume de son Église sur la terre!

1. Zach. VII, 7, 8, 13, 14; XIII, 9.

CHAPITRE XVIII

TÉMOIGNAGES RENDUS AUX VERTUS DU VÉNÉRABLE FRANÇOIS JACCARD

1° Témoignages des missionnaires; 2° Parallèle du vénérable Jaccard et de Migne-Mang.

I. Le témoignage le plus précieux à recueillir ici, parmi les rares missionnaires que la persécution avait encore laissés debout, dans les provinces du royaume d'Annam, à l'époque de la tourmente de 1838, est celui de Mgr Taberd, dont le vén. Jaccard était le Provicaire apostolique. Sa Grandeur avait annoncé, en 1825, en voyant les qualités éminentes de son cœur, que François serait un *grand missionnaire;* or, quand les événements eurent sur tous les points vérifié sa prédiction, il écrivait de Calcutta, le 31 juillet 1839, ces lignes qui résument tous les éloges qu'il avait déjà décernés à son cher coopérateur : « J'ai fait de mon mieux, dans l'intention d'honorer la mémoire d'un martyr, que je puis regarder comme un de mes plus sûrs protecteurs dans le ciel, comme je l'ai compté jadis sur la terre comme un de mes plus sincères et fidèles amis. »

M. Régereau, Provicaire apostolique, écrivait aussi de Pinang, le 16 mars 1839, à Mgr Taberd : « Nous avons de nouveaux protecteurs dans le ciel : notre cher et bon M. Jaccard ne nous oublie pas auprès du Père des Miséricordes et du Dieu de toutes consolations. »

Mgr Cuenot avait déjà écrit, le 6 novembre 1838, ces lignes à MM. les directeurs des Missions à Paris :

« M. Jaccard, avant d'obtenir cette grande grâce du martyre, a passé par bien des souffrances. On peut dire que sa vie de missionnaire n'a été qu'une chaîne non interrompue d'infirmités et de persécutions sans nombre... D'ailleurs, messieurs, vous connaissez la plupart des épreuves par lesquelles le bon Dieu a fait passer ce fidèle serviteur qui semblait né pour les souffrances.

» Notre mission a fait, en la personne de M. Jaccard, une bien grande perte... Il avait su s'attirer l'affection et le respect des prêtres et des chrétiens... Il pouvait leur dire à tous : *Soyez mes imitateurs, comme je le suis du Christ.*

» Je perds pour mon compte un véritable ami, dont je regretterai toujours les lumières et l'expérience; mais il sera fidèle à ses promesses et m'obtiendra ce que ses lettres ne pourront plus me donner.

» Il m'avait demandé des Messes pour le repos de son âme après sa mort; j'ai fait dire des Messes *d'actions de grâces.* »

Un autre missionnaire, M. P. L. Jeanne, résidant en basse Cochinchine, disait aussi, le 22 août 1839 : « M. Jaccard, après sept ou huit ans de travaux et de souffrances, est allé dans le ciel recevoir la couronne due à ses vertus. »

M. Borie, prisonnier pour J.-C. à Qouang-Bigne, écrivait également, le 15 octobre 1838 : « Le martyre de M. Jaccard me comble de joie; après dix ans d'esclavage, il était juste qu'il obtînt la récompense de sa grande patience et des rudes épreuves qu'il a eu à supporter. »

Nous ne prolongerons pas ces citations, qui n'ajoutent d'ailleurs rien au mérite du vénérable Jaccard ; nous avons seulement rapporté les précédents témoignages recueillis sur des points divers, pour montrer que la haute estime et l'attachement qu'on professait pour lui à Qouang-tri étaient les mêmes partout.

II. Après ce court résumé des hommages unanimement rendus aux vertus et à tous les mérites du vénérable Jaccard, il convient de dire un mot du prince qui eut l'ingratitude et la cruauté de prononcer son arrêt de mort. C'est pourquoi nous reproduirons ici le parallèle établi entre ces deux personnages par Mgr Taberd[1].

« De tous les missionnaires venus dans la Cochinchine, dit ce prélat, il n'en est aucun qui ait rendu d'aussi grands services au roi (Mgr Pigneau excepté), aucun qui lui ait obéi avec autant de zèle et de promptitude, dans tout ce qui n'était pas contraire à la loi de Dieu; mais je n'ai jamais vu, je n'ai jamais entendu dire qu'aucun ait souffert aussi longtemps que M. Jaccard. De mémoire d'homme on n'a entendu parler d'un roi si ingrat, aussi cruel, aussi impie et ennemi de la religion, aussi avide de richesses, aussi adonné à l'impureté, aussi perfide, aussi injuste que le roi Migne-Mang. Il n'a point de conscience et semble avoir perdu tous les attributs de l'humanité; il ne suit plus en rien les règles de la raison, et il ne sait pas rougir. »

1. Lettre de Calcutta, le 31 juillet 1839.

APPENDICE

I. Translation des restes du vénérable Jaccard au séminaire des missions, a Paris.

Inhumé à *Thac-hane*, en face de la maison d'un maréchal, le corps du vénérable Jaccard fut exhumé neuf mois après, par plusieurs chrétiens au nombre desquels était un médecin, nommé *Hoa*, décapité plus tard à cause de sa fidélité à la religion. Ayant pris toutes les précautions nécessaires pour s'assurer de l'identité et du tombeau et des dépouilles qu'il contenait, les chrétiens transportèrent les ossements de leur maître en religion à *Niu-ly*, où M. de la Motte eut la pieuse consolation de coller ses lèvres sur la tête de son ancien ami. Ils furent d'abord cachés dans la maison d'Ignace Buong, puis le médecin Hoa demanda, avant de mourir, qu'on les déposât dans sa propre maison. Cependant, de crainte qu'en faisant des perquisitions on ne vînt à les découvrir, les précieuses dépouilles furent enterrées provisoirement dans son jardin, et transportées ensuite dans l'église du village, où elles furent mises en terre, enfermées dans une boîte faite exprès. C'est dans cette tombe que le délégué apostolique M. Sohier, provicaire, trouva en entier la tête, les os des jambes, des cuisses, des bras, et tous les autres os principaux du vénérable confesseur de la foi. Plusieurs petits os seulement étaient brisés ou avaient perdu leur dureté. M. Sohier procéda à la reconnaissance de ces ossements, en présence de témoins, le 15 juin 1846, et les emporta pour les remettre à Mgr Cuenot, qui à son tour les déposa dans un coffre noir, le 18 août de la même année. Enfin, en 1847, les restes du vénérable François furent apportés à Paris par M. Chamaison, prêtre des Missions étrangères, auquel Mgr Cuenot les avait remis.

Avant de les déposer dans la chapelle sépulcrale où ils attendent que la voix du vicaire de Jésus-Christ les appelle aux honneurs de la vénération catholique, MM. les directeurs du séminaire des Missions firent procéder aux constatations nécessaires.

En conséquence, l'an 1847, le jeudi 9 septembre, l'autorité archiépiscopale, représentée par M. Églée, chanoine, vicaire général, agissant au nom de Mgr Affre, en présence de M. Langlois, supérieur du séminaire des Missions étrangères, de MM. Dubois, Voisin, Barran, Tesson, Albrand et Charrier, directeurs audit séminaire, de Mgr Buquet, évêque d'Hébron, reconnut l'intégrité du sceau de Mgr Cuenot, puis livra les ossements du vénérable Jaccard à la reconnaissance anatomique, après laquelle fut dressé le procès-verbal suivant :

L'an 1847, le 9 septembre,... nous soussigné Jean-Bruno Cayol, docteur et ancien professeur de la faculté de médecine de Paris, assisté de M. le docteur Lecoq, et de M. Vivier, étudiant en médecine, nous étant transporté au séminaire des Missions étrangères, avons procédé à l'examen des ossements du vénérable Jaccard.

Les reliques du vénérable Jaccard sont enfermées dans un sac de damas de soie rouge et divisées en treize paquets inégaux, enveloppés de lambeaux d'étoffes ayant appartenu au vénérable martyr...

Après avoir reconnu l'authenticité des reliques envoyées par Mgr Cuenot, les commissaires ecclésiastiques constatent la présence de quatre-vingt et cinq ossements, détaillés et nommés au procès-verbal de M. Cayol, et les ont enfermés dans une boîte en acajou, de 0m,87 de long, 0m,47 de large et 0m,39 de haut. La châsse fut ensuite close et scellée séance tenante par l'apposition du sceau de Mgr Denys Affre, archevêque de Paris.

Les authentiques de ces procès-verbaux sont enfermés dans la châsse elle-même, qui est gardée au séminaire des Missions étrangères, à Paris.

II. Élégies annamites en l'honneur du vénérable Jaccard.

Les Annamites ont le goût de la poésie à la manière de nos pères, aux siècles des troubadours. Or l'éclat que jetèrent sur leur pays les vertus et les souffrances du vénérable Jaccard ont inspiré la verve de plusieurs poëtes, et les œuvres de quelques-uns passent pour remarquables parmi les lettrés du royaume. Nous reproduisons ici, au moins en partie, deux des élégies que des prêtres ont composées en l'honneur de leur illustre maître [1].

1re *Élégie.*

1. Hélas! hélas! à peine l'étoile du matin commençait à paraître, que les enfants de l'Orient soupiraient après la clarté du jour. Comment est-il arrivé qu'au moment où l'étoile polaire brillait à nos yeux, nous nous soyons vus entourés de ténèbres?

2. Le soleil paraissait encore élevé sur l'horizon, et nous n'apercevons plus que l'obscurité.

1. La traduction de ces pièces est due à Mgr Taberd.

3. Pourquoi sommes-nous le jouet de tant de calamités? Elles nous entourent de toutes parts.

4. Je ne puis oublier mon ancien père si vertueux, si plein de force et de majesté.

5. Rempli de sollicitude pour la propagation de la foi et l'ornement de la religion, si profondément versé dans la littérature et l'art de parler...

6. Arrivé dans la terre d'Annam, il connaissait si parfaitement nos mœurs et nos usages que nul n'était au-dessus de lui.

7. Il n'avait aucun égard pour les richesses, et les pauvres trouvaient en lui un père et un protecteur.

8. Il avait vingt ans passés lorsqu'il quitta le sol natal; bientôt après il fut enrôlé dans la milice sainte, et quand il eut servi trois ans comme ministre inférieur, il fut promu au sacré sacerdoce et reçut le pouvoir de remettre les péchés.

9. Ayant dit adieu à l'Europe, il s'exposa à la fureur des flots de la mer, et arriva en Cochinchine dans un moment où la religion était en danger.

10. Poursuivi dans un lieu, il fuyait dans un autre, et sans crainte du tigre, il courait après la brebis égarée prête à devenir sa proie.

11. Il séjourna quelque temps dans le village de *Ane-nighe* pour se conformer aux circonstances, puis s'avança peu à peu dans la province de Qouang-tri.

12. Heureusement que tout à coup les affaires changèrent; le roi le fait venir à la capitale. Quoique novice encore dans les usages du pays, il se hâte néanmoins d'obéir aux ordres de Sa Majesté.

13. Il observe exactement les préceptes de la vraie religion et repousse bien loin tout ce qui sent la gloire mondaine.

14. Établi interprète de Sa Majesté, il s'élève au-dessus de toutes les peines et de tous les dégoûts de sa nouvelle position; il traduit beaucoup de pièces de la langue européenne, et, malgré ses pénibles travaux, il ne laisse échapper aucun murmure.

15. Il faisait tout avec humilité et ne refusait jamais le travail.

16. L'or, quelque pur qu'il soit, attend une occasion pour être vendu; le diamant le plus précieux a besoin d'un acheteur.

17. Qui aurait pensé à la ruse et à la fourberie la plus cruelle? Combien vous m'inspirez de compassion, ô mon père! D'où vient que vous êtes la victime de tant de maux? Le démon a tendu ses filets; déjà le joug était appesanti sur vous, pourquoi faut-il que vous en soyez accablé?

18. Le juste est frappé injustement et l'innocent est mis au rang des coupables.

19. Enrôlé parmi les soldats, obligé de traduire des cartes de géographie, chaque jour sa tâche devient plus lourde; livré à la lithographie, il n'a pas un instant de repos.

20. Malgré son zèle et ses efforts, il perd son temps et sa peine; il épuise ses forces pour des ingrats.

21. Il avait quelque espoir qu'en faisant le bien, il en recevrait la ré-

compense; et voilà qu'il rencontre deux de ses pieux confrères!... (M. Gagelin et le P. Odorico.) Aurait-on pu croire, qu'étant lui-même si malheureux, il les verrait courbés sous la cangue, venir partager son infortune?

22. Il élève sa voix vers le Seigneur, et son cri paraît ne pas atteindre le ciel.

23. Hélas! après s'être efforcé d'être utile au roi par ses travaux et ses biens, il en est récompensé par l'exil d'*Aï-lao;* récompense vraiment et grandement royale! Souffrir toutes sortes de peines et de travaux pour le bien du royaume, et recevoir pour salaire l'exil dans un pays barbare, fut-il jamais de plus grande récompense?

24. Un étranger est chassé de la ville royale; c'est le soutien et l'appui du royaume qui va résider près des barbares nommés *Tiâmes.*

25. Il demeure dans ce pays malsain, vivant dans la misère et mangeant un pain d'amertume; selon les forces ordinaires, il est difficile de résister deux ans dans une terre si insalubre; mais enfin, grâce à Dieu, il va en être délivré.

26. En l'année *Qui-ti* (1833) au milieu de l'hiver, il est exilé à *Aï-lao,* il obéit aux ordres du roi; il y reste jusqu'à l'année *At-vi* (1835), où, dans la saison d'été, il est amené à *Came-lô.*

27. En allant en exil, il avait un compagnon d'infortune; mais à son retour, hélas! il était seul.

28. O ciel! ô terre! ô nuages! ô rivières! ô montagnes! vous en fûtes témoins!

29. Son corps est devenu un squelette; néanmoins il obéit et n'enfreint pas un seul point des ordres de Sa Majesté.

30. Vêtu misérablement et à la façon d'un criminel, il était plus délaissé qu'un sauvage même.

31. Pendant qu'il enseignait les langues à divers jeunes gens destinés à devenir interprètes, l'espoir qu'un jour le roi lui pardonnerait réjouissait notre cœur; à la vue de quelques lettres d'Europe qu'il fut obligé de traduire, nous pensions que bientôt il allait jouir de sa liberté.

32. Qui l'aurait cru? Mais souvent, après avoir pris le poisson, on s'inquiète peu de la nasse, et après avoir tué les oiseaux, on fait peu de cas de l'arc.

33. Il y a des heures destinées au repos; mais il n'en est aucune qui soit exempte d'inquiétude. — Ses vêtements sont déchirés, mais on ne lui donne pas un seul morceau d'étoffe; cependant, lorsqu'on est assis dans un panier, il est difficile de l'enlever (*septus miseriis nequit se ipsum liberare*). Quand il avait fini son riz, lui en donna-t-on jamais un plein vase?

34. Au milieu de ses maux, il garde le silence; mais enfin, lorsque le pied est embarrassé dans un piége, on est forcé de parler.

35. Lorsqu'on a bu un excellent vin, le vase en conserve encore le parfum; tandis qu'on fait bouillir l'eau sur un feu brûlant, on peut s'attendre à la voir bientôt tiède.

36. Les calamités augmentent chaque jour et les dangers s'avancent à grands pas.

37. Pendant qu'il était à *Aï-Lao* dans la détresse, il était entouré de gens avides; arrivé à *Came-Lô*, dans le dénûment, il était néanmoins accablé de demandes.

38. Quelque difficulté qu'il éprouve de les satisfaire, il est encore obligé de donner largement, pour imposer silence aux langues de vipère.

39. Depuis le jour de son départ pour l'exil, jusqu'au moment où il fut conduit à *Qouang-tri*, l'espace d'environ cinq ans, il avait dépensé plus de 1 500 ligatures.

40. Déjà accablé d'une infortune, une autre vient s'y joindre par surcroît.

41. Enfermé dans une étroite prison, il apprend qu'on va de nouveau interroger les chrétiens sur leur religion; et, quoique gardé sévèrement, il lit dans l'avenir le sort qui lui est réservé.

42. Jusqu'alors, on avait quelque espoir de pardon; à présent il n'en reste plus.

43. Ses écoliers sont rappelés à la ville royale; il y a quelque mystère; les écoliers sont dispersés et le maître est obligé d'entrer dans un étroit cachot; on ne veut plus de son enseignement. Quel triste présage!

44. Lorsque la maison est en feu, les oiseaux ne peuvent s'envoler; lorsque le vivier est à sec, les poissons ne peuvent plus nager.

45. O cruauté sans exemple! on le frappe de cinquante coups de rotin, et pour augmenter ses douleurs, on change douze fois l'instrument de son supplice; et cela d'après quelle loi? Le ciel qui en fut témoin ne recula-t-il pas d'horreur? Un seul corps est cloué dans trois ou quatre endroits : quel est donc son grand crime? Terre, en avez-vous connaissance?

45. Jusqu'à ce jour, il n'a eu que l'infortune en partage; mais plus le feu éprouve l'or, plus il le purifie; les maux de cette vie ne durent qu'un moment; ainsi les nuages peuvent envelopper la lune pendant quelques nstants, mais non lui enlever sa clarté.

47. Tout en satisfaisant la cruauté de son cœur, le roi de ce pays n'a pu faire que ce que notre Rédempteur lui a permis, dans ses secrets desseins.

48. La terre de *Duong-cheune* a été comblée des bienfaits du ciel, mais elle n'a pas été trouvée digne de posséder le corps d'un martyr; le sable de *Thach-hane* est devenu le lieu bienheureux où s'est élevé l'autel de son sacrifice, il a été trouvé digne de recevoir dans son sein le corps du juste.

49. Sa vie a été une souffrance continuelle, et sa mort un cruel martyre!

Hélas! Hélas!

2e ÉLÉGIE

1. Les murs de l'Église sont renversés, et ses colonnes brisées.

2. Hélas! la pierre précieuse est tombée dans le fleuve. C'est en vain qu'on espère un jour la retrouver, un grand arbre emporté par le courant du fleuve ne reparaît plus.

3. Les pierres des fondements de la maison de *Duong-Cheune* se fondent en larmes; le jardin, les fleurs et la maison des religieuses sont dans le deuil et la tristesse.

4. Le troupeau de brebis, désolé et dispersé, frissonne de crainte.

5. A votre souvenir, ô mon Père, un torrent de larmes s'échappe de mes yeux; il me semble encore voir le sang ruisseler de tout votre corps.

6. Pendant le temps de votre exil à *Aï-lao*, le maître était séparé de ses élèves, et les élèves de leur maître, ils n'ont pu remplir envers vous le devoir de la reconnaissance. Au moment où vous fûtes enfermé dans les cachots de *Qouang-tri*, le père fut séparé de ses enfants et les enfants de leur père; ils ne purent alors payer la dette de la piété filiale.

7. L'amour que vous portiez à vos enfants était la cause de vos peines et de vos soucis : maintenant, vous vous êtes livré à cause de la tendresse que vous aviez pour des enfants ingrats.

8. Un diamant fut apporté de France, dans le royaume d'Annam; combien peu en connurent le prix. L'or d'Europe arriva dans ce pays, et plusieurs le regardèrent comme un métal très-commun.

9. Les enfants étaient pleins d'amour pour un si bon père; et les nobles et les grands recherchaient ardemment sa société.

10. Un tel homme, souffrir un tel supplice! Lui, qui en Europe aurait pu mener la vie la plus commode et la plus belle! Là, il pouvait entonner des chants d'allégresse, ici, il est venu pour répandre des larmes, porter la cangue et être chargé de fers.

11. A *Aï-Lao*, tantôt il avait de bons habits, tantôt il en avait de déchirés : venu à *Came-lô*, quelquefois il avait de quoi manger, et quelquefois il n'avait rien.

12. La maison de Duong-cheune n'est pas encore achevée, où allez-vous, cher père? Vous laissez la maison vide et solitaire! A peine le jardin des religieuses est planté; où allez-vous, tendre père? Vous laissez le jardin triste et désert.

13. Désormais qui allumera dans nos cœurs le feu de l'amour divin? A qui désormais recourir pour obtenir le pardon de nos péchés?

14. Les flots de la mer s'amoncellent; il m'a semblé voir l'ombre de ce bon père me faisant un salut. Les nuages s'agglomèrent, il m'a semblé entendre sa voix qui m'appelait.

15. Devant l'Église, l'herbe et la mousse croissent; je n'aperçois plus ce digne père se promener en récitant son bréviaire. Dans l'église, les cierges sont éteints : l'araignée y tisse sa toile; quand vous verrai-je, ô mon père, venir y fléchir le genou?

16. Eh quoi! Vous vous éloignez de plus en plus? Et désormais, plus je vous attendrai, plus je me fatiguerai inutilement.

17. Je n'aperçois plus votre démarche, je n'entends plus vos paroles.

18. Vos habillements sont encore usés : comment pouvez-vous reposer votre corps nu et votre tête délicate sur une terre humide? Vous avez ici une maison prête : pourquoi vous exposer ainsi à l'intempérie de l'air?

19. Votre nom était déjà célèbre, et votre mort n'a fait que l'orner de nouveaux fleurons. Ah! pourquoi nous faut-il encore vivre et porter un cœur dévoré par le chagrin?

20. Ah! plutôt ne vous avoir jamais connu, ô bon père! Alors, nous aurions quelque espoir de nous consoler; mais nous vous avons rencontré souvent, et notre douleur trouvera difficilement une consolation.

21. A votre souvenir, notre douleur augmente, et nous nous plaignons du malheur de ne pouvoir plus jouir de votre présence. Nous vous supplions, tendre père, de vous souvenir de vos enfants orphelins : les vents et les flots augmentent, secourez-nous, afin qu'à votre exemple nous soyons des serviteurs fidèles du Seigneur. Nos larmes coulent par torrents; l'espérance seule vit dans notre cœur.

FIN DE L'APPENDICE

TABLE DES MATIÈRES

CHAPITRE VI. — LA COCHINCHINE.

CHAPITRE VII. — PHUONG-ROU.

CHAPITRE VIII. — PHOU-CAME.

CHAPITRE IX. — DUONG-CHEUNE.

CHAPITRE X. — LES FÊTES DE MIGNE-MANG.

CHAPITRE XI. — LE PROCÈS.

CHAPITRE XII. — LES MENACES.

CHAPITRE XIII. — LA PERSÉCUTION.

CHAPITRE XIV. — M. JACCARD ET LES REBELLES.

CHAPITRE XV. — AI-LAO.

CHAPITRE XVI. — CAME-LO

CHAPITRE XVII. — LES TORTURES ET LE TRIOMPHE.

APPENDICE

FIN DE LA TABLE DES MATIÈRES.

PARIS. — IMPRIMERIE E. MARTINET, RUE MIGNON, 2

www.ingramcontent.com/pod-product-compliance
Ingram Content Group UK Ltd.
Pitfield, Milton Keynes, MK11 3LW, UK
UKHW022040190726
13855UKWH00002B/366